主编　朱大旗

中国人民大学法学院
RENMIN UNIVERSITY OF CHINA LAW SCHOOL

明德经济法学文库　14

中国农地融资创新实践的法律回应

李蕊/著

法律出版社
LAW PRESS · CHINA

总　序

当代中国经济体制改革和社会主义市场经济建设催生了经济法学这一新的法律门类和法学学科。1983 年中国人民大学经济法教研室成立，成为全国早期的经济法学科点之一；1984 年起招收民法学专业经济法学方向的硕士研究生；1987 年起招收经济法学专业硕士研究生；1994 年成为全国首批经济法学博士点。

30 多年来，人大经济法学人以“求经世之道，思济民之法”的精神，致力于经济法学人才的培养和教育，注重学术修养和调查研究，以解决中国社会现实生活中的经济法治问题为方向，理论联系实际，跟踪、把握国际、国内相近学科的最新发展动态，不断开拓创新，自成一脉，在全国经济法学界具有学科前沿地位，为中国经济法学的理论建构和中国社会主义经济法治事业做出了自己应有的贡献。

人大经济法学科自 1994 年培养新中国第一位经济法学博士以来，迄今已累计培养了 200 多位经济法学博士。这些博士肩负着人大经济法学科各位老师的谆谆教诲和殷切期望，就职于国家立法、司法、行政机关、国内著名大学、科研机构和其他经济、金融等实务部门，埋头苦干，求真务实，屡创佳绩，成为相关行业领域的领军人物和中坚力量。无疑地，他们在人大经济法学科所受的科学的、前瞻的经济法理论教育、规范的专业培训和严格的学术熏陶，给予了他们茁壮成长的丰富养料和厚实基础，奠定了他们人生事业的良好起点。

据我观察而言，博士阶段的学习无疑是人的一生中最为宝贵的黄金时期。在这弹指即逝的几年里，青年博士的心灵由稚嫩到成熟，眼界由褊狭趋全面，思维由直线而多维，知识由零散臻体系，正是勃发朝阳而成其大光的关键时刻。但毋庸讳言，这一时期也是青年博士生活压力最重、学术困境最多、外界诱惑最大，因而也是最需要关爱、最需要帮助、最需要提携的时期。在市场经济蝇营逐利、浮躁盲动的大环境下，如何引导广大青年博士理性务实、潜心学术、夯实基础、厚积薄发，奠定未来宏大人生事业的坚实基础，实为我们教书育人、为人师表者不能不关注和解决的重大问题。为此，中国人民大学经济法学研究中心的全体老师在各方面条件都非常薄弱的情况下，决定想方设法争取各界支持，创造条件为人大经济法学专业的博士生纾难解困，提供脱颖而出的便利环境。在取得法律出版社的支持下，广泛筹措资金，遴选、资助每年优秀经济法学博士学位论文及青年教师的优秀著作出版。这一方面可以使优秀的博士学位论文精品得以付梓，使莘莘学子多年呕心沥血的研究成果不至于埋没；另一方面又可以对广大的在读经济法学博士研究生以激励，使他们可以比较安心地埋头学术研究，创造出更多的经济法学学术精品，同时还可以奉献给中国经济法学学科和中国经济法治事业以智识，这是一项非常值得投资的多赢的事业。我们有理由也有信心把这一工作持久不懈地开展下去。

在此，我作为中国人民大学经济法学的一名老教师，作为中国经济法学教学科研事业的初创者、参与者，谨对广大在校的、未来的人大经济法学博士研究生提出以下期盼：

希望你们好好珍惜博士阶段的学习机会和美好时光，多读书，多思考，多讨论，多写文章，夯实理论基础，提升实践能力，争取写出优秀博士论文，不断充实明德经济法学文库，把人民大学的经济法理论体系传承永续。

长江后浪推前浪，一代风流冀尔侪。诚望后生小子撷万方之优长，成一家之精微，将人大经济法学的优良传统发扬光大，为推进中国的经济法学事业暨经济法治建设，添砖加瓦，贡献无垠。

是为序。

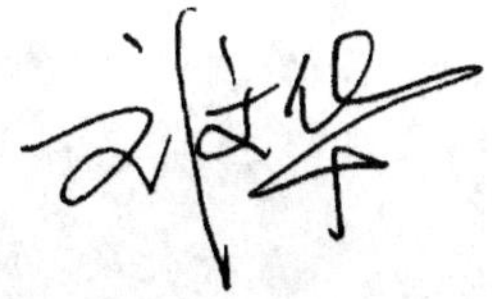 *

2012 年 8 月 4 日
于中国人民大学明德楼

* 中国人民大学法学院教授、博士研究生导师。

序一　讲好中国土地制度的“故事”

当今法学学术研究的一个重要目标就是要研究法学的前沿问题，研究中国问题，何为“中国问题”？就是中国社会中经济与法律转型的问题，就是国家经济社会发展中的重大战略问题。我跟研究生上课时经常讲，中国社会转型过程中有很多问题，是传统的大学教科书里面没有涉及的，是我们很多学术大家忽视的问题，但它是中国改革开放几十年中的难点、焦点、痛点问题。面对这些问题，我们的法律人怎么去跟进？法律怎么去改进？法律怎么去与整个经济社会的发展相匹配？

土地是财富之母。纵观世界文明发展史，亦是一部处理农民和土地关系的探索史、实践史，每一次重大变革无不源于对于土地及其权利关系的调整。关于农村土地制度改革，在中国也可以说是最基本的一个法律问题。它跟国家整个制度连在一起，是我们这40年改革开放一个基础性的问题，甚至是一个元问题。2018年年底，在改革开放40周年纪念会上，国家推出的100名代表人物里，唯一表彰的一个群体就是小岗村改革的群体。这是1978年中国最早进行农村土地制度突破的一个群体，安徽凤阳小岗村18名农民按血手印偷偷承包集体土地的行为，在当时炸响了中国改革的第一声春雷，具有非凡的历史价值。40年前中国最早的改革是从这里开始的，后面的城市改革、经济改革、政治改革等各方面的改革，都是从这个元问题开始扩展的。改革开放40周年大会之后的次日，一年一度的中央经济工作会议召开，我特别注意到会议公报提出要深化农村土地制度改革。从20世纪80年代开始，中央每年发布一个“一号文件”，30多年了，每年中央“一号文件”都是关于农民、农村、农业“三农”问题的。中央经济工作会议应该是我们国家有关经济工作最重要的会议，是决定次年经济走势的重要会议。2018年年底的中央经济工作会议，提出要继续深化农村土地制度改革。1978年18个农民按血手印启动的土地制度改革，到今天仍然在继续。农村土地制度改革问题不仅具有实践价值，还是中国经济转型过程中独有的法律问题，世界上没有哪个国家有类似问题。

农村土地制度改革近年来发展迅速。近5年在农村土地制度方面，中央接连推出两个“三权分置”改革，也可以说是在这一领域两个最重要的制度创新。何谓两个“三权分置”？第一个“三权分置”指的是顺应农民要求保留土地的承包权、流转土地的经营权这样的意愿，中央提出了要实行农村土地所有权、承包权、经营权的“三权分置”，要让农民的承包权能够进一步落实。这是中央在2014年第一次提出来的。这个“三权分置”，按照我们法律人的说法，实际上就是发包方、承包方和第三方，这么一个三权的关系。土地承包权有它的发包方，就是农民；也有它的承包方，就是承包土地的一方；还有它的第三方，就是经营的这一方。“三权分置”就是承包集体土地的农户经营权可以自己来使用，也可以流转给别人，但是流转了承包土地经营权以后，承包农户和集体签订的原来土地承包关系并不改变，为什么现在中央政府提农村土地的“三权分置”改革？就是强调农民不能“失地”，所以我们才会有承包权永久使用这种概念。2018年12月全国人大常委会第七次会议通过了《关于修改〈中华人民共和国农村土地承包法〉的决定》，这部新法又继续强调农民土地的承包权是长久不变，在30年到期之后可继续和续期，土地承包权可续30年。“不变”和“续”之间就是一个法律问题。一边说是长久不变，另一边又提出要有一定的期限，在一定期限后有续期。这种表述农民兄弟也会担心，万一这个土地承包权30年到期后，政府不续了怎么办？土地承包法的表述准确吗？“农村土地承包关系稳定并长久不变”，是一个什么样的法律关系？这种法律承诺到底是宪法意义上的，还是行政法意义上的，这是值得我们讨论的问题。

2018年中央又提出另一个“三权分置”，就是宅基地的“三权分置”，宅基地的"三权分置"是所有权、资格权和使用权的"三权分置"。宅基地应该说是中国农村土地改革当中更敏感、更复杂、更深层的一个问题。因为这个改革涉及农民怎么不"失所",居者有其所。这里有更多的法律问题。所以,从改革开放40年这样一个大的历史环境来看,这两个"三权分置"实际上都涉及中国改革最核心的问题和改革中最深层次的问题,因为中国的农民人口现在占中国人口将近一半,农村的土地正在减少,农业发展正在萎缩。中国的社会发展、社会创新、社会稳定、社会文明进化,都跟我们的农民、农村、农业这"三农"密切相关。那么,这两个"三权分置"的讨论就与我们的法律人密切相关,特别与民法典的编撰相关。在讨论这两个"三权分置"政策过程中,主导这一改革的还不是我们的法律专家,更多的是"三农"专家。"三农"专家和我们法律专家的理念是不一样的。比如,这一次土地承包法征求意见稿里面讲到土地可不可以出让。若城镇土地是可以出让的,那么农村土地的"三权分置",即经营权或宅基地的使用权能不能够出让?能不能够抵押担保?这是基本的法律问题。"三农"专家普遍反对,认为一旦允许出让,就会影响到农民的根本。所以有些资深的"三农"专家提出来,他们用的概念就是流转的概念。以前说的都是农村土地可以流转,"出让"与"流转"究竟是一个什么法律关系?按照"三农"专家的解释,中国历史上的土地流转实际上就是一种租赁。这就与法律界讲的不一样,法学家认为农村土地是可以出让的,使用权、经营权是可以出让的;"三农"专家认为不能出让,只能租赁。此次修法允许土地承包方以其承包地的土地经营权、土地经营权受让方以其流转取得的土地经营权向金融机构融资担保。在未来的民法典中,这是一个非常核心的问题。出让、流转和租赁、担保,宅基地的法律关系究竟如何定位?究竟是一个什么法律关系?在民法典中这么重大的问题,如果不解决,两个"三权分置"的改革必然是不清晰的,目标必然是不明确的。

农村土地制度改革是中国改革开放试验中最深层次的一场改革。这场改革是不是一场根本上的改革?这有赖于法律专家给它定位,有赖于我们找到更好的中国智慧,找到更好的法律思维、法律方法和法律途径来解决这些中国问题。所以我们的青年学者与法学家,要关注这样的问题,研究中国式的问题、中国经济转型中的重大问题、国家重大战略需求的问题。

作为博士后合作导师,看到李蕊的专著《中国农地融资创新实践的法律回应》顺利付梓,我感到由衷的喜悦与欣慰。该书是案例式的,又是理论化的,有"知识"点,亦有"框架"面,是形而上的,又是涉及形而下的。在梳理分析我国既有农地融资典型实践的基础上,着眼于农地融资的公共属性及强外部性,立足于其所面临的土地用途和金融的双重管制,尝试厘定市场与管制在这一领域的作用范围及边界,探索农地融资市场化法治化径路。

"大地所育,终归大地",本书的出版乃是对她10余年来持之以恒致力于农地融资制度研究的一个阶段性总结。期盼相关研究能够为我国农村土地融资制度的构建乃至土地制度改革贡献些许智慧。亦希望李蕊在未来的学术生涯中,能够继续将对于这片土地深沉的热爱化作科学研究不竭动力之源泉,坚守学术精神,砥砺学术品格。

转型时期中国农村土地制度的改革正在路上,中国土地制度的"故事"也将继续。利用给李蕊教授书序的机会,拉拉杂杂写这些看法,希望法学界对这些改革一线问题重视起来。

是为序。

 *

2019年3月14日于蓟门法大

---

* 中国政法大学研究生院院长,教授、博士研究生导师。

序二　土地制度市场化改革:我们将如何回应

回望我国40年改革之路,其核心主题在于放权让利进而激发市场活力。城乡二元视野下我国的改革始终暗含两条主线:一是城市中企业国有资本所有权与经营权分离所推动的工商业市场化;二是农村土地所有权与经营权分置所促就的农业市场化。农民只有获得可以自己支配、处置的资产,才有参加市场经济竞争的资本,才能使多余的劳动力从土地上解放出来。一定意义而言,中国的市场化进程恰恰是通过制度设计推动农村土地要素资源与劳动力和资本重新配置结合的过程。改革开放之初,在坚持农村土地集体所有的基础上,在农村实行家庭联产承包责任制,将土地所有权和承包经营权分设,所有权归集体,承包经营权归农户,使土地承包经营权成为农户最重要的财产,土地在家庭层面与劳动力和资金资源有机结合,8亿农民得以直面市场,实现了中国"小农"经营的初步市场化。然而,现代市场经济的社会化发展要求资源配置的规模化、分工的精细化,为克服家庭承包经营所引发的土地资源配置的细碎化、零散化,促进从小农经营向现代农业之转型,党的十八届三中全会后开启新一轮土地制度改革,实行所有权、承包权、经营权分置并行。这是继家庭联产承包责任制后又一重大土地制度创新,其目标在于实现土地资源与劳动力、资本在社会层面的有效配置。全面深化改革、建设社会主义法治国家，必须于法有据。在保障农地农用以及粮食安全的背景下，我国既有农地融资管理制度将何去何从？如何平衡公平与效率？如何维护秩序与安全？亟待相关立法及时予以回应。

立法者的使命在于，将立法空白或冲突所引发的不确定性，限制在立法技术绝对必要的标准上。目前，我国农地融资领域相关立法与实践发展需求还相去甚远，法律政策冲突普遍存在，导致市场失灵，严重阻碍了农村资金和农地资源的优化配置。一方面，在政策层面，自 20 世纪 80 年代开始着眼于农村、农业资金不足之金融弥补，对于农地融资态度较为包容、积极，早已“逾越”了法律红线，实质赋予土地（承包）经营权融资政策上的效力。另一方面，我国《民法通则》《物权法》《担保法》《农村土地承包法》《土地管理法》等立法则对于农地融资持相对保守态度，未能及时有效地回应实践探索自发形成的法秩序及法治化愿景。尽管 2018 年 12 月我国修订发布的《农村土地承包法》在第 47 条已然明定土地经营权的可融资属性，允许土地承包方和土地经营权流转受让方以其承包地的土地经营权及流转取得的土地经营权向金融机构融资担保。但是，对于土地经营权融资担保法律关系以及具体融资条件、程序等方面的规定则付之阙如，尚有待深入开展研究。

《中国农地融资创新实践的法律回应》一书是李蕊教授继《中国土地银行法律制度构建研究》之后，关于土地金融制度的又一研究力作。其研究内容和研究结论既是她着眼于经济法学视角理性研判审视中国土地制度改革的递进延展，亦是其多年致力于经济法学尤其是土地法学习研究的心血凝结。作者基于长期的经济法学理论思考和农地融资实证问题研究，在法律层面给予当下我国农地融资创新实践学理暨制度探索回应，取得了令人欣喜的成果。作为她的博士研究生导师，看到其学术成长和进步，我甚感快慰。衷心希望她能够坚守学术信仰、不忘学术初心，在经济法学研究的道路上不断前行，砥砺奋进，拓展创新，以取得更大的成绩。

是为序。

*

2019 年 4 月 12 日于明德法学楼

* 中国人民大学法学院经济法学教授、博士研究生导师。

前 言

回顾我国40年的改革开放历程,改革的发端正在于土地制度改革。2013年党的十八届三中全会开启新一轮土地制度改革,并将其确立为全面深化改革的重点任务之一。但是我国农村发展面临两大现实困境:一是作为农村经济血液的农村金融资源供给严重不足;二是作为农民最大财富源泉的农地资源利用不充分。

契合于我国农村土地“三权分置”的改革逻辑,以驱动城乡要素资源耦合对接、求解农地融资困局的宗旨,各地在农地融资领域进行了大量探索和实践,为我国农地制度改革创设了可供选择的制度路径。但是,目前我国农地融资领域还存在一些法律政策冲突,导致市场不畅,阻碍了农村资金和农地资源优化配置。重大改革必须于法有据,法律必须通过提供调整利益冲突标准的一般性规则,方能实现调整、调和种种相互冲突之利益。① 既有立法对于实践变革需求需要及时回应,方能有效贯彻以人民为中心的发展思想并恪守集体所有、农地农用和保障农民权益之底线。本书旨在为农地融资制度构建提供法律建议,为防范和化解农地融资风险、维护农民发展权益、促进

① 参见[美]E.博登海默:《法理学:法律哲学与法律方法》,邓正来译,中国政法大学出版社1999年版,第398页。

城乡要素资源对接对流提供思路，同时也为国家及地方立法机关、相关部门制定和修改农地融资政策、法规提供参考，进而推动我国农地融资实践乃至农村土地制度改革进程。

我国农地金融法治化的逻辑前提正是基于土地经营权具有特定性、价值性、可转让性，是具有独立经济价值的财产权，具备作为担保物的一般条件，适格于担任资金融通的信用保证。农地使用权的私权属性与公权约束属于相辅相成的一体两面，本质上并不存在冲突。立法者对于农地金融权利的束限正是对于作为土地产权核心的处分权完整性的割裂，其实质不仅无助于保护农民土地权益，而且阻碍了农民土地财富价值的最大化实现。农地金融法治化必然要遵循并有效回应于农地权利社会化之趋向，不仅着眼于农地金融交易秩序之构建、农地金融主体权利之保障，更应眷注于社会公共利益之实现。农地金融具有准公共物品属性，本身具有极强的正外部性，不仅关系到农业发展，更关系到农民福祉以及多层次社会公共利益之实现。这是国家干预农地金融法律关系的逻辑起点，也是农地金融法治化的前提。农地金融法治化根蒂在于合作制，农地金融可持续性之保障在于农地融资证券化。本书在梳理研判我国既有农地流转融资典型创新实践的基础上，提出纾解法律政策冲突回应实践需求的基本理路：统筹考量农地融资市场的公平、效率、自由和秩序，基于农村土地所有权、承包权、经营权"三权分置"理论，根据差别原则平衡协调不同主体利益，有效发挥政府作用，构建农地融资多元激励和保障机制；重新配置土地所有权人、承包权人、融资机构、社会投资者等主体权利义务，调动各主体有效率地参与农地融资的积极性；结合既有政策和试点经验，修改《农村土地承包法》《土地管理法》等规定，使经过检验的具备推广价值的农地融资典型创新于法有据。

本书付梓之际，恰逢第十三届全国人民代表大会常务委员会第七次会议通过《关于修改〈中华人民共和国农村土地承包法〉的决定》。为求呈现既往研究之原貌，本书所涉相关条文及观点并未改动，笔者仅在最后以补记形式结合修订后的《中华人民共和国农村土地承包法》对我国农地融资领域的市场与管制之关系发表一孔之见。

Contents

目录

表目录

图目录

第一章　引　论

一、研究的缘起

毋庸讳言，在新一轮土地制度改革的背景下，契合于我国农村土地"三权分置"的改革逻辑，以驱动城乡要素资源耦合对接、求解农地融资困局的宗旨，各地在农地融资领域进行了大量探索和实践，从农地抵押、土地银行再到农地信托等诸多方面为我国农地制度改革创设了可供选择的制度路径。但是，目前我国农地融资领域还存在一些法律政策冲突，导致市场不畅，阻碍了农村资金和农地资源优化配置。重大改革必须于法有据，既有立法对于实践变革需求将如何回应，方能有效贯彻以人民为中心的发展思想并恪守集体所有、农地农用和保障农民权益之底线？

（一）对我国农地融资的历史考察

土地具有自然属性，也具有社会属性。英国《牛津法律大辞典》对土地的社会属性的解释是"土地为社会的、政治的、经济的权力的源泉，它反映一定的社会经济结构"。[①] 土地不仅是自然物，而且在一定的条件下可以产生经济价值。正如马克思指出的，"土地和劳动力是社会财富的两个原始的形成要素"。就财产分类而言，它属于生产资料；就生产过程而言，它属

---

① ［英］沃克（Walker，D. M.）编辑：《牛津法律大辞典》，北京社会与科技发展研究所译，光明日报出版社1989年版，第512页。

于生产要素;就劳动关系而言,它属于劳动对象。通过劳力和资本的投入,土地的自然力也可以得到更新和提高。经济学家威廉·配第(William Petty)、康梯龙(Richart Contillon)和法学家洛克(Locke John)一致认为"劳动是财富之父,土地是财富之母"。

土地权利发展与农村信贷市场的出现息息相关。信用交易往往需要某种形式的担保,土地所有者(借款人)要向贷款人保证土地权利可以被转移。有效的土地登记制度又大大提高了保证效力。① 早在4100年以前,土地已成为长期信用的基础,土地抵押借款不仅是长期信用最广泛使用的工具,还是最古老的信用工具。现存世界上最古老的土地抵押文件出现在公元前430年,它具有现代抵押借款的一切基本特点。②

我国唐宋时期以来,尤其是宋代以后,随着农村商品经济发展,农民对于土地的人身依附关系逐渐减少,农村土地抵押、土地出典制度逐步形成。在唐代时开始出现农地金融形态,办理农地抵押贷款的机构是一种具有独立贷款资质的质库。宋代王安石制定的《市易法》反映了国家提供农地抵押贷款的情况。明清时期钱庄业获得较大发展,农地抵押贷款也是钱庄贷款的一种重要形式。到了清末,清朝政府在天津开办了办理农地长期抵押业务的殖业银行。国民政府开办了中国农民银行并设立了土地金融处承办土地金融业务,计划发行土地债券。总体而言,在我国近千年的历史中,农地融资制度先是表现为一种个别存在,到明清时期演变成一种习惯,③到民国时期最终为国家法律所认可。④

(二)研究的价值和意义

本书着眼于当下我国农地融资实践面临的政策与法律的冲突,总结农地融资典型模式,厘清各地农地融资法治化实践的共性及差异,找出农地融资法治化困境本质并探究引致问题生发之根源,为农地金融制度构建、农村土地制

---

① 随着人口增加、农业市场发展,为了鼓励农民对土地进行投入,逐渐形成了长久持有经营并处分土地的权利,而且世界各国的普遍做法是建立统一的土地登记注册系统并对于权利人的土地予以登记。

② 参见[美]理查德·T. 伊利、爱德华·W. 莫尔豪斯:《土地经济学原理》(中译本),滕维藻译,商务印书馆1982年版,第95页。

③ 左平良:《农地抵押与农村金融》,湖南师范大学出版社2011年版,第6页。

④ 参见《中华民国民法典》第860条、第911条。

度改革决策提供依据。

1. 研究的现实价值和意义

现行法律政策在土地承包经营权可否抵押、抵押权的设置与土地承包经营权社会保障性、抵押物的处置与农地用途限制粮食安全、抵押债权证券化与金融安全等多个层面存在冲突,损害了农地金融市场的公平和效率,阻碍了农地金融创新实践发展和农业供给侧结构改革。本书在系统分析上述冲突及困境的基础上进行立法考量,以期平衡协调土地所有权人、承包经营权人、融资机构、投资者、中央和地方政府等多方利益,构建多元激励和保障机制,促进农地金融领域的公平与效率并维护其自由与秩序。

在新一轮土地制度改革的背景下,契合于我国农村土地"三权分置"的改革逻辑,以驱动城乡要素资源耦合对接、求解农地融资困局的宗旨,各地在农地融资领域进行了大量探索和实践,为我国农地制度改革提供了可供选择的制度路径。本书着眼于既有立法对于农地金融实践变革需求将如何回应,以期有效贯彻以人民为中心的发展思想并恪守集体所有、农地农用和保障农民权益之底线。

本书为农地融资制度构建提供法律建议,防范和化解农地融资风险、维护农民发展权益、促进城乡要素资源对接对流提供思路,并为国家及地方立法机关、发展改革部门、金融管理部门、农村管理部门制定农地融资政策、法律法规提供参考,进而推动我国农地融资实践乃至农村土地制度改革进程。

2. 研究的理论价值和意义

本书着眼于经济法学视角并融合经济学、管理学和社会学等多学科研究手段,有利于拓展对农地融资领域法律政策冲突的理论认知,深层次地揭示农地融资法治化根源和基础。首次基于法律政策冲突的视角,梳理研判既有农地金融实践,着眼于弥补市场失灵及多方主体的利益博弈,对农地融资领域权利义务配置实施系统考量,有利于丰富和健全我国农地融资制度,为农地融资政策和立法策略分析提供新的研究思路。

二、研究涉及的基本概念的界定

(一)农地

1. 农地的概念界定

本书中所涉及的"土地"如无特别说明即指农地。对于农地的概念范畴,目前尚无较为统一的认识。一种观点认为,农地是指农村土地。这里农村是一个地域性的范畴,是和城市相对应的概念,指以从事农业生产为主的劳动者聚居的地方。[①] 按照我国《土地管理法》第4条规定,土地分为农用地、建设用地和未利用地。农村土地也可参照这一划分方法分为三类,包括农用地和农村建设用地(含农村居民宅基地、乡镇企业建设用地等)以及农村未利用地。农用地包括耕地(水田和旱地)和非耕农地(林地、园地和草地),农村建设用地包括农村农民住宅用地、乡镇企业用地、小城镇建设用地、国家建设用地等,未利用地主要指四荒地。另一种观点认为,农地是指农用土地。我国现行部分立法将农村土地等同于农用土地,如我国《农村土地承包法》第2条规定:"本法所称农村土地,是指农民集体所有和国家所有依法由农民集体使用的耕地、林地、草地,以及其他依法用于农业的土地。"这实际上明确了农村土地不包括农村宅基地和其他建设用地以及农村未利用地。

从严格意义上来讲,农村土地的概念应将地域上属于农村范围内的土地都包括进去,才不至于造成外延的残缺。但是,如果将农业用地、农村宅基地和农村其他建设用地等囊括于一文之中,可能造成论述主题的混乱。这一方面是因为农业用途的土地、农村宅基地以及其他农村建设用地反映出的社会经济问题以及相应调整它们的法律规则并不完全一致,例如前文提到的我国目前适用于农业用途的土地的承包法律——《农村土地承包法》等并不适用于农村宅基地和其他建设用地。另一方面是因为对农业用途土地、农村宅基地、农村其他建设用地的行政管理手段、政策调控措施也存在差异。[②] 鉴于此,笔者将本书所涉及的农地范围限定于农业用途土地即农用地。这一限制性界定也是与我国《农村土地承包法》对于农村土地的界定相吻合的。因此除特别说明外,下文所涉及的农地仅指农业用途土地即农用地。

2. 农地的特性分析

农地是一种资源性资产,它首先是一种资源,其次是一种资产。这里农地的资产属性是一个动态的概念,反映其增值性及地价的变化性。这是开展农地融资业务的基础。

---

① 参见罗竹风主编,汉语大词典编辑委员会、汉语大词典编纂处编纂:《汉语大词典》(第10卷),汉语大词典出版社1992年版,第6页。

② 参见杨一介:《论农地权》,中国人民大学2002年民商法学博士学位论文,第1页。

具体而言,农地具有双重特性:自然特性和经济特性。农地第一个自然特性是不动性;第二个自然特性是差异性,农地在肥沃程度和位置优劣方面有很大的差异;第三个自然特性是只要利用得当,土地可永续使用。农地主要具有四个方面的经济特性:(1)农地供应稀缺。土地不可再生,但人类对物质财富的需求是无止境的。在我国快速城镇化的发展背景下,城镇用地快速扩张,导致农地大量减少,更凸显了农地稀缺性。(2)农地经济价值高。土地不易毁损,只要利用得当即可永续使用,可用于多种经济用途,通过持续开发而不断获得收入。并且由于土地供应稀缺,农地的经济价值会随着社会经济发展不断提高。(3)农地利用高风险性。一方面,农地利用(农业)具有较高的自然风险。这是由农业特殊的生产对象和生产过程决定的。农业的生产对象是具有生命活力的生物有机体,农业生产过程包含了农作物的自然再生产过程,自然条件变化会对农业生产产生影响。天气中的光、温、水、风等因素不但影响农作物产量,还影响农作物质量。但自然是不可控的,即使人们拥有先进的农业科技,天气仍然是影响全球农业生产的显著因素。① 另一方面,农地利用具有较高的市场风险。这是因为农产品在人类需求层次中处于最基础的层次,需求弹性不大,一旦满足了一定供应范围内的需求,容易发生过剩。多数农产品是鲜活产品,难以长期保存,如果短期内销售不出去就极易腐烂,价值无法体现。而且农产品生产周期长,一般具有季节性,消费产品供给对价格的反应有时滞后,其结果是导致农产品供给面临较大的市场风险。② (4)更为重要的是,农地利用具有外部性。农地不仅是农民最宝贵的财富,是农民所拥有的能够参与市场经济活动的最为重要的资本,更是人类的衣食之源、生存之本。农地提供了人们生存必需的食品和其他资料,农业生产关涉人的基本生存问题。如果没有农业的稳定、可持续发展,不可能有社会的稳定和可持续发展。有效有序的农地保护所生成的良好的社会效益、生态效益将惠泽于整个社会,但并不一定能够使农地保护和利用者直接获益;相似而论,擅自改变农业用途所造成耕地数量锐减,进而对农业乃至整个国民经济可持续发展造成的不利后果

---

① 参见曾庆芬:《土地承包经营权流转新趋势下农地金融问题研究》,中国农业大学出版社2011年版,第66页。

② 参见曾庆芬:《农业的弱质性与弱势性辨析》,载《云南社会科学》2007年第6期。

也未必直接由责任者来负担。①

（二）农地权利

开展农地抵押、农地存贷、农地信托等农地融资业务的前提是农地融资者（农地存地人、抵押人）拥有农地权利。这里的农地权利是权利人按照法律的规定直接支配农地的权利，其基本权能包括占有、使用、收益和处分。

国外农地融资制度建立的基本前提是土地私有，即农民拥有土地所有权，可以对土地进行占有、使用、收益、处分。我国实行的是生产资料社会主义公有制，根据我国《宪法》规定，"农村集体经济组织实行家庭承包经营为基础、统分结合的双层经营体制"。② 这反映在我国农地权利的配置上体现为双层权利结构，即集体所有和农民使用。

1. 集体土地所有权

对于农地的所有权，我国《宪法》《物权法》《土地管理法》等均已明确规定：农村和城市郊区的土地，除由法律规定属于国家所有的外，属于集体所有；宅基地和自留地、自留山，也属于集体所有。③ 农民集体所有的土地依法属于村农民集体所有的，由村集体经济组织或者村民委员会经营、管理；已经分别属于村内两个以上农村集体经济组织的农民集体所有的，由村内各该农村集体经济组织或者村民小组经营、管理；已经属于乡（镇）农民集体所有的，由乡（镇）农村集体经济组织经营、管理。④

2. 农村土地承包经营权

改革开放以来，我国农村实行土地承包责任制，将土地使用权作为独立权能从所有权中分离出来，并使之成为一种独立于所有权的财产权利——土地承包经营权，即土地承包经营权人依法对其承包经营的耕地、林地、草地等享有占有、使用和收益，从事种植业、林业、畜牧业等农业生产的权利。⑤ 我国《物权法》将其纳入用益物权范畴。土地承包经营权是基于我国农村特殊土地权属关系产生的一种特殊权利形态，它从解决土地所有与利用的矛盾出发，保障非所有权人能够利用他人土地从事农业生产并获取其收益，这与大陆法

---

① 杨惠：《土地用途管制法律制度研究》，西南政法大学2010年博士学位论文，第31页。

② 参见《宪法》第8条。

③ 参见《宪法》第10条、《土地管理法》第8条。

④ 参见《土地管理法》第10条。

⑤ 参见《物权法》第125条。

系民法所规定的永佃权非常相近。而“永佃权人的权利几乎和所有权人不相上下”,①永佃权人不仅拥有用益物权性质的孳息收取等权利,还有权在永佃权上设立地役权和抵押权。存在永佃权制度的国家一般允许永佃权被设定抵押。② 与一般的用益物权相比,土地承包经营权的属性更接近于所有权。③

3. 农村土地经营权

农村土地经营权乃是基于我国农村土地制度的改革实践,从农村土地承包经营权中分离出的一项权能。它是指一定期限内占用承包地、自主组织生产耕作和处置产品,取得相应收益的权利,即承包农户将其承包土地流转出去,由其他组织或者个人经营,其他组织或者个人取得土地经营权。土地经营权的存在也是我国开展农地融资业务的前提和基础。

2014 年 11 月《关于引导农村土地经营权有序流转发展农业适度规模经营的意见》发布,正式提出“三权分置”。文件指出,“坚持农村土地集体所有,实现所有权、承包权、经营权三权分置,引导土地经营权有序流转”。“三权分置”中的“承包权”是对“家庭联产承包责任制”的继承,其中的“所有权”和“经营权”是对“家庭联产承包责任制”的发展。深化农村土地制度改革,实行所有权、承包权、经营权“三权分置”是继家庭承包制后农村改革的又一大制度创新,是农村基本经营制度的自我完善和发展。但是我国立法对于土地经营权付之阙如,只是在 2017 年公开征求意见的《农村土地承包法修正案(草案)》增加第 6 条,规定“以家庭承包方式取得的土地承包经营权在流转中分为土地承包权和土地经营权。土地承包权是指农村集体经济组织成员依法享有的承包土地的权利。土地经营权是指一定期限内占用承包地、自主组织生产耕作和处置产品,取得相应收益的权利”。

我国“三权分置”政策出台于 2014 年,在此之前所进行的农地融资的客体均为土地承包经营权。“三权分置”政策出台之后,农地融资实践的客体转为土地经营权。为了契合实践发展演进过程,本书一般采用土地(承包)经营

① 周枏:《罗马法原论》,商务印书馆 1994 年版,第 386 页。

② 参见《意大利民法典》第 2810 条第 4 款规定:“抵押权得设立于永佃权及对永佃土地所有权人的权利。”《日本民法典》第 369 条第 2 款规定:“地上权与永佃权亦可为抵押权的标的。于此情形适用本章的规定。”

③ 参见罗大钧:《农村家庭土地承包经营权流转中的法律关系辨析——以对〈中华人民共和国农村土地承包法〉的分析为视角》,载《河南省政法管理干部学院学报》2006 年第 6 期。

权的表述，除特别说明外，下文所涉及的土地（承包）经营权指代“三权分置”政策出台前的土地承包经营权和政策出台后的土地经营权。

（三）农地融资

农地融资是以土地为担保的为农民提供长期贷款的资金融通方式。它是农业土地经营者以其拥有的土地产权作为信用担保向金融机构或社会公众融资行为的总和，具有集聚资金、分散风险和配置土地资源的功能。[①] 农地融资制度产生于19世纪初的欧洲。随着德国、英国等欧洲国家农业生产资本集中，抗风险能力提升，以土地为抵押品的借贷活动逐渐具备了市场基础，农地融资制度逐步建立。

就我国而言，农地融资主要是指以农地使用权为信用担保而获取的资金融通。农地融资的基本特征在于：不以营利为目的；属于中长期资金融通；一般不采用浮动利率，利率低而稳定；由于债权稳定安全，一般可以实行证券化，灵活性和流动性较强。因此，土地具有自然属性和经济属性，可以充当资金融通的工具。在我国土地公有制和“三权分置”的语境下，农地能否成为融资法律关系客体问题实质是农地（承包）经营权可否流转融资的问题。因此如无特别说明，本书所涉及的农地融资即指土地（承包）经营权融资。

着眼于近年各地的农地融资实践，农地抵押、土地银行、农地信托乃是典型的农地金融业务。其中，农地抵押是农地权利人以其所拥有的农地权利作为信用担保向金融机构进行抵押贷款而获得的资金融通。我国土地银行实践中一项有中国特色的农地金融业务是农地存贷。它是指农户在自愿的基础上，将自己的土地定期存入土地银行。土地银行将农户存入的土地适当打包、整合或适度改造，在维持基本农业用途不变的情况下，贷给其他土地经营需求者（如农业企业种植、养殖大户等），土地经营需求者向土地银行支付土地的储存价值、整理开发价值等作为贷地利息（贷地费），土地银行把农地储存价值作为存地利息（存地费）兑现给农户。农地信托则是指权利人将土地承包经营权（或土地经营权）委托给受托人管理或处分，受托人在信托计划内对土地承包经营权进行经营管理，在信托计划结束后向受益人分配信托收益的行为，并将土地经营权归还土地承包经营权人。

---

① 参见曾庆芬：《土地承包经营权流转新趋势下农地金融问题研究》，中国农业出版社2011年版，第16页。

三、国内外研究评述

国内外农地融资研究成果丰硕，但大多从经济学、管理学层面对其机构、业务、功能、运作模式等展开研究，局限于制度经济与公共管理视角。受我国现行《物权法》《担保法》等禁止以家庭承包方式取得的土地承包经营权融资和各地农地融资实践分散芜杂等限制，国内鲜有学者从法学层面开展农地融资制度实证研究，尤其缺乏对于农地融资领域法律政策冲突及立法选择的系统研究。

（一）国外研究现状

（1）土地产权从重“所有”到重“利用”转变，使农地产权的主体、客体、内容在法律上具备了双重性。应参照不同背景和地方偏好，建立灵活的农地融资制度体系［巴哈拉鲁（Deniz Baharaglu），2002 年；萨图尼诺（Saturnino M. Borras J. R.），2005 年］。（2）农业和农村经济发展的初级阶段应该采用供给领先金融模式［帕特里克（Patrick），1966 年；荣格（Jung），1986 年；加尼（Ghani），1992 年；博伊德和史密斯（Boyd & Smith），1998 年］。（3）发展中国家的农地金融市场不是完全竞争的市场，政府介入该市场非常必要［斯蒂格利茨（Stiglitz），1999 年；潘妮（Penny），2012 年］。（4）为避免金融抑制，政府对农地金融的强制干预应限于市场失灵已经确认发生领域［亚当斯（Adams），1983 年，1984 年；蒂莫西（Timothy），1994 年；雷（Debraj Ray），1998 年］。（5）借款人的组织化等对解决农地融资中信息不对称等问题非常重要［斯蒂格利茨（Stiglitz），1990 年；加塔克（Ghatak），2000 年；拉丰（Laffont），2013 年］。

（二）国内研究现状

（1）从立法和法理层面探析在我国农村土地改革过程中实施土地承包经营权融资创新的必要性和可行性（王利明，2001 年；杨立新，2004 年；崔建远，2005 年；刘守英，2008 年；高圣平，2009 年）。（2）农村土地所有权、承包权、经营权“三权分置”突破了土地经营权无法与其他生产要素进行价值比较的限制，实现了土地经营权财产化、资本化（高富平，2012 年；张红宇，2013 年；陈锡文，2013 年；蔡立东，2017 年）。（3）我国农地融资需要通过有效的制度设计解决农民可能因失地而导致生存问题，同时也要落实农地的用途管制（崔建远，2005 年；徐绍史，2008 年；高圣平，2009 年）。（4）农地的金融化是农地财产属性的应有之义，现行法严格限制农地金融化，阻碍了农村金融的发展（曾庆芬，2014 年；高圣平，2014 年；唐烈英，2017 年）。（5）政府在农地融资制度构建中应积极发挥作用,但为保障市场的资源配置基础地位,应对其施以必要的约束(王选庆,2004年;肖艳霞,2007年;董建华等,2009年;田广星,2012年)。(6)从制度层面对于农地抵押、土地银行、农地信托等农地融资实践的法律构造及监管进行探讨(高圣平,2014年;罗剑朝,2015年;李蕊,2017年)。

四、研究思路和结构安排

(一)研究的主要内容

滞碍土地改革的关键问题之一,在于农地融资实践于法无据。近年来,各地着眼于农地抵押、土地银行、土地信托等方面,并进行了大量农地金融实践和探索,但是我国《物权法》《担保法》《农村土地承包法》《土地管理法》等对于农地金融实践探索的法治化愿景,尚未给予有效回应,引致金融抑制,严重阻碍农村资金和农地资源优化配置乃至农民发展权的实现。党的十九大提出"构建现代农业产业体系、生产体系、经营体系",关键在于农业经营体制机制创新,创新的基础在于农地顺畅流转和融资,这也是实施农业供给侧结构性改革和"乡村振兴战略"的主旨所在。

1. 我国农地融资领域法律政策冲突的实然状况研判

在政策层面,着眼于农业经营资金不足之金融弥补,对于农地融资实践探索的态度较为包容、积极,早已逾越了法律红线,实质赋予土地(承包)经营权抵押融资政策上的效力。但是,我国既有的《民法通则》《物权法》《担保法》《农村土地承包法》《土地管理法》等立法,对于农地融资态度相对保守,未能及时有效回应农地金融实践探索自发形成的法秩序。法律政策冲突为农地融资领域实践延展推进制造了障碍,亟待克服。现行法律政策在土地(承包)经营权是否具有可抵押属性、设置土地(承包)经营权抵押与其社会保障性的实现、抵押物的处置与农地用途限制及粮食安全保障、抵押债权证券化与金融安全维护等多个层面普遍存在矛盾冲突。

2. 农地融资的典型实践以及法律应对

我国农地金融实践始于20世纪80年代的贵州湄潭。进入21世纪,土地(承包)经营权已然被相关政策性文件赋予了抵押权能,突破了长期以来对农地抵押的限制,各地方着眼于农地抵押、土地银行、农地信托等方面,并进行了大量的实践探索。我国《物权法》《担保法》等立法之初,主要考量农村土地承包经营权具有社会保障功能,故而限制家庭承包方式取得的土地承包经营抵押。由于土地(承包)经营权抵押目前只停留在政策提倡阶段,这就导致其必然同时面临着法律风险与政策风险。土地(承包)经营权抵押实践对当前政策的过度依赖也使其不具备长期稳定性。

我国目前不仅没有真正意义上的土地银行机构及立法,农地存贷业务在各地的实践也较为零散缺乏系统性,而且由于法律制度等原因,与土地银行农地融资业务相关的土地承包经营权抵押贷款试点和信贷资产证券化试点的开展也较为缓慢。虽然各地实践中名为“土地银行”,但受我国法律制度建设、农村社会保障体系等多种因素的限制,无论是土地合作社还是土地信托,都不具有农地抵押融资和发行土地债券的功能,与国外完全意义上的作为农地金融机构的土地银行存在较大差别,无法有效满足农地融资需求、促进农村资金资源合理配制,也不能发挥为农业和农村发展筹集和提供资金的作用。

目前我国《物权法》《农村土地承包法》《信托法》等相关立法,对于农地信托尚没有明确规定,农地信托创新实践面临委托人主体资格缺乏、信托机构保障和激励机制不足等诸多法律障碍。鉴于目前我国《信托法》的立法体例结构主要是对信托关系施以统合性规范与调整,故不宜将农地信托强加于其间予以规定。斟酌考量农地信托流转农地之效能以及其信托财产的特异属性,笔者认为,更宜在土地管理法律规范中对其予以规定。

3. 农地金融法治化路径

我国农地金融法治化的逻辑前提正在于:土地经营权具有特定性、价值性、可转让性,是具有独立经济价值的财产权,具备作为担保物的一般条件,适格于担任资金融通的信用保证。农地使用权的私权属性与公权约束属于相辅相成的一体两面,本质上并不存在冲突。立法者对于农地金融权利的束限正是对于作为土地产权核心的处分权完整性的割裂,其实质不仅无助于保护农民土地权益,反而阻碍了农民土地财富价值的最大化实现。农地金融法治化必然要遵循并有效回应于农地权利社会化之趋向,不仅着眼于农地金融交易秩序之构建、农地金融主体权利之保障,更应眷注于社会公共利益之实现。农地金融具有准公共物品属性,本身具有极强的正外部性,不仅关系到农业发展更关系到农民福祉以及多层次社会公共利益之实现。这是国家干预农地金融法律关系的逻辑起点,也是农地金融法治化的前提。农地金融法治化根蒂在于合作制,农地金融可持续性之保障在于农地融资证券化。

4. 我国《土地管理法》修改理路

中国土地制度所聚合的生产性、保障性、资本性等多重属性，使《土地管理法》必然具有鲜明的社会性和公共性。我国土地立法要遵循并有效回应于当代土地权利社会化之趋向，不仅着眼于土地资源配置秩序之构建、土地权利主体之保障，更应眷注于社会公共利益之实现。因由社会公众、中央政府、地方政府、市场资本、农村集体和农民等多重主体利益在土地上的纠葛交织，《土地管理法》必然要对公私权益进行有效配置调和。不仅要平衡协调于纵向维度集体成员、集体经济组织与各级政府之间的权益，而且须兼顾横向维度集体成员之间的权益平衡；不仅要平衡集体成员、集体经济组织与各级政府之间的外部利益，亦须考量斟酌集体成员与集体经济组织之间的内部利益。我国《土地管理法》的内质在于"管理"，当然须臾离不开政府有序、有度、有效的监管和调控。故而在修法中除斟酌市场如何在土地资源配置中起决定作用外，必须考量如何明晰政府权责，"更好发挥政府作用"，同时也应以制度之笼网适度约束政府权力。

（二）研究的逻辑结构

（1）剖析我国农地融资市场失灵及根源（逻辑起点），从我国农村资金和农地资源配置不尽合理的现实出发，结合新一轮土地制度改革对于农地流转融资的实然需求，分析我国农地融资市场失灵现状，并主要基于法律政策冲突的视角剖析其根源。（2）着眼于我国农地融资领域法律政策冲突，系统梳理分析现行农地融资法律政策，厘清目前在土地承包经营权可否抵押、抵押权的设置与土地承包经营权社会保障性、抵押权的实现与农地用途限制等多个层面存在的法律政策冲突表象，并结合法经济学和法社会学方法探求冲突的实质及本源。（3）考量典型地区农地融资实践及法律政策冲突协调机制。通过梳理宁夏、浙江、四川等地农地融资实践和规制经验，总结评价典型农地融资模式中法律政策冲突协调机制的利弊得失，厘清各地农地融资实践面临的具体立法困境和需求。（4）比较借鉴农地融资立法范式的国际经验。总结分析典型国家协调法律政策冲突和农地融资立法的经验教训，得出对我国农地融资发展和法律政策冲突协调机制构建具有借鉴意义的启示。（5）着眼于农地融资法律政策冲突的立法路径（逻辑终点），在理论实践结合研究的基础上提出我国农地融资法律政策冲突的立法解决理路：统筹考量农地融资市场的公平、效率、自由和秩序，基于农村土地所有权、承包权、经营权"三权分置"理论,根据差别原则平衡协调不同主体利益,有效发挥政府作用,构建农地融资多元激励和保障机制。结合政策和试点经验,修订我国《农村土地承包法》等规定,使农地融资具有法律依据。①重新配置农地融资过程中,土地所有权人、承包权人、融资机构、证券投资者等主体权利义务,调动各主体有效率地参与农地融资的积极性,初步建立农地融资制度体系框架。②秉承整体主义和权衡的法治观适时出台专门法,系统调整农地融资法律关系。健全金融监管和土地管理部门相结合的嵌入式复合监管体制,推动建立农地融资社会化风险分摊机制和农民权益多维保障机制。

五、研究方法

1. 运用实证方法、历史方法和价值分析的方法,基于法律政策冲突视角剖析农地融资市场失灵根源,并对我国农地融资领域多层面法律政策冲突进行系统分析,探求冲突的实质及本源。

2. 运用文献分析与调查访谈相结合的方法,梳理典型地区农地融资实践探索,分析其法律政策冲突协调机制的利弊得失,厘清实践面临的具体立法需求和困境。

3. 运用文献分析、比较等方法借鉴国外经验教训,从实际出发提出农地融资法律政策冲突的立法解决思路并提出具体法律政策冲突协调建议。

六、研究可能的创新之处与存在的不足

1. 研究可能的创新点:(1)首次基于法律政策冲突的视角,着眼于弥补市场失灵及多方主体的利益博弈,对于农地融资领域权利义务配置实施系统的立法考量。(2)结合法经济学和法社会学的研究方法,平衡不同主体利益,统筹农地融资市场公平、效率、自由和秩序,着眼于多维度重新配置权利义务,构建农地融资多元激励和保障机制。

2. 研究存在的不足:(1)实地调研不足,一手数据样本偏少。受精力及研究经费限制,笔者对于我国农地融资的实证调研主要集中在7个省市,对更多地区的实证分析依赖第二手资料,如对宁夏平罗、四川彭州等个案分析一般采用的是文献调研的方法,这导致本书的统计数据覆盖面还不全面。今后研究的重要议题是深入实地进行广泛的调研和访谈。(2)理论研究的深度和广度有待拓展。囿于笔者的研究能力和本书篇幅所限,对于农地融

资法律政策冲突的基础理论研究有待深入。例如,未对农地融资法律关系主体、客体、内容等进行详尽分析研判。本书主要着眼于农地抵押、土地银行、农地信托三类典型农地融资模式,对于农地经营收益权质押等其他农地融资实践关注不够。

第二章　我国农地融资法律政策冲突的实然状况研判

目前阻碍我国土地改革的关键问题之一,是农地融资法律政策冲突抵牾。在政策层面,着眼于农村、农业资金不足之金融弥补,对于农地融资态度较为包容积极,《关于加快推进农村金融产品和服务方式创新的意见》《农村承包土地的经营权抵押贷款试点暂行办法》等早已逾越了法律红线,实质赋予土地(承包)经营权融资政策上的效力。

一、我国农地融资主要立法考察

(一)《宪法》允许土地使用权依法转让

作为根本大法,我国《宪法》对于我国土地制度进行了原则性规定。其第 10 条规定,城市的土地属于国家所有。农村和城市郊区的土地,除由法律规定属于国家所有的以外,属于集体所有;宅基地和自留地、自留山,也属于集体所有。国家为了公共利益的需要,可以依照法律规定对土地实行征收或者征用并给予补偿。任何组织或者个人不得侵占、买卖或者以其他形式非法转让土地。土地的使用权可以依照法律的规定转让。一切使用土地的组织和个人必须合理地利用土地。我国《宪法》对于土地所有权权属的规定,以及土地使用权依法转让的规定,乃是我国开展农地融资的法律前提。

(二)《民法通则》明确禁止土地抵押

作为民法体系中的一般法,我国《民法通则》对民事活动中一些共同性问题进行规定。其第80条明确规定,“公民、集体依法对集体所有的或者国家所有由集体使用的土地的承包经营权,受法律保护。承包双方的权利和义务,依照法律由承包合同规定。土地不得买卖、出租、抵押或者以其他形式非法转让”。

(三)《民法总则》赋予农村集体经济组织法人地位

我国《民法总则》是民法典的开篇之作,规定了民事活动的基本原则和一般规定,在民法典中起统领性作用。我国《民法总则》没有直接规定土地承包经营权及农地融资,但是其一大亮点在于赋予农村集体经济组织法人地位,有利于深入推进农村土地制度改革。我国《民法总则》第96条规定:“本节规定的机关法人、农村集体经济组织法人、城镇农村的合作经济组织法人、基层群众性自治组织法人,为特别法人。”同时在其第55条规定:“农村集体经济组织的成员,依法取得农村土地承包经营权,从事家庭承包经营的,为农村承包经营户。”

(四)《物权法》原则禁止集体所有的土地使用权抵押

作为明确物的归属,发挥物的效用,保护权利人的物权的典型财产法,我国《物权法》在第三编用益物权以第十一章专章规定土地承包经营权,其中对于家庭承包的土地承包经营权流转和以招标等方式承包的土地承包经营权流转进行了分别规定,明确允许通过招标、拍卖、公开协商等方式承包的荒地等农村土地的承包经营权以抵押方式流转。其第128条规定:“土地承包经营权人依照农村土地承包法的规定,有权将土地承包经营权采取转包、互换、转让等方式流转。流转的期限不得超过承包期的剩余期限。未经依法批准,不得将承包地用于非农建设。”其第133条规定:“通过招标、拍卖、公开协商等方式承包荒地等农村土地,依照农村土地承包法等法律和国务院的有关规定,其土地承包经营权可以转让、入股、抵押或者以其他方式流转。”同时在其第184条进行了禁止性列举,规定:“下列财产不得抵押:(一)土地所有权;(二)耕地、宅基地、自留地、自留山等集体所有的土地使用权,但法律规定可以抵押的除外;(三)学校、幼儿园、医院等以公益为目的的事业单位、社会团体的教育设施、医疗卫生设施和其他社会公益设施;(四)所有权、使用权不明或者有争议的财产;(五)依法被查封、扣押、监管的财产;(六)法律、行政法规规定不得抵押的其他财产。”

(五)《担保法》明确禁止以家庭承包方式取得土地承包经营权抵押

作为促进资金融通和商品流通,保障债权实现的基本法,我国《担保法》与《物权法》规定一脉相承,在其第37条亦明确禁止集体所有的土地使用权抵押:“下列财产不得抵押:(一)土地所有权;(二)耕地、宅基地、自留地、自留山等集体所有的土地使用权,但本法第三十四条第(五)项、第三十六条第三款规定的除外;(三)学校、幼儿园、医院等以公益为目的的事业单位、社会团体的教育设施、医疗卫生设施和其他社会公益设施;(四)所有权、使用权不明或者有争议的财产;(五)依法被查封、扣押、监管的财产;(六)依法不得抵押的其他财产。”只是将“抵押人依法承包并经发包方同意抵押的荒山、荒沟、荒丘、荒滩等荒地的土地使用权”(第34条第5项)规定为除外情形。

最高人民法院《关于适用〈中华人民共和国担保法〉若干问题的解释》第52条进一步对于土地使用权抵押效力加以规定,即“当事人以农作物和与其尚未分离的土地使用权同时抵押的,土地使用权部分的抵押无效”。

(六)《农村土地承包法》未明示以家庭承包方式取得的土地承包经营权可否抵押

作为专门规范农村土地承包关系的部门法,我国《农村土地承包法》并未明示家庭承包的土地承包经营权可否抵押。该法第32条规定:“通过家庭承包取得的土地承包经营权可以依法采取转包、出租、互换、转让或者其他方式流转。”但是立法对于“其他方式流转”的内涵没有明定,引发理论界争论研讨。与之相对应,其第49条则明定:“通过招标、拍卖、公开协商等方式承包农村土地,经依法登记取得土地承包经营权证或者林权证等证书的,其土地承包经营权可以依法采取转让、出租、入股、抵押或者其他方式流转。”

(七)最高人民法院司法解释明定土地承包经营权抵押无效

为解决涉及农村土地承包纠纷案件适用法律的司法审判争议,最高人民法院《关于审理涉及农村土地承包纠纷案件适用法律问题的解释》对于土地承包经营权抵押态度鲜明,第15条明定:“承包方以其土地承包经营权进行抵押或者抵偿债务的,应当认定无效。对因此造成的损失,当事人有过错的,应当承担相应的民事责任。”

(八)《土地管理法》对农地融资付诸阙如

作为统率我国土地资源管理、保护、开发、利用的基本法,我国《土地管理法》只是在土地的所有权和使用权部分概括规定了土地承包经营权,但是对于农地融资则付诸阙如。

我国《土地管理法》第 2 条第 3 款规定,“任何单位和个人不得侵占、买卖或者以其他形式非法转让土地”。第 14 条规定:“农民集体所有的土地由本集体经济组织的成员承包经营,从事种植业、林业、畜牧业、渔业生产。土地承包经营期限为三十年。发包方和承包方应当订立承包合同,约定双方的权利和义务。承包经营土地的农民有保护和按照承包合同约定的用途合理利用土地的义务。农民的土地承包经营权受法律保护。在土地承包经营期限内,对个别承包经营者之间承包的土地进行适当调整的,必须经村民会议三分之二以上成员或者三分之二以上村民代表的同意,并报乡(镇)人民政府和县级人民政府农业行政主管部门批准。”我国《土地管理法实施条例》则没有涉及土地承包经营权。

2018 年 5 月征求意见的我国《土地管理法(修正案)》(草案二审稿)也只是在第 14 条进行了授权性规定,即“农民集体所有和国家所有依法由农民集体使用的耕地、林地、草地以及其他依法用于农业的土地,其承包经营依照《中华人民共和国农村土地承包法》执行”。

二、我国农地融资主要政策的延展

前已述及,我国土地承包经营权抵押融资的最主要障碍在于《民法通则》《物权法》《担保法》等对于以家庭承包方式取得的土地承包经营权抵押的禁止性规定。但近年来伴随农村改革向纵深化延展,一些政策规定已逾越了法律红线实质赋予土地承包经营权抵押融资政策上的效力。

2008 年 10 月中国人民银行、中国银行业监督管理委员会印发了《关于加快推进农村金融产品和服务方式创新的意见》,提出创新贷款担保方式,扩大有效担保品范围;探索发展大型农用生产设备、林权、水域滩涂使用权等抵押贷款,规范发展应收账款、股权、仓单、存单等权利质押贷款等意见和建议。2008 年下半年起,中部 6 省和东北 3 省各选择 2 ~ 3 个有条件的县(市)开展试点方案设计和试点推进落实工作,每个省集中抓好 2 ~ 3 个金融产品创新和推广。

2009 年 3 月中国人民银行和中国银行业监督管理委员会联合下发《关于进一步加强信贷结构调整　促进国民经济平稳较快发展的指导意见》(银发〔2009〕92 号),提出“有条件的地方可以探索开办土地经营权抵押贷款”。

2010 年由中国人民银行、中国银行业监督管理委员会、中国证券监督管理委员会、中国保险监督管理委员会联合印发的《关于全面推进农村金融产品和服务方式创新的指导意见》,明确要“探索开展农村土地承包经营权和宅基地使用权抵押贷款业务”,“按照依法自愿有偿原则”进行抵押贷款试点。

随着 2008 年中国人民银行和中国银行业监督管理委员会农村土地承包经营权和宅基地使用权抵押贷款业务试点政策的实施,辽宁法库、四川成都、湖北天门、山东寿光、福建三明、浙江温岭、陕西高陵、湖南邵阳等地,进行了大量土地承包经营权抵押贷款探索,形成了各具特色的模式,并出台了《辽宁省农村信用社土地承包经营权抵押贷款管理暂行办法》《海南省农村土地承包经营权抵押融资管理办法》等文件。此外,2012 年年底我国农地确权工作基本完成,也为农地抵押融资创造了条件。

2013 年党的十八届三中全会通过《中共中央关于全面深化改革若干重大问题的决定》,强调“赋予农民对承包地占有、使用、收益、流转及承包经营权抵押、担保权能”,“鼓励承包经营权在公开市场上向专业大户、家庭农场、农民合作社、农业企业流转”。2014 年中共中央一号文件《关于全面深化农村改革加快推进农业现代化的若干意见》明确提出“允许承包土地的经营权向金融机构抵押融资”,要“建立配套的抵押资产处置机制,推动修订相关法律法规”,标志着农地融资领域长期凸显的法律政策冲突即将通过修法来予以圆融和协调,从而使长期处于“灰色”地带的土地承包经营权抵押融资最终获得法律根据。①

2014 年国务院下发《关于金融服务“三农”发展的若干意见》(国办发〔2014〕17 号)提出“创新农村抵(质)押担保方式。制定农村土地承包经营权抵押贷款试点管理办法”。之后中国农业银行专门出台《农村土地承包经营权抵押贷款管理办法(试行)》,对于农村土地承包经营权抵押贷款具体业务予以明晰规范。

2014 年 11 月中共中央办公厅、国务院办公厅发布《关于引导农村土地经

① 参见李蕊:《中国土地银行农地融资制度建构之权衡》,载《政法论坛》2014 年第 4 期。

营权有序流转发展农业适度规模经营的意见》正式提出“三权分置”。[①] 文件指出“坚持农村土地集体所有,实现所有权、承包权、经营权三权分置,引导土地经营权有序流转”。2015 年 11 月新华社发布由中共中央办公厅、国务院办公厅印发的《深化农村改革综合性实施方案》,确定“深化农村土地制度改革的基本方向是:落实集体所有权,稳定农户承包权,放活土地经营权”,实行三权分置。落实集体所有权,就是落实“农民集体所有的不动产和动产,属于本集体成员集体所有”的法律规定,明确界定农民的集体成员权,明晰集体土地产权归属,实现集体产权主体清晰。稳定农户承包权,就是要依法公正地将集体土地的承包经营权落实到本集体组织的每个农户。放活土地经营权,就是允许承包农户将土地经营权依法自愿配置给有经营意愿和经营能力的主体,发展多种形式的适度规模经营。“三权分置”是对“家庭联产承包责任制”的继承和发展。“三权分置”中的“承包权”是对“家庭联产承包责任制”的继承,其中的“所有权”和“经营权”是对“家庭联产承包责任制”的发展。“三权分置”与“家庭联产承包责任制”是一脉相承的,也将进一步激发农业活力,解放生产力,提高农业效率,促进农业经济发展。该意见指出,按照全国统一安排,稳步推进土地经营权抵押、担保试点,研究制定统一规范的实施办法,探索建立抵押资产处置机制。

为全面贯彻党的十八大和十八届三中、四中全会精神,深入落实党中央、国务院决策部署,按照所有权、承包权、经营权“三权分置”和经营权流转有关要求,以落实农村土地的用益物权、赋予农民更多财产权利为出发点,深化农村金融改革创新,稳妥有序开展“两权”抵押贷款业务,2015 年国务院发布《关于开展农村承包土地的经营权和农民住房财产权抵押贷款试点的指导意见》

---

① 其实早在 2001 年 3 月 15 日通过的《第九届全国人民代表大会第四次会议关于国民经济和社会发展第十个五年计划纲要及关于纲要报告的决议》中就出现了土地经营权,该决议提出在长期稳定土地承包关系的基础上,鼓励有条件的地区积极探索土地经营权流转制度改革。紧接着《四川省村务公开条例》《江西省实施〈中华人民共和国村民委员会组织法〉办法(2011)》《贵州省实施〈中华人民共和国村民委员会组织法〉办法(2012 修正)》都提到了集体经济组织土地承包和经营权的流转、调整情况。《江苏省农民专业合作社条例》第 18 条第 2 款规定农地股份合作社成员退社的,鼓励其依法向本社其他成员流转该承包地的经营权。2014 年 3 月 13 日《第十二届全国人民代表大会第二次会议关于 2013 年国民经济和社会发展计划执行情况与 2014 年国民经济和社会发展计划的决议》中再次提出稳定农村土地承包关系,坚持和完善最严格的耕地保护制度,按照依法自愿有偿原则,有序推进承包地经营权流转。

（国发〔2015〕45号），要求赋予“两权”抵押融资功能，维护农民土地权益。在防范风险、遵守有关法律法规和农村土地制度改革等政策基础上，稳妥有序开展“两权”抵押贷款试点。根据国务院《关于开展农村承包土地的经营权和农民住房财产权抵押贷款试点的指导意见》和全国人大常委会《关于授权国务院在北京市大兴区等232个试点县（市、区）、天津市蓟县等59个试点县（市、区）行政区域分别暂时调整实施有关法律规定的决定》精神，2016年中国人民银行、中国银行业监督管理委员会、中国保险监督管理委员会、财政部、农业部发布《农村承包土地的经营权抵押贷款试点暂行办法》（银发〔2016〕79号）。《农村承包土地的经营权抵押贷款试点暂行办法》规定在大兴区、平谷区等试点县（市、区），对于“符合本办法第六条、第七条规定条件、通过家庭承包方式依法取得土地承包经营权和通过合法流转方式获得承包土地的经营权的农户及农业经营主体（以下称借款人），均可按程序向银行业金融机构申请农村承包土地的经营权抵押贷款”。2017年中共中央、国务院《关于深入推进农业供给侧结构性改革　加快培育农业农村发展新动能的若干意见》强调，深入推进承包土地的经营权和农民住房财产权抵押贷款试点。2017年经第十二届全国人大常委会第三十一次会议批准，农村承包土地的经营权抵押贷款试点延期1年。中国人民银行随后发布了《关于进一步做好“两权”抵押贷款试点有关事项的通知》，提出“两权”抵押贷款试点延期至2018年12月31日，推动相关金融机构积极推进“两权”抵押贷款业务。2018年中共中央、国务院《关于实施乡村振兴战略的意见》强调“农村承包土地经营权可以依法向金融机构融资担保、入股从事农业产业化经营”。

三、我国农地融资中法律政策冲突的核心范畴

现行法律政策在土地（承包）经营权是否具有可抵押属性、设置土地（承包）经营权抵押与其社会保障性的实现、抵押物的处置与农地用途限制及粮食安全保障、抵押债权证券化与金融安全维护等多个层面普遍存在矛盾冲突，不仅损害了农地融资市场的公平，而且滞碍了市场效率的提升，进而引致农村金融市场失灵。

（一）农地使用权可否融资

如前述及，自2008年10月中国人民银行、中国银行业监督管理委员会印发了《关于加快推进农村金融产品和服务方式创新的意见》，提出创新贷款担

保方式，扩大有效担保品范围，进而选择中部6省和东北3省开展试点开始，到2013年党的十八届三中全会通过《中共中央关于全面深化改革若干重大问题的决定》强调“赋予农民对承包地占有、使用、收益、流转及承包经营权抵押、担保权能”，再到2016年中国人民银行等5部委出台《农村承包土地的经营权抵押贷款试点暂行办法》始终鼓励支持农地融资尤其是土地承包经营权融资、土地经营权融资试点开展。在政策层面早已逾越了法律红线，实质赋予土地(承包)经营权融资政策上的效力。

但是检视既有立法，对于农地融资态度则相对审慎保守。除我国《民法通则》《担保法》及司法解释、最高人民法院《关于审理涉及农村土地承包纠纷案件适用法律问题的解释》等明确禁止以家庭承包方式取得的土地承包经营权抵押外，《农村土地承包法》《土地管理法》及实施条例对此类土地权利可否融资则付诸阙如。

令人欣喜的是，我国《农村土地承包法》修法已将土地经营权融资列入其中，2017年公开征求意见的《农村土地承包法修正案(草案)》增加一条关于土地经营权的融资担保的规定。该草案第42条规定：“承包方可以用承包土地经营权向金融机构融资担保。第三方通过流转取得的土地经营权，经承包方或其委托代理人书面同意，可以向金融机构融资担保。具体由国务院有关部门规定。”全国人大农业与农村委员会所作的立法说明给出的解释是，鉴于实践中抵押担保融资的情况复杂，操作方式多样，加之各方面对土地经营权的性质认识分歧较大，草案使用了“融资担保”的概念，包含了抵押和质押等多种情形，既解决农民向金融机构融资缺少有效担保物的问题，又保持了与《担保法》等法律规定的一致性。但是，此次修法对于融资担保法律关系内容以及具体方式、程序等则付之阙如。这种模糊化的立法设计不仅无助于纾解农地金融实践操作之窘困，对于农地金融风险乃至社会风险之防范亦无裨益。

(二)农地融资客体为何

根据既有政策性文件规定，土地承包经营权和土地经营权都可以向金融机构抵押担保融资。2014年中共中央办公厅、国务院办公厅发布《关于引导农村土地经营权有序流转 发展农业适度规模经营的意见》，正式提出“三权分置”。其后，《农村承包土地的经营权抵押贷款试点暂行办法》《关于开展农村承包土地的经营权和农民住房财产权抵押贷款试点的指导意见》等规范性文件规定均将融资客体明定为土地经营权。

但是,我国《农村土地承包法》《土地管理法》等立法存在滞后性,尚未将"三权分置"政策贯彻于立法之中,也未明定土地经营权。2017 年公开征求意见的我国《农村土地承包法修正案(草案)》的一大任务即在于有效回应"三农"发展现实需求,将"三权分置"政策上升为立法。该草案第 6 条规定,"以家庭承包方式取得的土地承包经营权在流转中分为土地承包权和土地经营权"。同时,明确了土地承包权和土地经营权的权能,即"土地承包权是指农村集体经济组织成员依法享有的承包土地的权利。土地经营权是指一定期限内占用承包地、自主组织生产耕作和处置产品,取得相应收益的权利"。按照习近平总书记 2016 年 4 月 25 日在农村改革座谈会上关于"建立土地承包经营权登记制度"的重要讲话精神,以及与《民法总则》《物权法》《农业法》等法律相衔接,草案保留了土地承包经营权概念。将土地集体所有权与承包经营权作为承包地处于未流转状态的一组权利,是"两权分离"。将土地集体所有权与土地承包权、土地经营权作为承包地处于流转状态的一组权利,是"三权分置"。

(三)担保物权可否顺利实现

目前我国《农村土地承包法》等对于土地承包经营权主体的规定、我国农地农用的限制以及农地的社会保障属性,使担保物权人对土地(承包)经营权的处置面临诸多掣肘,担保物权实现较为困难。

首先,《农村土地承包法》中规定的土地承包经营权的承包方式主要是家庭承包,家庭承包的承包方是本集体经济组织的农户。对本集体经济组织外的单位或个人成为土地承包经营权人则要求十分严格。其第 48 条规定:"发包方将农村土地发包给本集体经济组织以外的单位或者个人承包,应当事先经本集体经济组织成员的村民会议三分之二以上成员或者三分之二以上村民代表的同意,并报乡(镇)人民政府批准。由本集体经济组织以外的单位或者个人承包的,应当对承包方的资信情况和经营能力进行审查后,再签订承包合同。"其第 47 条规定:"以其他方式承包农村土地,在同等条件下,本集体经济组织成员享有优先承包权。"其第 33 条也规定,"土地承包经营权流转不得改变土地所有权的性质和土地的农业用途;受让方须有农业经营能力;在同等条件下,本集体经济组织成员享有优先权。"依前述规定,在债务人到期无法偿还贷款时,债权人往往既不能直接作为土地承包经营权的适格承接主体,也不便按照我国《物权法》第 195 条的规定与债务人达成一致对经营权折价。对土地承包经营权采取拍卖、变卖的受偿方式时也必须缩小范围,只可拍卖、变卖给相应的适格主体,这样自然大大限制了债权人对于土地(承包)经营权担保受偿的比例。

其次,根据我国《农村土地承包法》第58条规定,“任何单位和个人不得擅自截留、扣缴土地承包经营权流转收益”,即便债权人通过拍卖、变卖等方式对作为担保的土地(承包)经营权进行处置,理论界对于其优先受偿的财产是否属于该条所称截留、扣缴所获流转收益还存在一定分歧。若属于,那么土地(承包)经营权将无法发挥担保功能,担保物权人决然不可能实现就其优先受偿。

最后,着眼于粮食安全等社会公共利益考量,我国立法实行严格的土地用途管制制度,对土地用途的改变也作了十分明确限制。我国《农村土地承包法》第17条规定:“承包方承担下列义务:(一)维持土地的农业用途,不得用于非农建设;(二)依法保护和合理利用土地,不得给土地造成永久性损害……”第33条也规定,土地承包经营权流转不得改变土地所有权的性质和土地的农业用途;受让方须有农业经营能力;在同等条件下,本集体经济组织成员享有优先权。我国《土地管理法》第4条亦明确规定了国家实行土地用途管制制度,即“国家编制土地利用总体规划,规定土地用途,将土地分为农用地、建设用地和未利用地。严格限制农用地转为建设用地,控制建设用地总量,对耕地实行特殊保护……使用土地的单位和个人必须严格按照土地利用总体规划确定的用途使用土地”。易言之,目前的立法对土地(承包)经营权担保物权实现的限制重重,使担保物权人在土地(承包)经营权担保物权实现中举步维艰。同时,这也是影响我国农地融资实践延展的一大关键要因。

第三章　农地融资典型实践以及法律应对研究

为厘清新一轮土地制度改革背景下农地流转融资创新的实然根柢，2014 年 8 月至 2015 年 4 月研究团队在北京、安徽、山东等 7 省(市)进行农地流转融资现状问卷调查。调查主要着眼农村融资现状、政府作用发挥和法律政策配套三个维度，研判全国农地流转融资现实境况、农地流转融资实然需求和根基、农地融资法律政策冲突克服经验。

基于对河南省周口市、贵州省遵义市、黔西南布依族苗族自治州、湖北省洪湖市、山东省临沂市、安徽省凤阳县、安徽省阜阳市、黑龙江省兰西县 6 个省份 8 个地区和北京市延庆、平谷、密云、怀柔、顺义、房山 6 个区(县)千份问卷数据进行统计(见表 1)分析发现：(1)在农地流转方面，流转方向多是转出；其转出土地的原因主要是“收入太低，不愿耕种”“无力耕种”“村委会强制”；转出土地的方式中，传统的“转包”“转让”“无偿借给他人”占的比重较大；在“农地流转融资政策”问题中，调查对象大部分表示“不知道”；在“希望农地流转融资政策在哪些方面进行改进”问题中，调查对象更希望“保证农民在土地流转中的权益”及“允许土地承包经营权抵押”。(2)在农村融资基本信息方面，借贷资金的用途多是“就医治病”“子女教育”“建房”;在借贷方式中,主要是“从亲戚朋友处借款”和“从金融机构借款”,绝大部分农民表示目前未采用土地进行融资;借贷资金的期限集中在“1~5年”;借款困难的原因多是缺乏有效担保。

表1 农地流转融资调查数据统计

土地流转方向	转入	转出					
占比	25.30%	74.70%					
转出土地的原因	无力耕种	不愿耕种,收入太低	急需一笔收入	村委会引导	村委会强制	流转对象上门洽谈	
占比	16.30%	47%	1.10%	9.20%	14.10%	11%	
转出土地的方式	转包	转让	出租	互换	反租倒包	入股	无偿借给他人
占比	37.50%	30.70%	15.20%	1.10%	1.10%	1.80%	11.90%
农地流转融资政策	不知道	没有	农地抵押政策	农地入股政策	农地存贷政策	农地信托政策	
占比	51.60%	31.70%	6.60%	3.00%	5.30%	1.90%	
希望农地流转融资政策在哪些方面改进	保证农民在土地流转中的权益	允许土地承包经营权抵押	有效约束村委会权利				
占比	58.80%	21.90%	17.90%				
借贷资金的用途	子女教育	就医治病	建房	生产	婚丧嫁娶	其他	
占比	26.70%	31.10%	20.00%	6.70%	11.10%	4.40%	
借贷方式	从亲戚朋友处借款	从金融机构借款	民间放贷者	资金互助社	政府项目		

续表

土地流转方向	转入	转出					
占比	60.10%	24.60%	6.50%	5.30%	3.50%		
是否采用土地融资	否	入股	抵押	信托			
占比	82.50%	10.50%	5.70%	1.30%			
借贷资金的期限	6个月以下	6个月~1年	1~5年	5年以上			
占比	3.70%	33.20%	56.00%	7.10%			
借款困难的原因	银行贷款额度不足	抵押不足	缺乏担保人	银行和担保机构服务意识差	贷款利率和费用高，难以承受	手续烦琐	其他
占比	6.70%	20.10%	23.70%	8.10%	14.20%	15.30%	12.00%

综合研究发现：(1)大部分地区农地流转还不充分，传统的出租、转让方式占有很大比重，新型的农地流转融资方式(如农地信托等方式)在农村地区有很大的发展空间。(2)农户之间多是自发性的流转，虽然一些地区(如北京)村委会的参与程度较高，但由于缺乏专业的流转机构及中介组织的引导，极易引发各种流转纠纷。(3)调查发现一些地区农地流转过程还欠规范，存在村委会强制农民进行农地流转现象，因而有必要探索创新我国农地融资模式。现实矛盾问题必然倒逼农地流转融资制度改革，在新一轮土地制度改革背景下探索创新我国农地融资制度具有现实需求基础。

一、农地抵押典型实践及风险防范研究

(一)土地(承包)经营权抵押的界定

作为一种重要的债务履行担保方式，抵押不仅可保障债权实现，也可促进

商品的流通和资金的融通。根据我国《物权法》第179条之规定,抵押权是指债权人对于债务人或者第三人提供的、不转移占有而作为债务履行担保的财产,在债权人到期不能履行债务或发生当事人约定的实现抵押权的情形时,可就该财产折价或就拍卖、变卖财产的价款优先受偿的权利。着眼于传统民法,抵押财产主要是不动产,但随着社会经济的发展,亦可于动产、不动产物权设定抵押。前已述及,土地(承包)经营权已然被相关政策性文件赋予了抵押权能,突破了长期以来对农地抵押的限制,各地土地(承包)经营权抵押贷款试点加速推进。

我国《物权法》《农村土地承包法》等均已确认农村土地承包经营权具有用益物权属性。从历史看,随着实践发展,土地承包经营权的内涵和外延一直处于发展变动之中,经历了由合同债权到用益物权再至"类所有权"的演进过程。① 依"三权分置"政策,农村土地承包经营权在流转中设立的土地经营权,正是基于土地承包经营权人的意愿,以土地承包经营权为客体创设,衍生于农村土地承包经营权的次生性用益物权。因此,农村土地(承包)经营权抵押是一种典型的权利抵押。② 具体而言,土地(承包)经营权抵押是指在法律许可范围内,权利人将其土地(承包)经营权进行抵押,作为债权的担保,当债务人不履行债务时,债权人依法处分该权利并就从所得的价款中优先受偿。③

作为设立于土地(承包)经营权之上的权利负担,着眼于物权法层面,农地抵押权实质是一种担保物权;着眼于土地法领域,农地抵押权属于一种土地他项权利。④ 申言之,土地(承包)经营权抵押具有如下特征:(1)抵押的标的是一种用益物权。前已述及,作为一种不动产用益物权,土地(承包)经营权抵押是一种权利抵押,抵押设置后,并不会引发土地所有权及土地利用关系之改变。(2)土地(承包)经营权抵押可能会导致土地流转。有学者认为,土地流转必须有权利主体的变更,单纯的抵押行为不必然发生权利主体的变更,故

---

① 参见孙宪忠:《争议与思考——物权立法笔记》,中国人民大学出版社2006年版,第498页。

② 参见丁关良:《农村土地承包经营权性质二元化之客观界定》,载《经济问题》2007年第9期。

③ 参见高海:《论农村土地承包经营权质押》,载《南京农业大学学报》(社会科学版)2009年第3期。

④ 参见王卫国:《中国土地权利研究》,中国政法大学出版社1997年版,第239页。

而抵押不属于土地流转的方式。前述观点忽略了抵押与土地流转之内在联系,只有存在抵押行为,才有可能在抵押权实现时发生权利主体的变更,故而若着眼于抵押权实现效果,抵押当然可归属于土地流转的一种方式。(3)抵押权实现时其权利的处分具有特殊性。农民基于土地(承包)经营权这种特殊的用益物权,利用农地进行经营劳作,充分发挥其生产功能。申言之,土地(承包)经营权兼具公私融合属性。就其私权性质而言,根据《物权法》规定,土地(承包)经营权属于用益物权,这强调的是土地(承包)经营权的财产增值功能;就其公权性质而言,除关涉粮食安全和生态环境保障外,土地(承包)经营权实质又是一种农民的社会保障权,当下农地承载社会保障功能,从农地经营中所获得的收益保障了农民基本的生活需求。也正是基于此,在我国农村社会保障尚不完备的前置要件下,实现农地抵押权时务必考量农民基本生活保障,保障农民利益不受损,同时也要受制于土地用途管制和农地农用的土地用途拘束。

(二)土地(承包)经营权抵押的基础

1. 法理基础

无可否认,我国既有的《物权法》《土地管理法》《农村土地承包法》《农村土地承包经营权流转管理办法》等规范性文件,已然确认农村土地承包经营权的用益物权属性,虽然其设立于集体土地所有权之上,但一经设定即成为权利人享有的合法财产权利,承包权人有权依法对土地承包经营权进行处分。物权意义上的土地承包经营权,是指土地使用人自主支配标的物,并排除他人干涉的权利。其权能不但包括占有权、使用权和收益权,而且理应包含一定的处分权,相近于转让、出租,抵押亦属处分权范畴。[①] 尽管法学界对于农地经营权属性尚存争议,[②]但是从历史的维度看,土地承包经营权的内涵和外延随着实践发展一直处于发展变化之中,经历了由合同债权到用益物权,再由用益

---

① 参见田化、杨玉凯:《农村土地承包经营权抵押法律制度剖析》,载《社会科学辑刊》2003年第2期。

② 参见李昌麒主编:《中国农村法治发展研究》,人民出版社2006年版,第93页、第109页;刘俊:《土地承包经营权性质探讨》,载《现代法学》2007年第2期;高圣平:《农地信托流转的法律构造》,载《法商研究》2014年第2期;高圣平:《新型农业经营体系下农地产权结构的法律逻辑》,载《法学研究》2014年第4期;蔡立东等:《承包权与经营权分置的法构造》,载《法学研究》2015年第3期。

物权到“类所有权”的演进过程。① 土地承包经营权的类所有权化，迫切需要在其上设置相应的他物权，以有效地发挥物的效用。用益物权具有调剂土地“所有”与“利用”的机能。② 为推动农地适度规模化、集约化经营，适应土地所有者与所有者成员分离、所有者成员与土地实际利用者分离之客观趋势，当下扩展用益物权的客体范围具有现实合理性，亦符合我国《物权法》演进的理论逻辑和历史逻辑。根据以霍菲尔德为代表的现代分析法学观点，财产权的本质是“权利或法律关系的集束”，可以分解至权利或法律关系的元形式。③ 以多层权利客体的法理及物权法定缓和理论为支撑的农地产权制度构想不仅存在历史传承而且具有当代范本。④ 农地经营权正是基于土地承包经营权人的意愿，以土地承包经营权为客体创设的用益物权。⑤ 它是以经济利益为内容的权利，属于典型的财产权，是从土地承包经营权中分离出来得以入股、设置担保、信托等的次生性用益物权。⑥ 作为从土地承包经营权中衍生分离出的新型土地权利——农地经营权显然属于占有、使用的权利。用益物权的可处分性，既包含事实上利用物，也包含对权利本身的法律处分，故而当然可以在土地承包经营权和土地经营权上设定负担。

我国《宪法》第 10 条已然明确规定土地的使用权可以依照法律的规定转让，土地(承包)经营权属于土地使用权一种，当然具有可以转让性。转让的法律后果在于完全丧失土地权利，而抵押只是具有权利丧失之可能。举重以明轻，既然土地(承包)经营权依法可以转让，当然也可以抵押。现行法律已然为土地(承包)经营权抵押预留了空间。前已述及，我国《农村土地承包法》已然明确两种方式取得的土地承包经营权都可流转，但对于可否以抵押方式流转，又作了区别规定，即对于以家庭承包方式取得的土地承包经营权未明确

---

① 参见孙宪忠:《争议与思考——物权立法笔记》，中国人民大学出版社 2006 年版，第 498 页。

② 参见王泽鉴:《民法物权》(第 2 册)，中国政法大学出版社 2001 年版，第 7 页。

③ See Wesley Newcomb Hohfeld, “Some Fundamental Legal Concepts as Applied in Judicial Reasoning”, *Yale Law Journal*, 1913(23), pp. 28 – 59.

④ 参见张占锋:《农地制度变迁下的土地经营权信托财产属性》，载《北方法学》2016 年第 5 期。

⑤ 参见蔡立东、姜楠:《承包权与经营权分置的法构造》，载《法学研究》2015 年第 3 期。

⑥ 参见潘俊:《农村土地“三权分置”:权利内容与风险防范》，载《中州学刊》2014 年第 11 期。

允许抵押流转。众所周知,"法无禁止即自由",在不违背公序良俗、不损害公共利益之前提下,理应允许以家庭承包方式取得的土地(承包)经营权设立抵押。

2. 经济基础

农地抵押担保能够有效保障贷款资金的安全。土地的经济属性使农地能够成为农村金融运行中最佳的抵押品。这是由土地的特点所决定的:第一,土地具有永久性,其位置固定并且不可移动;第二,土地具有自偿性,农地抵押并不移转农地占有,债务人可以继续使用农地,通过对土地的经营不断地获得收入,从而具备持续偿付能力;第三,土地具有增值性,作为稀缺和不可再生资源,土地需求随着生产力的发展和人口的增加而不断上升,其价格也会不断上升。

通过农地抵押贷款业务发挥农地的融资功能,不仅使土地(承包)经营权人获取所需资金,还能够实现"多赢"。一方面,通过抵押担保的形式将农地内蕴的经济价值转化为流动性资金,使农地的经济价值得以充分实现;另一方面,抵押融资不改变农地的占有、使用,也不影响农业生产的正常进行,同时有利于带动农村中长期信用业务的发展,促进农村信用机制的完善和农村金融制度的健全。①

我国《物权法》《担保法》等立法之初,主要考量农村土地承包经营权具有社会保障功能,故而限制以家庭承包方式取得的土地承包经营权抵押,以防止农民在债务到期无力清偿时,因抵押权的实现而失去土地,造成社会的不稳定。但是随着农村经济社会的发展,农民通过各种途径从事非农产业,其第二、第三产业所得占据收入比重显著提高,农地的社会保障作用逐步弱化。基于前述背景,若继续限制土地(承包)经营权抵押,则必然影响市场机制在农地和资金资源配置中作用的发挥,引致农村金融市场失灵。

3. 实践基础

土地具有部分排他性、保值性、不可毁坏性以及相对可流转性,是较为理想的担保物。② 农地社会保障作用弱化及农地抵押实践不断深入,为农村土

---

① 参见刘广明:《论农地融资功能强化及其制度构建》,载《求实》2011 年第 2 期。

② 参见罗剑朝:《土地经营权抵押贷款供给制约因素研究——以宁夏同心县、平罗县、陕西高陵区、杨凌示范区和山东寿光市试点地区为例》,载《西部金融》2018 年第 1 期。

地(承包)经营权抵押创设了现实基础。我国农地金融实践始于20世纪80年代的贵州湄潭,根据中共中央(1987)5号文件《把农村改革引向深入》精神,经国务院批准,从1987年开始在全国20个省(市、自治区)建立了包括贵州省湄潭县在内的30个农村改革试验区。在中央和地方政策及资金支持下,1988年为了解决非耕地资源开发和中低产田改造融资问题,湄潭县创办了土地金融公司。计划分两步走:先试办"土地金融公司",然后在此基础上成立土地银行。土地金融公司注册资金300万元,通过土地和其他资产抵押发放农业中长期投资信贷。具体业务包括:发放土地使用权抵押中长期贷款用于土地整治和开发,接受政府委托发放贴息贷款;对无力赎回的抵押土地进行使用权的招标、拍卖、出租;协助地方政府进行土地资源连片整治开发等。湄潭县的农地金融实践的一大特色是向非耕地资源开发发放贷款,支持非耕地资源开发。这类资源不关乎农民的生存保障,大大减少了由此引发的社会风险。虽然这一探索最终以失败告终,但是不可否认这一宝贵实践为之后的探索乃至我国农地融资法律制度的构建积累了一定的经验。

进入21世纪,我国各地方着眼于农地抵押、土地银行、农地信托等进行了大量的农地融资实践和探索,呈现由点到面、由县(市、区)试点到省(市)级试点的趋势。2000年佳木斯市农村信用社等金融机构最早尝试开展了四荒土地使用权和土地承包经营权抵押贷款业务。2005年重庆市江津区进行农村土地承包经营权、地上附着物所有权和收益权抵押贷款试点。2006年福建省三明市农村信用社开始农村土地承包经营权抵押业务,并尝试配套建立抵押价值认定、登记制度和贷款担保等机制。同年,宁夏回族自治区同心县试点成立"农户土地协会",农户以其土地承包经营权向协会入股,需要贷款时,通过协会向信用社提出申请。随着2008年中国人民银行和中国银行业监督管理委员会农村土地承包经营权和宅基地使用权抵押贷款业务试点政策的实施,辽宁省沈阳市法库县、四川省成都市、湖北省天门市、山东省寿光市、福建省三明市、浙江省温岭市、陕西省西安市高陵区、湖南省邵阳市等地进行土地承包经营权抵押贷款探索,《辽宁省农村信用社土地承包经营权抵押贷款管理暂行办法》《海南省农村土地承包经营权抵押融资管理办法》《甘肃省农村土地承包经营权抵押贷款管理办法(试行)》等地方规范文件相继出台。浙江省台州市、杭州市余杭区、宁波市宁海县、江西省宜春市等地党委或政府的文件中亦明确表示要"探索"或者"积极推进"耕地抵押贷款。湖南省更是将"完善农村土地承包经营权权能,在长沙、株洲、湘潭三市开展农村土地承包经营权抵押试点"写进了2009年省委省政府的1号文件。

2013年党的十八届三中全会通过《中共中央关于全面深化改革若干重大问题的决定》,强调"赋予农民对承包地占有、使用、收益、流转及承包经营权抵押、担保权能",开启新一轮土地制度改革。2014年11月中共中央办公厅、国务院办公厅发布《关于引导农村土地经营权有序流转发展农业适度规模经营的意见》正式提出"三权分置"。之后,根据国务院《关于开展农村承包土地的经营权和农民住房财产权抵押贷款试点的指导意见》和全国人大常委会《关于授权国务院在北京市大兴区等232个试点县(市、区)、天津市蓟县等59个试点县(市、区)行政区域分别暂时调整实施有关法律规定的决定》精神,2016年开始在北京市大兴区、平谷区,天津市宝坻市、武清区等232个试点县(市、区)开展农村承包土地的经营权抵押贷款试点,通过家庭承包方式依法取得土地承包经营权和通过合法流转方式获得承包土地的经营权的农户及农业经营主体,均可按程序向银行业金融机构申请农村承包土地的经营权抵押贷款。试点地区纷纷按照中央部署要求慎重稳妥开展试点工作,加快落实确权登记颁证,搭建农村产权流转交易平台,设立风险补偿基金和政府性担保公司等配套措施。与此同时,抵押贷款的规模也在逐步扩大,以安徽省为例,该省土地承包经营权抵押贷款余额已接近10亿元。截至2017年第三季度末,黑龙江省各试点地区涉及农村承包土地的经营权抵押的贷款余额达到79.55亿元,比2017年年初增长52.79%。2017年12月经第十二届全国人大常委会第三十一次会议批准,农村承包土地的经营权抵押贷款试点延期一年。中国人民银行随后发布了《关于进一步做好"两权"抵押贷款试点有关事项的通知》,提出"两权"抵押贷款试点延期至2018年12月31日,推动相关金融机构积极推进"两权"抵押贷款业务。

(三)我国农地抵押贷款典型实践梳理

1. 土地(承包)经营权直接抵押的贷款模式

土地(承包)经营权直接抵押贷款模式属于实践中相对简单的农地抵押模式。土地(承包)经营权人直接以拥有的农村土地(承包)经营权证为抵押,向银行金融机构获得贷款。以湖南省汉寿县为例,其主要贷款流程为:(1)由村委会成员集体投票选举资信良好的农户,由当地农经站统一对评选出的资信状况良好的农户的土地(承包)经营权价值予以评估,并办理(土地)承包经营权证的抵押登记;(2)银行金融机构对贷款申请人提供的土地(承包)经营权证和抵押登记证进行审核,确认所提交的申请资料真实、完整、有效及合法;(3)银行金融机构对审核通过的农户予以授信,并定期做好贷款用途及还款情况的跟踪调查,保证贷款及时完整的收回。

为落实2014年中共中央一号文件关于农地改革的政策,2014年湖南省汉寿县出台具体落实措施,在湖南率先启动土地经营权直接抵押贷款工作,申请贷款的农业经营者需在银行没有不良信用,抵押面积尽量集中连片,种植粮食不低于100亩,种植经济作物不低于50亩,养殖水面不低于50亩,且有农村土地经营权证书以及有五年以上的承包期。农户同银行达成贷款意向后,首先由县农村经营管理局下属的土地流转中心对抵押土地经营权进行真实性、合法性调查并做出价值评估,颁发土地流转证书。银行贷款审批通过后,与农户签订抵押合同,到农经站办理抵押登记并取得他项权证,再发放贷款。若到期农户无力偿还贷款,则县农经局暂时收回承包土地的经营权,通过变卖、拍卖经营权以及法律诉讼的手段向第三方流转。收回贷款后流转期限届满,农户将重新获得土地(承包)经营权。在整个抵押贷款过程,依照规则,自愿、有偿地开展土地流转,土地农业用途没有改变,承包关系也没发生变化。

农村土地(承包)经营权直接抵押贷款模式最大的弊端在于金融机构会面临风险积聚。如果农户不能按时还款,那么所产生的风险均由金融机构承担,增加了金融机构的风险管理难度与成本,对于农户来说可能会因为未按时还款而暂时失去土地的经营权。

2.“农户联保+土地(承包)经营权抵押”的贷款模式

“农户联保+土地(承包)经营权抵押”模式是由若干农户组成联保组,向银行金融机构提出贷款申请,银行金融机构对提出借贷申请的农户进行资信调查,并要求借款人将其拥有的土地(承包)经营权抵押给银行金融机构。银行金融机构可以联合当地农经站和村委会,对借贷申请者的土地承包经营权证、抵押登记证等其他申请资料进行审核,针对联保农户的土地(承包)经营权可以由经管站或专业评估公司作出合理的价值评估,银行根据经管站、村委会以及专业评估公司的评估意见决定是否给予贷款。

以黑龙江省杜尔伯特蒙古族自治县为例,作为黑龙江省政府确定的农村土地承包经营权抵押工作试点县,该县农村土地承包经营权“抵押+联保”信贷模式的重点在于农村土地经营权抵押登记和价值评估。为有效控制信贷风险,银行针对当地租种水田的种植大户创设“五户联保+农村土地经营权抵押”信贷模式,质言之是在传统“五户联保”贷款业务模式基础上加入农村土地经营权抵押。即租种水田的种植大户向银行申请贷款时,首先由3~5名种植大户向该银行组成联保小组联保,再由种植大户租种水田的承包者(第三方担保人)将其自有的土地经营权抵押给银行,作为联保小组承担连带保证责任之后的第二保证责任。基于土地经营权价值评估,贷款金额不得超过评估所认定价值的80%。这一农地抵押融资管理方式的特质在于“一次授信、限额控制、随用随贷、利随本清、三月有效”,当借款人不履行债务时,银行在追究连带保证责任无效的情况下,有权依法处置作为担保的土地经营权。①

“农户联保+土地(承包)经营权抵押”贷款模式最大的优势在于当贷款人无力偿还贷款时,银行可要求联保组内成员代为清偿,同时还有土地经营权担保,不仅可以增加银行金融机构贷款发放的信心,而且能够有效地降低金融机构的贷款风险,减少贷款损失,提高贷款的回收率。但同时由于这一贷款模式的基础是集体联保,如若发生贷款违约,则可能损害其他联保组成员和土地承包者的利益,在一定程度可能会影响联保组内成员参与的积极性。

3.“土地(承包)经营权抵押+担保”的贷款模式

实践中“土地(承包)经营权抵押+担保”模式可以分为两类,一种是以“担保公司担保+土地(承包)经营权反担保”的贷款模式,另一种为“基金担保+土地(承包)经营权抵押”的贷款模式。其中,“担保公司担保+土地(承包)经营权反担保”贷款模式是指当土地(承包)经营权人向银行金融机构借款时,担保公司为其提供担保,而土地(承包)经营权人必须以反担保的形式将自己拥有的土地(承包)经营权证交付于担保公司。“基金担保+土地(承包)经营权抵押”贷款模式是指在农村合作社内部设立共同基金,以农村合作社成员的担保基金和土地(承包)经营权人的土地(承包)经营权向金融机构共同担保以获得贷款,其担保责任按约定的比例来承担,农户以其土地(承包)经营权提供反担保。

“土地(承包)经营权抵押+担保”的贷款模式的价值在于有效地降低银行金融机构的风险,将风险转移至担保公司(基金)。然而,土地(承包)经营

① 参见吴海涛、方蕾:《对杜蒙县农村土地承包经营权抵押贷款的调查与思考》,载《黑龙江金融》2012年第2期。

权人的金融风险并未完全转移,实践中农业经营者为获得担保公司的担保,必须以自己拥有的土地(承包)经营权提供反担保,当贷款到期,土地(承包)经营权人无法偿付时,基于担保约定将会暂时失去土地经营权,直至清偿全部款项。

4. 土地(承包)经营权入股抵押的贷款模式

土地(承包)经营权入股抵押又可以分为两种模式,一种是以土地(承包)经营权入股土地协会(合作社),另一种是以土地(承包)经营权入股营利性的企业法人。

以土地(承包)经营权入股营利性的企业法人抵押的贷款模式是指借款农户依托于以土地(承包)经营权入股的以营利为目的的企业法人,并由专业的担保公司向企业法人提供担保,由企业法人向金融机构提出贷款申请。

以土地(承包)经营权入股土地协会(合作社)抵押的贷款模式指农户依托土地协会(合作社)并自愿将所拥有的土地(承包)经营权向土地协会(合作社)申请入股成为其会员。当土地协会(合作社)内部农户有贷款需求时,可以向农户土地协会(合作社)提出用款申请,其他土地协会(合作社)成员自愿作为其担保人。由借款农户、土地协会(合作社)及担保人三方签订具有法律效力的农户土地(承包)经营权抵押贷款担保协议书,借款农户将土地(承包)经营权证抵押给担保人,此时再由土地协会(合作社)向金融机构提出贷款申请,经过银行金融机构严格审核流程后,向土地协会(合作社)发放贷款。贷款到期后,若借款农户没有还款能力,则由担保人代为清偿,而此时农户土地的经营权将交付于担保人,直至借款人偿还全部欠款。

以宁夏回族自治区吴忠市同心县为例,2006 年开始该县依托当地河西镇、王团镇镇上的农村信用社网点的便利条件,开展农村土地(承包)经营权抵押贷款业务。具体做法是在每个村设立一个“农户土地协会”,土地协会所在地周边的村民可以以自己所拥有的土地(承包)经营权向土地协会参股而成为其会员。会员向信用社申请贷款时,首先,选择 3 户加入协会的村民和 1 名常务会员作为贷款担保人,农户土地协会再为贷款的会员向信用社提供担保。其次,会员用入股土地(承包)经营权向协会提供反担保,并签订协议。当贷款到期无法归还时,由土地协会归还贷款,并将该会员的土地经营权进行流转,流转所得收入用于弥补清偿贷款。流转收入达到清偿的贷款额后,土地协会收回土地并交付给贷款会员。

土地(承包)经营权入股土地协会抵押的贷款模式的最大优点在于,土地协会及其成员的担保在一定程度上降低了金融机构贷款风险,增强了其放贷意愿;但由于土地只是在集体内部流转,不能很好地体现土地经营权的价值。土地(承包)经营权入股土地协会抵押的贷款模式面临的障碍在于,由于土地协会只是村委会牵头成立的一个民间非正式组织,无法在工商部门进行注册,没有合法的市场主体地位;因其欠缺法律资格,导致农户土地协会为其入股会员所提供担保的法律效力不足。

为规范贷款模式,吴忠市将农户土地协会改为土地承包经营权流转合作社,以村为单位成立农村土地流转合作社并在工商部门注册,成为合法的市场主体。贷款操作流程与土地协会大体相同。吴忠市政府还制定了《农村土地承包经营权反担保贷款管理办法》,为农村土地(承包)经营权反担保贷款实践确定了规范的操作办法。该办法规定以农村土地承包经营权作抵押的,抵押期限不得超过土地承包期内剩余期限;以通过流转方式取得的农村土地承包经营权抵押的,抵押期限不得超过其流转期限。此外,各乡镇还成立了土地流转服务中心,中心提供评估、登记、鉴证等服务,搭建了土地流转服务平台。在土地反担保贷款模式中,农户发生违约后,合作社处置抵押权,只能采取转包和出租的形式。当流转收入达到其偿还贷款的收入或农户提前向合作社归还欠款后,借款人就可以收回土地经营权。这种做法保证了农户不会失去土地承包经营权,所失去的只是一段时期的土地经营权。2015 年同心县被列为全国农村承包土地经营权抵押贷款 232 个试点县之一后,积极探索创新实施“抵押 + 反担保”贷款模式。(1)成立县级农村土地产权流转服务中心,健全完善了同心县农村产权流转交易平台,提供信息发布、登记备案、抵押登记、价值评估、交易鉴证等服务。贷款抵押登记业务由县农村土地产权流转服务中心办理,入股社员需要贷款时,选择 3 户已加入合作社的村民作为担保人,由合作社向金融机构出具担保或反担保证明,金融机构调查核实后向县农村土地产权流转服务中心出具经营权贷款抵押意见书,借款人办理贷款手续取得贷款。(2)健全规章制度。印发了《同心县农村承包土地的经营权抵押贷款试点工作实施方案》《同心县农村土地经营抵押贷款管理暂行办法》。(3)设立 500 万元农村产权抵押贷款风险基金,用于化解农村产权抵押贷款风险。(4)建立产权评估机制。依据区域、土地条件、经济效益、流转价格、流转便利性等因素,确定了农村土地流转基准参考价,作为农村产权抵押贷款评估的依据。抵押额度在20万元以下的贷款,其产权价值评估由借款人和信贷员协商评估;抵押额度在20万元以上的贷款,其产权价值评估由借款人选择县级组织的协商评估组或专业评估机构进行评估。①

(四)农地抵押实践主要风险研判

尽管不同的土地(承包)经营权抵押模式际遇的风险各异,但是各地实践亦存在一定共性。理论界大多对于土地(承包)经营权抵押所引发农民失地风险、土地用途改变风险、金融风险等关注较多。② 由于土地(承包)经营权抵押目前尚处于政策提倡阶段(我国《农村土地承包法》等相关立法修订尚未完成),这就必然导致其同时面临法律风险与政策风险。一方面,实践探索没有得到法律的确认和保护,不具备合法性;另一方面,既有土地(承包)经营权抵押对当前政策的过度依赖也使实践难以具备长期稳定性。

1. 法律风险

检视实践,土地经营权抵押目前面临的最大风险莫过于法律风险。主要体现在以下两个层面:

(1)法律禁止以家庭承包方式取得的土地承包经营权抵押

我国《物权法》第184条和《担保法》第37条均明确规定,耕地、宅基地、自留地、自留山等集体所有的土地使用权不得抵押。现实生活中的土地承包经营权,尤其是农户通过家庭承包取得的土地承包经营权,所涉及的土地主要是耕地。上述规定实质上限制了土地承包经营权抵押。我国《农村土地承包法》第32条虽规定"通过家庭承包取得的土地承包经营权可以依法采取转包、出租、互换、转让或者其他方式流转",但对"其他方式"是否囊括抵押则没有明确。学界对该条文的理解各异,有学者主张条文旨在对家庭承包取得的土地(承包)经营权抵押进行束限,有学者认为"或者其他方式流转"的表述旨在放开土地承包经营权流转。但是根据我国《农村土地承包法》第50条规定,只有通过招标、拍卖、公开协商等方式承包土地且依法登记取得相关权证的,其土地承包经营权才可以依法采取转让、出租、入股、抵押等方式流转。显然于我国《农村土地承包法》制定之时,并不是没有思忖考量土地承包经营权

① 宁夏吴忠市农经站:《宁夏同心探索土地经营权贷款已10年,有何经验和启示?》,载http://www.soutudi.so/news-15382-42-view.htm,最后访问日期:2018年7月4日。

② 参见叶敏:《土地承包经营权抵押的可行性分析》,载《经济研究导刊》2011年第15期。

的抵押流转方式，而是对其可抵押的土地承包经营权权利来源予以严格限制。综上，本书认为正是由于以家庭承包方式取得的土地承包经营权大多指向耕地，着眼于土地用途管制和农民生存保障考量，我国《农村土地承包法》对其流转方式的规定十分慎重，只是明确转包、出租、互换、转让四种流转方式，而对“其他方式”的规定只是留出一定余地，希冀将来社会经济进一步发展时由其他法律进一步规定。以家庭承包方式取得的土地承包经营权不能作为抵押标的的观点也符合最高人民法院所出台的《关于审理涉及农村土地承包纠纷案件适用法律问题的解释》中的规定。

目前，各地对土地（承包）经营权抵押的限制标准较低，对土地（承包）经营权抵押，没有根据以家庭承包方式取得和其他方式取得进行类型化区分，也没有以是否是耕地进行区分，致使部分金融机构对其业务合法性产生质疑：或者忌惮开展此类业务，或者冒着违法的风险开展业务。①

（2）法律限制土地（承包）经营权抵押权实现

根据现行法律规定，抵押权人对土地（承包）经营权的处置存在障碍，抵押物难以变现，难以管控信贷风险。② 首先，我国《农村土地承包法》中规定的土地承包经营权的承包方式主要是家庭承包，只有在针对“四荒地”且须经过法定程序的情形下才能由本集体经济组织外的单位或者个人承包。申言之，我国《农村土地承包法》所规定的土地承包经营权主体主要是农户、集体组织，对本集体经济组织外的单位或个人成为土地承包经营权人则要求十分严格。按照这一规定，在债务人到期无法偿还贷款时，由于抵押权人往往不是适格的土地权利主体，其既不能按照我国《物权法》第195条的规定与抵押人达成一致对土地经营权折价，在对经营权采取拍卖、变卖等方式受偿时也只能选择拍卖、变卖给相应的适格主体，这样自然大大限缩了抵押权人抵押权的实现途径。其次，我国《农村土地承包法》第58条规定任何组织和个人不得擅自截留、扣缴土地承包经营权流转收益，由于抵押属于土地（承包）经营权流转的一种形式，即便抵押权人通过拍卖、变卖等方式对抵押权进行处置，对于其

① 除根据全国人民代表大会常务委员会《关于授权国务院在北京市大兴区等232个试点县（市、区）、天津市蓟县等59个试点县（市、区）行政区域分别暂时调整实施有关法律规定的决定》授权国务院在北京市大兴区等232个试点县（市、区）行政区域，暂时调整实施我国《物权法》《担保法》关于集体所有的耕地使用权不得抵押的规定外。

② 参见宋丽萍：《土地承包经营权抵押贷款问题初探》，载《农村经济》2010年第8期。

优先受偿的财产是否属于该条所称截留、扣缴所获流转收益还存在一定分歧。若是，则抵押权人就土地（承包）经营权处置优先受偿的权利将绝无实现之可能。此外，如前所述我国《土地管理法》《农村土地承包法》等对农地农用和土地用途管制都作了十分严格规定，在一定程度上也限制了抵押债权的实现路径。

2. 政策风险

政策风险主要是因为国家政策上的安排有所变动所引发的风险，包括政策变动风险、土地征收风险等。

（1）政策变动风险

政策变动风险主要指国家改变目前的土地（承包）经营权抵押政策所带来的风险。迥异于通常滞后于实践的法律，政策的出台往往先于实践，并且需要适时地变动，天然欠缺稳定性。当下除北京市大兴区等232个试点县（市、区）获得暂时立法授权外，我国土地（承包）经营权抵押制度实践实然是由政策主导，还缺乏法律上的效力。易言之，实践开展的唯一依据在于政策的存在，故而一旦政策厘革，那么232个试点县（市、区）外其他地区已经办理和正在办理的土地（承包）经营权抵押业务将可能面临缺乏依据之窘境，故而在进行制度设计探索时必须为政策变动留有一定余地。

（2）土地征收风险

我国《宪法》明确规定了国家有权基于公共利益，征收或征用土地。由于征用往往只是一项暂时性让渡土地使用权的措施，对土地（承包）经营权影响相对较小，而且权利主体、权利客体、权利内容均没有发生永久性的根本改变，相应地也不会本质影响到土地（承包）经营权的抵押。而土地征收则不同，它是国家强制性取得土地所有权，土地所有权主体从集体变为国家，土地的使用权也归于作为所有权的主体的国家，以土地承包经营权为基础的土地（承包）经营权抵押效果必然受到极大影响。

但是，抵押标的被征收后，存在土地补偿款等替代性财产，根据最高人民法院《关于适用〈中华人民共和国担保法〉若干问题的解释》第80条的规定，抵押权人可以向抵押人提出将所得征收补偿款项代替原来的土地权益并就补偿款优先受偿。对于金融机构而言，土地征收风险属于一种客观的风险，一般难以在主观上防范避免。但是从事农地抵押业务的金融机构可以针对征收风险提前规划风险发生后的补救措施，从而将土地征收风险引发的经济损失降至最低。

3. 农民失地及社会风险

土地(承包)经营权抵押引发的失地风险与社会风险紧密关联,在抵押过程中若债务人怠于履行债务,债权人为实现债权难免要实现抵押权,这必然导致抵押人失去土地(承包)经营权,而大规模失地现象的出现可能会引发矛盾,加重社会风险。

失地风险对土地(承包)经营权人而言,是土地(承包)经营权抵押可能带来的最严重风险。在整个土地(承包)经营权抵押过程中,无论抵押人决策经营失误,还是遭遇自然灾害等变故,都可能导致其面临无法到期偿还抵押贷款的困境。而根据农地抵押借款合同,金融机构有权在土地(承包)经营权人到期无法偿还贷款时对其土地(承包)经营权依法进行处置,并以处置所得金额优先受偿。这样,土地(承包)经营权人势必失权失地。

2000多年的封建社会历史为小农思想的孕育提供了肥沃的土壤。安土重迁乃是中国农民千百年来的传统思想,其对土地有天然的情感和依赖。再加之目前我国农村社会保障制度还未完善,于部分农民来言,土地(承包)经营权乃是他们最后的生存保障,若失去就等于失去生活之本。

4. 土地用途改变的风险

为实现合理利用土地资源、保证经济和环境协调可持续发展,我国实行严格的土地用途管制制度。我国《土地管理法》等对于农用地、建设用地和未利用地有明确且严格的区分,土地使用权人必须按照法定用途对土地进行利用。由于我国是人口大国,农业用地的面积直接关系到老百姓的生存,为了保证将饭碗端在中国人自己手里,政府对农业用地,尤其是耕地,采取耕地占补平衡、耕地总量动态平衡措施以及基本农田保护措施等予以特别保护。这也是各试点在土地(承包)经营权抵押制度设计中着重强调不得改变土地农业用途的原因所在。

尽管各地在农地抵押制度设计中对土地用途改变予以严格限制,但是在土地(承包)经营权抵押权实现过程中仍然存在一定的土地用途改变风险。根据法理,抵押权人在土地(承包)经营权人无法依抵押贷款协议按时偿还债务时,有权对土地(承包)经营权进行处置并以处置所得优先受偿。但是前已述及,严格遵从土地用途管制制度实然将限缩土地(承包)经营权处置路径和受让对象等。为了防范自身风险,尽快追回贷款、回笼资金,作为理性经济人的抵押权人可能会选择在土地(承包)经营权处置中通过各种手段规避土地用途管制限制,从而增加了农地用途改变之风险。

(五)农地抵押实践主要风险防范

土地(承包)经营权抵押业务的顺利开展离不开制度保障。无论是中央还是各试点地方都必须高度眷注于前述风险,并采取相关措施防范化解风险。在此,笔者认为,应从完备抵押程序入手构建风险防范机制。首先,做好抵押土地(承包)经营权的审查,防范信用风险。把好审查关,将权属有争议的、未取得权属证明的、依法公告被列入征地范围的,及依法被查封、扣押、监管或受其他限制的土地(承包)经营权排除在外,防范抵押权不能实现的风险。其次,要确保贷款用途,防范贷款信用风险和用地政策风险。金融机构发放贷款时可以约定抵押土地(承包)经营权取得的贷款只能用于农业或农村经济发展,一旦借款人没有按照约定使用贷款,银行等金融机构可以根据我国《合同法》有关借款的规定,停止发放贷款、提前收回借款或解除合同。再次,合理限制抵押农地的数量与期限。鉴于目前农地对农民还具有一定的社会保障功能,应限制土地(承包)经营权抵押数量和比例,保证农民的生活不会因抵押权实现而遭受影响。最后,也可通过限制抵押期限来防范抵押风险,抵押期限越长,抵押人到期不能还款的风险越大,抵押权实现的可能性越大,可以明定银行等金融机构只开展中短期的抵押贷款,以减少农民的失地风险。

1. 完备政策性信用担保体系

正如李克强总理所强调的,“发展融资担保是破解小微企业和‘三农’融资难融资贵问题的重要手段和关键环节,对于稳增长、调结构、惠民生具有十分重要的作用”。转变农业发展方式、培育新型农业经营主体离不开农业支持保护体系的健全,尤其是政策性农业担保体系的建立。为有效防范和化解农地金融系统性风险,结合各地实践经验,建议政府公共财政提供支持,完备政策性信用担保体系。

2015年,财政部、农业部、中国银行业监督管理委员会《关于财政支持建立农业信贷担保体系的指导意见〉的通知》(财农〔2015〕121号)明确提出,力争用3年时间建立健全具有中国特色、覆盖全国的农业信贷担保体系框架。2016年财政部会同农业部、中国银行业监督管理委员会组建的国家农业信贷担保联盟有限责任公司,标志着我国在建立健全全国政策性农业信贷担保体系方面迈出重要一步。作为准公共产品,农业担保涉及面广,既要在防范风险前提下注重经济效益,实现经营可持续;更要注重社会效益,确保政策性,增加新型农业经营主体的信贷可得性,保障粮食安全和社会效益实现。既要确保其独立法人地位,作为市场主体,自主承担经营风险;也要处理好其与政府的关系。农业担保具有高风险特征,仅靠农业担保机构的利息收入和担保费收入远远不够,需要政府建立健全风险补偿机制和系统风险救助机制。此外,还要通过建立平等互利机制、信息共享机制等处理好与金融机构、新型农业经营主体的关系。①

2. 设置优先承租权和优先回购权

为保障农民权益防范失地风险乃至社会风险,在权利层面应赋予因抵押失地农民对于原经营土地的优先承租权和优先回购权。优先承租权一般是基于某种关联利益或政策目的而产生的,因抵押失地农民对原土地的长期利用而形成人地亲密关系,失地可能影响其生存因而需要给予特别救济政策考量。此外,还要确立失地农民享有在一定期限内优先回购原土地经营权的权利。华夏土地制度发展历史中一项颇具特色的制度是典权制度,制度之核心理念即赋予出典人一定期限内回购土地的权利,从而巧妙消弭了土地出典人的后顾之忧。《美国联邦法典》也将"家园地豁免"条例延伸至农地抵押贷款。如果抵押人先前耕作收入低于一定标准,则允许抵押人在抵押权实现和抵押物出售过程中租借他的主要住处、住处周围地产、农用建筑物以及不超过 10 英亩的相邻土地。"家园"租赁的租期不能超过 5 年,但也不可低于 3 年,"家园"承租人享有优先回购权。②

3. 构建缓冲机制

为减少土地(承包)经营权抵押中抵押权人面临的坏账风险以及抵押人面临的失地风险,实践中有的试点地区已经率先做出了尝试,设置了缓冲机制。例如,2014 年修订的《黑龙江省农村土地经营权抵押贷款暂行办法》规定,土地经营权人与金融机构签订两年的土地经营权抵押合同,可抵押一年的经营权,在该一年届满时,经营权人未能还贷,金融机构有权将接下来一年的

---

① 参见左臣明、马九杰、罗兴:《建立政策性农业担保体系需处理好四大关系》,载《当代农村财经》2017 年第 7 期。

② 参见程郁、王宾:《发达国家(地区)农地金融制度的经验及其启示》,载《国家治理》2015 年第 22 期。

经营权转给第三人。第三年起经营权人有权收回经营权。通过这一“两年抵一年”的缓冲机制,金融机构可以即时针对抵押人无法偿还贷款金额的情况,采取流转措施将经营权转让给有盈利能力的第三人,从而及时收回贷款资金,降低了坏账风险。黑龙江省针对农地抵押实践所面临的问题设计的这一缓冲机制实际上是一个多赢的策略选择:于抵押权人而言,不仅可以有效降低坏账风险,同时亦巧妙解决了由于法律限制导致抵押权变现难的问题;于土地经营权人而言,能督促其在获得资金后竭力展开农业生产,且即使其于一年期满无法还款也只是暂时失去一年的经营权,不会陷入失地窘境。但是也需要注意,基于评估一年的经营权确定的抵押贷款额度有限,且偿还贷款的期限短,难以适用于规模生产和生产周期较长的产业。

4. 完善农村社会保障制度

无可置喙,社会保障制度既是社会制度,也是经济制度。作为一种社会制度,其职能是为社会成员提供福祉,其必然受制于经济发展的水平。但作为经济制度,它又直接推动经济的增长和发展,并反作用于其社会保障功能的实现。目前,尽管我国城乡统一基本医疗保险制度、基本养老保险制度已经初步建立,但是总体而言,农村社会保障制度尚未健全,且保障程度有限,农地还兼具生产保障和社会保障双重功能,农民对于农地的依赖程度较高,这也成为制约农地金融业务开展和法律制度构建的关键因素。

发达国家普遍以法律形式推动农村社保制度的发展。例如,德国在1957年颁布《农民老年援助法》,标志其农村社会保障体系开始建立,1972年开始实施农村医疗保险政策并制定《自雇农场主法定医疗保健法》;日本在1971年制定了《农民养老金法》。目前,我国农村社会保障制度最大的问题在于社会保障制度不健全、不统一,而农村社会保障水平的落后和保障制度的缺失又使农地的社会保障功能难以弱化,资本功能难以发挥。因此,首要的是确定农村社会保障整体立法规划,按步骤建立、健全多层次的农村社会保障法律体系。

二、土地银行典型实践及制度构建研究

(一)土地银行的界定

土地银行是一个综合性的概念。《土地科学词典》将其定义为:“以土地

为抵押的办理长期放款业务的银行。”[①]《土地大辞典》将其定义为“土地银行是一种办理土地金融业务的信用机构，业务主要是发行土地债券或出售土地抵押债券，并负还本付息的责任。”[②]狭义的土地银行，是指从事与土地资本相关服务（包括土地流转、土地抵押、土地证券化等）的专门金融机构。理论上讲，土地银行既可以理解为“服务于土地的货币银行”，即经营以土地为抵押的长期信用业务，为土地提供专门性金融服务，从而实现土地投融资和土地资本化的专业银行，也可以理解为“具有银行功能的土地管理机构或专门组织”（像融通货币一样进行土地融通，筹集“闲散”土地进行开发管理及供应，从而实现土地规模化利用的专门机构）。本书主要针对狭义的土地银行。

理论界将土地银行分为以下三种类型：一是专门为土地开发利用提供金融服务的金融机构，主要经营土地抵押业务，如菲律宾土地银行、法国土地信贷银行和德国土地抵押合作社等；二是作为土地流转中介，经营土地存贷和土地开发以及市场管理的机构，如我国彭州“农业资源经营合作社”、宁夏平罗“土地信用合作社”等土地经营、开发和管理机构等；三是代表城市政府集中进行土地征购、整理、储备、供应和开发的专门机构，如加拿大、瑞典、荷兰土地银行。也有些学者认为“第三类土地银行并不是严格意义的银行”，它主要服务的目标物是城市土地，是政府干预土地市场、制止私有垄断土地的工具，我国类似的机构是土地储备中心，韩国和日本为土地开发公社。由于研究主题所限，对于此类土地银行，本书将其排除在外。

土地银行的业务可以涵盖诸多领域，必须从本国经济社会发展和农业发展实际出发，对土地银行的功能定位作出适合本国国情的明确界定。尽管实践中我国各地的土地信用合作社（信托中心）在民间被形象地称为“土地银行”，但是受到现行法律和政策的限制，与国外的作为农地融资金融机构的土地银行存在较大差异。目前，土地信用合作社（信托中心）主要是土地流转中介组织，以促进土地承包经营权流转、优化土地资源配置为目的，单纯经营土地存贷业务，融资功能非常有限，尚未开展土地抵押贷款业务，更不发行土地债券，尚无法发挥土地银行在创造信贷货币方面的作用。

---

① 陈洪博：《土地科学词典》，江苏科技出版社 1992 年版，第 101 页。

② 马克伟：《土地大辞典》，长春出版社 1911 年版，第 983 页。

西方国家土地银行农地抵押业务是以土地私有为前提开展的农地所有权抵押贷款业务。前已述及，我国土地公有制的国情决定了土地银行农地抵押业务实质为土地(承包)经营权抵押贷款业务。我国所实行的土地承包责任制将土地承包经营权作为独立权能从所有权中分离出来，并成为一种独立于所有权的财产权利。[①] 土地(承包)经营权抵押属于用益物权抵押形式之一，是指土地(承包)经营权利人以所拥有的集体土地(承包)经营权作为信用担保向金融机构进行抵押贷款而获得的资金融通。其实质是发挥土地的财产功能，扩展其使用价值，使其功能从一般农业生产功能发展到资产功能，并进入流通领域，从而扩大农村资金来源。它是一种间接融资方式，通过土地(承包)经营权抵押，可以使土地融资者获得中长期信贷资金支持，推动农业经济的可持续发展。[②]

土地银行发行土地债券实质是一种间接的农地证券化即农地抵押权证券化。农地具有多种经济用途，可以永续使用并产生未来现金流，只是流动性不足。它与商业票据、公用事业收费、租赁费等各类资产一样适宜作为证券化的基础资产。[③] 按照担保标的的不同，土地债券可分为两类：一种是农地抵押担保债券，它是以农地权利为抵押所形成的债权为担保发行的债券，其融资主体为金融机构(抵押权人)；另一种是农地担保债券，它是以农地资产的收益为担保发行的债券，融资主体是农地所有者或农地使用者。各国土地银行发行土地债券属于农地抵押担保证券，是土地银行为满足融资需求，以土地抵押贷款债权作为担保发行证券(债券或者受益凭证)，是农地金融活动的高级形式，其实质是一种间接的农地证券化(农地抵押权证券化)。在这种模式下，借款人与投资者之间不存在直接的债权债务关系，而是以土地银行为媒介，形成两个相耦合的债权债务关系，借款人与土地银行基于资金借贷形成以农地为担保的农地抵押贷款关系，土地银行与债券投资者间基于土地债券发行形成以农地抵押贷款债权为担保的债权债务关系。

---

① 我国《物权法》第125条规定："土地承包经营权人依法对其承包经营的耕地、林地、草地等享有占有、使用和收益的权利，有权从事种植业、林业、畜牧业等农业生产。"

② 如美国的联邦土地银行所提供的农地抵押贷款一般为5～30年，最长可达40年。

③ 参见曾庆芬：《土地承包经营权流转新趋势下农地金融问题研究》，中国农业大学出版社2011年版，第224页。

（二）我国土地银行的业务范围

目前，我国土地银行主要开展农地存贷业务。农地存贷业务乃是一项有中国特色的土地银行业务，最早源于我国宁夏平罗等地的土地合作社探索。其实质是以土地合作社为平台，实现土地承包经营权流转，使土地能够与劳动力、资金等其他生产要素重新组合，优化农地资源配置，提高土地资源配置效率。

农地存贷业务近似于我国土地（承包）经营权出租。土地（承包）经营权出租是指土地承包经营权人在保留土地承包经营权的前提下，将承包期内部分或全部土地（承包）经营权在一定期限租赁给他人从事农业生产经营，并收取租金的土地（承包）经营权流转方式。这一流转方式不改变土地承包关系，出租方继续按照原土地承包合同规定享受土地承包权利，履行土地承包义务，承租方按照土地租赁合同约定享受权利承担义务。

但是，异于土地（承包）经营权出租，土地银行农地存贷业务是以国家信用的形式为土地流转提供担保，它是以土地银行机构为流转中介进行的一种新型的土地承包经营权流转。土地银行农地存贷业务的开展要以两个合同的有效存在为前提：第一，土地承包经营权人与土地合作社签订的存地合同。土地承包经营权人将所承包土地"存入"土地合作社，根据土地的等级、存地期限等因素，土地合作社确定存地费（存地利息），发给农户存地证。由于未改变土地承包经营权主体，存地人可以从土地银行中提取土地从事农业生产，土地银行停止支付利息。第二，对于存入土地进行适当开发、整理以及农业基础设施建设投资后，根据农地需求者的申请，土地合作社与之签订贷地合同。根据所贷农地等级、位置等因素确定贷地费（贷地利息），贷地者获得所贷农地使用权。存贷地费（利息）之间的差额是土地合作社的收入来源。按保本经营的原则，贷地费除了要覆盖存地费外，还要支付农地开发、整理已经土地合作社日常运作等费用，如果有盈余，土地合作社将向社员进行分红。

农地存贷业务的具体流程是，土地合作社建立农地存贷信息系统。土地承包经营权利人将自己土地存入土地合作社，合作社进行农地评估并为存地人建立电子信息账户，账户记载所存土地的位置、等级、数量、存入的期限、利息等信息，向其颁发存地证（土地存折）。土地需求者提交土地申请，合作社对申请人的经营能力、贷地用途等信息进行评估，并根据评估结果，将土地贷给具有相应经营能力的申请人，与其签订贷地合同并建立电子账户，详细记载其贷出土地相关信息(见图1)。

图1　我国土地银行农地存贷业务

土地银行开展农地存贷业务的意义在于:它把存贷机制引入农地经营,即在不改变农地承包经营制度和主体的前提下促进农地流转和规模经营。同时作为一种融资方式,它有利于存地的土地承包经营权人获得一定的资金融通。由于这一新型土地流转方式以国家信用为担保,安全性较高。又由于它不改变农村土地承包经营权主体和性质,存地人可以取回土地,解除了存地农民的后顾之忧。

但是也应该认识到农地存贷业务具有一定的局限性:它不能发挥农地金融机制在跨期生产中促进经济增长的效应。农地金融机制功效的发挥要在各期生产之间建立一种动态作用机制,这需要有一种杠杆融资程序,即以当期的土地作为抵押,为下一期的生产提供资金支持。这就要求必须以土地产权作为抵押获得杠杆性的信贷支持,使农民既不需要让渡土地产权,又能获得资金。显然,土地承包经营权人将农地存入土地信用合作社实质是出让了土地使用权,其所获得的只是流量意义上的“存地费”,不能获得具有杠杆效应的信贷资金支持。

(三)我国土地银行典型实践研究

随着我国农业现代化、城乡一体化的不断推进,农村对于农地融资和流转的需求日益迫切。在农地融资和流转制度改革的大背景下,全国各地纷纷进行土地银行探索和实践,主要是以“合作社”或者“信托中心”的形式存在,形成了宁夏回族自治区平罗县、四川省彭州市、浙江省绍兴县等多种模式。除上述典型模式外,类似的土地银行的经营模式已在湖南省浏阳市、湖北省钟祥市、江苏省溧阳市、陕西省杨凌示范区、河北省尚义县、北京市平谷区、河南省信阳市等多地进行。这些探索为我国土地银行建设积累了宝贵的经验,也为土地银行法律制度的构建奠定了基础。

1. 宁夏回族自治区平罗县土地信用合作社实践及评价

为了解决耕地细碎化和规模经营之间的矛盾,盘活农村土地资源,推动土地承包经营权有序流转,2006年5月宁夏回族自治区平罗县决定在不改变土地承包责任制、不改变土地用途的情况下，探索土地承包经营权流转和土地适度集中规模经营，成立了农村土地信用合作社，土地信用合作社以土地存贷为手段，接受农户的委托，托管其承包的土地，统一发包给经营大户和从事农业开发的企业。全县首批成立5个农村土地信用合作社，由县农经站代表县政府向每个土地信用社入股3万~5万元作为启动资金，信用社赢利后，政府资金退出或转让给村集体。同年，平罗县委发布《关于推进农村土地信用合作社建设的通知》，要求每个乡镇选择一两个村，进行土地信用合作社试点。向存地农民支付“存地费”，再把土地“贷”给经营大户或企业收取“贷地费”，土地信用合作社应运而生，民间也称其为“土地银行”。

土地信用合作社在性质上属于集体法人，资本金大部分为经会计事务所评估的土地，另有一部分现金。根据平罗县委发布的《关于推进农村土地信用合作社建设的通知》规定，土地合作社以乡镇或以村级为单位成立，可选择“集体所有制”“股份制”“社团法人制”三种形式，经过县政府批复后到工商部门或民政部门注册。[①] 平罗县农牧局所属农经站作为它的业务主管和指导部门。

村民代表大会作为土地信用合作社最高权力机构，由村民代表选举产生，下设理事会、监事会，主要职权包括制定、修改合作社章程，审议和批准合作社经营方针、发展规划和投资计划，选举、更换合作社理事、监事，对合作社重大事项作出决议等。理事会是村民代表大会选举产生的执行机构，对村民代表大会负责，负责合作社具体经营管理和业务。监事会作为土地信用合作社监督机构。

平罗县土地信用合作社将“民办、民营、民受益”作为宗旨，不以利润最大化为目的，以盘活农村土地资源为目标，注重保护农民的权利和利益。农户与土地信用社签订规范的存地合同书，将农地存入土地信用社，取得存地证书和存地利息；贷地方与土地信用社签订贷地合同，缴纳贷地利息，土地信用社则获取存贷差额部分作为收入。[②] 存贷差额减去必要的运作成本即为合作社利润，弥补亏损，提取公积金、公益金之后剩余的利润作为村级集体经济收入用

① 截至2008年11月，在设立的39个土地信用合作社中，工商登记注册为29个，社团组织为10个。

② 存贷差额通常是每亩10元。

于公益事业。

平罗县实践不是完全意义上的作为农地金融机构的土地银行,由于现行法律禁止土地承包经营权抵押,尽管百姓形象地称之为“土地银行”,作为政府主导的实践模式,平罗县土地信用合作社仍是土地承包经营权流转的平台和中介组织,还不具备真正的农地抵押融资功能,几乎没有开展和金融相关的业务。平罗县合作社章程规定了存地证可抵押等条款,但并没有实际运作。① 因此,平罗县土地信用合作社不是完全意义上的作为农地金融机构的土地银行,而是地方政府推动、村(镇)集体主导的农地制度创新。地方政府负责合作社的总体设计、规范制定,县工商局专门出台了《平罗县土地合作社章程》;合作社设立也需经地方政府审批,而后到工商、民政部门注册;地方政府以入股的方式,向新成立的土地信用合作社资助3万~5万元的启动资金;税务部门还给予土地信用合作社税费减免。而且平罗县土地信用合作社的运作主体是村委会,在机构建设上一般也是村社合一,村委会书记或村主任同时也是合作社理事长或监事长。这种做法是存地方、贷地方、土地信用合作社三赢的正和博弈。土地信用合作社在不损害任何一方利益的情况下,实现了帕累托改进。存地方不仅获得了一般大于或等于自己耕种收益的存地费,而且促进了剩余劳动力转移至其他领域获取不菲的收益。贷地方通过土地信用合作社的整合实现规模经营,降低了成本、提高了效率。土地信用合作社通过存贷差额获取收益,壮大了集体经济实力。基于合作性质,土地信用合作社的经营宗旨是“民办、民营、民受益”,强调农民权利的保护和利益的维护。这与美国联邦土地银行土地信用社宗旨“Of the Farmer, By the Farmer, For the Farmer”是非常契合的。作为农地金融机构,土地信用合作社有利于其外展功能的实现,从而更好地服务于农村、农业和农民。

平罗县土地信用合作社不同于股份合作制,也不同于一般专业合作社,尽管目前还未开展农地抵押融资功能,但是其农地存贷实践和合作社机构的构建都为未来开展农地抵押融资业务创造了条件。而且平罗县作为全国农村土地经营管理制度改革实验区和全国农村土地承包经营权确权登记试点县已经

---

① 《平罗县土地合作社章程》第21条规定:“本社的存地证可以用作质押物。本社存地人以存地证为本人或他人担保、抵押的,应当事先告知并征得理事会同意并出具许可证明方可担保、抵押,否则无效。”

完成土地承包经营权确权颁证工作，正在进行土地承包经营权抵押试点，这些都为未来在土地合作社基础上建设土地银行，开展农地融资业务奠定了坚实的基础。笔者下一步要思考的是如何在此基础上，构建土地银行机构，并尝试开展农地融资业务。这也必将成为我国土地银行法律制度构建中的关键一环。

2. 四川省彭州市农业资源经营合作社实践及评价

进入2008年之后，四川省在土地制度创新问题上取得了重大突破，开始探索“土地银行”。2008年12月四川省彭州市成立了首家农业资源经营合作社（土地银行）——磁峰镇皇城农业资源经营专业合作社，主要从事土地权属存贷经营业务。所获利润50%用于成员分红，20%作为公积金，10%作为公益金，15%用作办公经费，5%用作风险金。

彭州市探索的突出特点是以土地银行为平台，形成土地银行、龙头企业、种植大户和存地农民四位一体的农地流转经营纽带。土地银行不仅与存地农民、贷地种植户签订土地存贷协议，还与种植户签订种植订单协议，并且与龙头企业签订产品要求、种植面积、最低保护价的协议。以土地银行为媒介，种植大户在贷地后进行适度规模经营，并将产品卖给龙头企业。龙头企业在技术、品种、农资等方面为种植大户提供服务，确保产品质量安全。这样土地银行不仅作为农地流转中介，还作为农地经营中介，实现以经营促流转。

彭州模式的创新在于为了获得有效的贷地需求，土地银行引进了龙头企业作为第四方，与其签订产品要求、种植面积、最低保护价的协议，龙头企业负责为种植大户提供订单保障，给予农资和技术指导，从而降低了种植大户的种植风险，实现了农民、种植大户、龙头企业、土地银行之间的利益互动，推动农业产业化和规模化①。

彭州市实践中农民通过民主选举产生土地银行管理委员会和监督委员会，作为土地银行管理和监督机构。土地银行监督委员会还是土地级差评级机构，负责丈量土地、土地评估及对土地银行运作的监督等。在土地评估中以生产队为单位成立土地评估小组，由小组初步决定土地的等级，之后交由村议事会和监事会以及土地银行监督委员会，确定土地的等级。土地等级不同，存

---

① 参见蒋勒芊、刘志文：《交易费用经济学视角下土地银行的产生及运行——以四川省彭州市土地银行模式为例》，载《西南大学学报》（社会科学版）2010年第4期。

地利息也不同。①

在成立土地银行前,彭州市已于2008年完成土地确权工作。作为全国统筹城乡综合配套改革试验区,成都市在农村土地承包经营权确权颁证的同时还探索搭建农村产权流转平台。2010年7月成都市建立成都农村产权交易所,制定流转市场规则,并建立农村产权价值评估机制,依法提供农用地承包经营权流转交易服务,探索建立城乡统一的土地市场。成都市还率先建立了耕地保护制度,并设立耕地保护基金,主要用于对承担耕地保护责任的农民进行养老保险补贴和提高耕地生产能力。这些都成为土地银行开展农地金融业务的前提和基础。

彭州实践与平罗实践具有一定的相似性,都是在政府的主导和推动下开展农地存贷业务,都没有开展农地融资业务,都不是完全意义上的土地银行。但是相比较而言,彭州实践的优势更为明显,未来开展农地融资的条件更加充分。第一,彭州实践是在土地确权之后进行的,有明晰的产权基础,这是土地银行开展农地融资业务的必要前提。第二,成都市农村产权交易所以及农村产权价值评估机制的建立,为未来土地银行农地抵押业务的开展创造了条件。第三,彭州实践没有单纯以贷定存,而是搭建以土地银行为核心的"四位一体"的合作平台。引入龙头企业为贷地者提供农资、技术服务,负责为种植大户提供订单保障并约定最低保护价收购,在降低贷地者经营风险的同时,形成了有效的利益互动机制。第四,在民主管理的基础上着眼于农地分级,不仅有利于建立农地存贷业务价格形成机制,而且为未来农地抵押贷款和土地债券发行业务的开展奠定了基础。

3. 浙江省绍兴县农地信托服务实践及评价

2001年我国《信托法》出台后,一些经济发达的地区开始出现了土地信托的雏形。农地信托是在不改变农地集体所有权和土地承包经营权的前提下,基于对受托人的信任,农村土地承包人以取得土地收益为目的,将其承包的土地使用权在一定期限内委托给受托人,由受托人以自己的名义经营管理或使用,获得的收益归属于特定的受益人。虽然名称不同,但是与前面提到土地信用合作社和农业资源经营合作社的功能类似,土地信托服务机构也是农地流

① 例如,在彭州市皇城村的监事会已对其村内土地率先做了等级的评估。皇城村的最终决议是1级换3级,每亩可换1.5亩,1级换2级,每亩可换1.3亩。

转中介机构，只不过前者是基于农地存贷关系，而后者是基于农地信托关系。因此，我国在理论界和实务界也将政府主办的土地信托机构视为土地银行。①

2001年，绍兴县700多个村建立了土地信托服务，县、镇两级也相应建立了土地信托服务中心和土地信托服务站，现已发展成为迄今为止我国影响最大、形式最规范的农村土地信托。根据信托的理念，绍兴县建立了县、镇、村三级土地信托服务机构，三级组织责任分层，实行垂直管理。在村建立由村经济合作社主任担任领导的土地信托领导小组，负责村土地流转的日常管理工作。镇级设立由镇农办、经管站、土管所、司法所等负责人组成的土地信托服务站，负责辖区内的土地信托工作，站长一般由分管农业的副镇长兼任。县级在县经营管理总站内设立土地信托服务中心，负责全县土地信托服务日常工作，并成立由县农业局、林业局、水产局、土管局、法制局等相关机构组成的县土地信托领导小组。服务中心的基本职能不仅包括供求信息登记发布、项目推介、中介协调，还包括指导签约、追踪服务和调处纠纷。服务中心接受该县范围内有土地使用权转让需求的村经济合作社或农户，以及有受让土地使用权需求的种养大户和工商业主的委托，办理土地使用权流转信托业务。

对于农户需要流转的农地，村经济合作社与农户逐一签订土地使用权反租合同，统一反租；并按照上一年每亩土地的种粮食的收益为参考，确定给付反租款的标准。对于个别无法流转的农地可以采用置换的方法，保证可用于流转的农地具有连片开发的规模效应。对反租后的农地，结合农地资源条件，统一制定合理的产业规划方案，进行土地整理。通过整理，优化土地利用结构，增加有效耕地面积，改善农业生产条件，为农地专业化规模经营创造条件。

在农地流转中，村经济合作社向镇土地信托服务站递交《土地使用权委托流转申请书》，提出信托申请。农地需求者也要以书面形式提出信托申请。服务站负责登记土地情况，并通过多种形式发布土地使用权出让、受让信息，向供求双方提供咨询。镇信托服务站为有出让土地使用权意愿的村和有受让土地使用权意愿的规模经营者进行配对，并协调双方进行谈判，之后指导土地使用权流转合同的订立和履行，协助办理有关手续，并且建立土地使用权流转

① 杭州市人民政府办公厅转发杭州市发改委《关于2010年综合配套改革试点工作实施意见》，该意见提出，“杭州市将探索土地信托制，重点以乡镇为单位组建土地信托中心（土地银行）”。

登记簿进行登记。

土地信托机构在土地流转后对受让双方进行一系列的跟踪服务。监督承包者是否按照流转合同要求安排土地用途，同时对承包大户的经营状况进行监测，采取相应的措施帮助解决危机，并加强信贷服务、提供市场信息服务、推广科技服务。规模经营者在经营一年后，根据合同约定标准，向村经济合作社付款。村经济合作社再根据与农户签订的土地使用权租赁合同约定的标准付给农户。

绍兴县土地信托机构的特点有两个：第一，与平罗县土地信用合作社所开展的农地存贷业务类似，绍兴县的村经济合作社首先反租土地承包经营权人农地取得土地使用权，经过整理后，由村经济合作社与租赁大户签订土地使用权流转合同进行流转。第二，依托信托制度，建立相对完善的土地使用权流转中介组织，由镇信托服务站和县土地信托服务中心发挥农地流转平台作用，促成农地供需双方进行农地使用权流转。但是土地信托机构作为受托人只是促成流转，并不是合同方，而且这种信托机构也只是促成农地流转的平台，不具有农地融资功能，也不是完全意义上的作为农地金融机构的土地银行。未来发展成为具有农地融资功能的土地银行，还有很长的路要走。

（四）我国土地银行实践面临的法律问题

以上探索为我国土地银行建设积累了宝贵的经验，也为土地银行法律制度的构建奠定了基础，但是土地银行实践仍面临一些法律问题亟待克服。

1.不是完全意义上的农地金融机构

虽然各地实践中的农地流转机构名为“土地银行”，但受目前我国《物权法》《担保法》对于以家庭承包方式取得的农村土地承包经营权抵押的限制，无论是土地合作社还是政府主办的土地信托机构，其实质主要是农地流转中介组织，欠缺农地抵押融资和发行土地债券的功能。因此，这些农地流转机构与国外完全意义上的作为农地金融机构的土地银行存在较大差别（见表2），无法有效满足农地融资需求，促进农村资金资源合理配制，也难以发挥为农业和农村发展筹集和提供资金的作用。

表 2　我国探索中的土地银行与国外土地银行的区别

	我国探索中土地银行	国外土地银行
主要目标	促进农地流转、实现规模化经营	解决农村融资困难
机构性质	农地流转中介	农地金融机构
主要业务	农地存贷	土地抵押、发行土地债券
政府作用	推动主导,制度和政策支持	注资或购买股份,必要扶持

2. 政府干预过度,影响市场机制作用的发挥

目前,各地土地银行实践不是民间自发进行,其实质是政府主导型的农地制度创新。政府的行政推动作用固然可以加速变革进程,但是政府不当干预也会影响市场机制作用的发挥,进而对于土地银行的发展也会产生负面作用。例如,平罗县等一些地方政府从政绩考虑,将土地合作社发展情况与乡镇基层政府的目标管理考核关联起来,片面重视规模,忽视效益,在一定程度上影响了合作社发展。

我国各地土地银行探索和各层面土地银行法律制度构建的共性在于政府的推动和干预。从贵州省湄潭县的农地金融公司的建立到宁夏回族自治区平罗县政府主导型的农地制度创新,再到绍兴县三级分层、垂直管理的信托服务模式等,无不来源于地方政府的支持和参与。各地土地银行机构一般具有较为浓厚的政府色彩,尤其是基层机构基本上都是村委会领导下的土地流转中介服务组织,管理者由村委会领导兼任,甚至办公场所也设在村委会。这种村社合一的管理模式,极大地影响了土地银行的独立性。绍兴模式中视为经验的信托机构三级分层、垂直管理模式,由县、镇、村各级相关负责人担任信托机构的管理者也存在类似的问题。农地金融业务的外部性也决定了从具体土地银行立法到农地确权、农地评估制度,到土地债券制度,再到农村社会保障和农业保险制度等的建设完善,也都离不开政府的主导和促进。因此,我国土地银行制度构建本质上是一场政府主导型的制度变迁。

从各国实践看,政府干预土地银行法律制度的构建一般基于两个原因:一是为了提高经济效率,二是有利于实现社会公平和正义。为此,以美国为代表的发达国家在土地银行制度构建中不仅出台相关立法予以规制,还为土地银行发行债券以较低的成本筹集社会资金提供财政担保;在土地银行资金短缺时为其提供低息再贷款;在土地银行经营陷入困境时进行财政注资;还出资设

立政策性农业保险机构，为农业灾害以及直接为农地抵押贷款提供保险服务……

但是，国家对土地银行法律关系的干预仅是补充性的，即国家的调节仅在于补充市场调节的不足。国家干预需要坚持适度原则，而地方政府推动、村（镇）集体主导的土地信用合作社在机构设计上普遍存在“村社合一”问题，显然可能造成对于“民办、民营、民受益”的宗旨的偏离，虽然依靠政府的行政强制力无疑可以加速制度变革进程，但是也存在地方政府过度推广和过度扩张的激励。创造性地建立了县、镇、乡三级土地信托服务机构的绍兴模式，从乡镇级土地信托服务站再到县级土地信托服务中心，主要负责人一般由行政领导兼任，这种制度安排固然有利于推动农地金融制度变革以及土地银行制度构建，但政府干预中“度”的准确把握也是实践探索及土地银行制度构建成功与否的关键。

同时，也应意识到在土地银行法律制度构建过程中，在某些领域也存在政府干预不足的问题。例如，土地承包经营权流转有形交易场所可以为流转双方当事人提供信息、政策咨询、价格协商、合同签订、纠纷调处等服务，作为土地银行法律制度构建中的关键一环亟待完备和规范。但是交易所业务的外部性决定了单纯依靠市场调节机制不可能进行交易场所的建设和规范，需要政府干预和推动，目前我国多数地方尚未建立有形的土地承包经营权流转交易场所。在已建立交易场所的成都、天津等地，配套的机构管理办法也未能出台，出现了土地承包经营权交易场所管理的真空。在农村社会保障法律制度构建领域，由于长期实行的城乡二元结构导致农村社会保障制度建设滞后，相关法律缺失；部门立法、地方立法不统一、缺乏权威性；各级政府财政支出责任不明确，相互推诿……这些问题亟须政府积极承担社会保障义务，推动农村社会保障制度建设。

3. 土地（承包）经营权界定不明、权能残缺，制约土地银行业务发展

改革开放以来我国农村实行的土地承包责任制，将土地使用权作为独立权能从所有权中分离出来，并成为一种独立于所有权的财产权利。前已论述，土地公有制的国情决定了我国土地银行法律制度构建的基础性权利不是土地所有权，而是土地（承包）经营权。尽管我国《宪法》《民法通则》《物权法》《农业法》《土地管理法》《农村土地承包法》等从不同角度对于土地承包经营制度和土地（承包）经营权进行了规定，但是土地承包经营权界定不明、权能残缺，

已成为我国土地银行法律制度构建中的现实障碍。

现行法律明确禁止土地承包经营权抵押，阻碍了土地银行法律制度构建。我国《担保法》第37条规定，耕地、宅基地、自留地、自留山等集体所有的土地使用权不得抵押。我国《农村土地承包法》第32条规定："通过家庭承包取得的土地承包经营权可以依法采取转包、出租、互换、转让或者其他方式流转。"进言之，农村土地承包经营权的抵押只限制于通过招标、拍卖、公开协商等方式承包的依法登记取得土地承包经营权证或林权证书的荒山、荒滩等农村土地，并且须经发包方同意，才可以设立抵押。没有明确允许通过家庭承包取得的土地承包经营权抵押。① 我国《物权法》则规定，除买卖、公开协商等方式承包的"四荒地"等农村土地可以抵押外，其他方式承包的农村土地不允许抵押。② 这实际上是禁止土地承包经营权抵押，从而导致土地银行农地抵押贷款和土地债券发行业务开展缺乏法律基础，这也是导致目前我国平罗、彭州等地方实践中的单纯开展农地存贷业务而无法涉足农地抵押贷款业务的根本原因。

受现行法律制度约束以及经济发展水平等诸多因素制约，我国实践中土地银行还不是完全意义上的作为农地金融机构的土地银行。无论是平罗县土地信用合作社、彭州市农业资源经营合作社还是绍兴的土地信托机构都只是着眼于农地存贷业务（信托业务），主要发挥土地流转平台和中介的作用，不具备农地抵押融资功能，几乎没有涉及任何和金融相关的业务。尤其是绍兴土地信托机构只是作为受托人促成流转，并不是合同方。尽管平罗县土地信用合作社章程中涉及存地证可抵押等条款，但没有实际运作。而且各地实践较为零散分散，缺乏统一的指导思想。综上，我国目前不仅没有真正意义上的土地银行机构及立法，农地存贷业务在各地的实践也较为零散，缺乏系统性，而且由于法律制度等障碍，目前与土地银行农地融资业务相关的土地承包经营权抵押贷款试点和信贷资产证券化试点的开展也较为缓慢。

4. 相关制度建设滞后，难以规范发展

尽管各地的土地银行实践已有数年时间，但是相关规范制度依然缺乏。不仅没有地方性的法规和规章，连规范性的文件也较为匮乏。检视前述典型模式所在地方政府网站，只有宁夏回族自治区平罗县存在一些相关制度规定，

① 参见《农村土地承包法》第32条、第49条。

② 参见《物权法》第128条、第133条。

如《宁夏回族自治区农村土地信用合作社登记管理试行办法》《平罗县土地合作社章程》《平罗县农村土地信用合作社考核验收方案》等,但都只是管理文件。四川省彭州市农业资源经营合作社除依据《农村土地承包法》和《农民专业合作社法》拟定的合作社章程外,也没有相关制度规定。浙江省绍兴县的土地信托实践则主要依据我国《信托法》开展。相关制度建设的滞后不仅严重阻碍了各地土地银行的规范发展,更影响了土地银行法律制度的构建。

(五)域外土地银行法律制度的经验借鉴

由于目前我国农地金融制度处于起步阶段,与发达国家和地区土地银行制度初创阶段的情况非常近似,因此,笔者主要考察德、美、法等国和地区土地银行设立初期(主要是19世纪末20世纪初)的法律制度状况,同时也会对于各国农地金融发展及现状有所涉及。

1. 德国土地银行制度及评价

德国是世界上最早发展农地金融制度的国家,美、日等多数发达国家土地银行制度的建立很大程度在于借鉴德国的经验。德国土地银行构建的突出特点是采取自下而上的方式,先在各地组织土地抵押合作社,然后土地抵押合作社向上发展成为联合社或联合银行。时至今日,土地抵押合作社仍然是德国农地金融的主要形式。目前的德国银行系统主要由三个部分组成:公共银行、私有银行、合作银行,在业务上以全能型银行为主,专业型银行为补充。作为农业信用合作的发源地,德国农村金融始终以合作金融为主体,包括德意志合作银行、地区性合作银行和地方性信用银行,组成了三层金字塔型合作金融机构系统,也是农村信贷的主要提供者。此外,德国农业地产抵押银行、复兴信贷银行、垦殖与地产抵押银行等专业银行更是农地融资业务的主要提供者,只是目前它们不发放直接贷款,而是向其他金融机构提供再融资服务。①

(1)自下而上的发展模式

自18世纪70年代开始,德国自下而上逐步建立土地银行系统。先按照自愿原则在基层成立土地抵押信用合作社,农民以各自的土地作为抵押品加入合作社获取资金,购买、开垦土地,平整耕地,兴建水利,造林等。然后土地抵押信用合作社逐渐向上发展组成联合社或联合银行。德国的发展模式的优点是组织机构自发形成,并且组织结构具有层次性,效率较高。其缺点是形成

① 参见王海:《借鉴德国经验发展我国合作金融》,载《金融时报》2012年1月11日。

过程较长，要求合作社具有较高的经济实力。

(2)合作模式

德国土地银行法律制度的基本原则在于借款人合作。这种合作模式中没有消费者只有社员，强调互助性。要成为土地抵押信用合作社，社员必须符合合作社章程规定的相关条件。合作一般被限定在一定地理范围内，社员之间一般较为熟悉，这一模式较好地解决了农村信贷中普遍存在的信息不对称问题。与银行相比，合作社可以以较低的成本获取潜在借款人的信息，并且可以以低廉的成本对于不还款的借款人施加严厉的惩罚。基于此，它甚至可以向被一般银行拒绝贷款的借款人提供贷款，并且不附加苛刻的贷款条件。

土地抵押信用合作社不以营利为目的，由社员共同拥有，不对非合作社社员提供贷款。社员将所拥有的土地抵押给合作社，获得贷款，并与其他社员一起共同承担还本付息的责任。

借款人合作模式的实质是一定数量的借款人联合起来提供集体担保（很多农民基于集体土地抵押的安全性获得资金），而且基于这种集体担保可以使他们以（比单独获得资金）更低的利率获得资金。在获取资金之后，合作集体还要将资金以比它获取资金的成本稍高一点的利率贷给它的成员。这一目的的实现需要满足两个条件：第一，经营管理费用支出与业务规模相比要非常少；第二，亏损的风险应减少到最低限度。为了减少风险，这种合作模式通常具有几项必备原则：成员之间彼此信赖，成员之间互相监督，借款人要提供抵押担保，为了共同利益在某一贷款人遇到困难时要对其施以援手。不同于独立的个别贷款，德国的农民被组织起来以最有利的条件获得贷款并集中发行债券，债券利率几乎可以与政府债券利率一样低。

(3)抵押土地债券化

德国土地银行制度的最大特点是抵押土地债券化。德国民法中抵押权与债权独立性理论为农地金融机构发行可流通的土地抵押债券提供了可能。有通过抵押土地获得长期贷款需求的土地所有者联合组成合作社，将土地作为抵押品交给合作社，合作社在此基础上发行无记名抵押债券，债券发行数量严禁超过合作社所持有的抵押贷款的总值。在签订借款合同后，合作社交付给社员与贷款数额等值的土地债券，社员在市场上将债券出售后换得资金。土地债券的利率有赖于农民借款时的选择，而债券的价格又是由债券利率和当时货币市场的条件决定的。通过土地债券的发行，使农业与其他行业一样以较低成本获取资金。这样合作社所发放的不是直接的抵押贷款,实际上它在借款人与债券投资人之间起到了桥梁和中介的作用。借款人向合作社借款和还款,合作社再向债券投资者还款。

德国土地银行所发行的土地债券有如下特点:第一,土地债券并不是仅仅由借款人的抵押物进行担保,而是由合作社所有的抵押物及财产联合担保。第二,借款人并不能直接获得借款,而是通过出售债券获得资金。第三,土地债券没有明确的运行期限以及固定的到期时间。第四,债券持有人没有权利要求还款,但是合作社有权利在债券发行6个月后或50年后还款。还款的债券的选择及数量一般会在银行可以收到的官方出版物上公布。债券持有人通常会将债券委托银行管理。第五,债券的流通性极强,被信托基金认为是最安全、最受青睐的投资。债券可以在证券交易所交易,可以像政府债券一样通过银行随时买入卖出。①

2. 美国土地银行制度及评价

在20世纪初,美国城乡金融供给不平衡状况与目前的中国具有一定的相似性。与城市金融相比,由于农村社区较小且信贷规模不大,农村金融机构服务领域普遍狭窄,并且缺乏竞争。因此,很多农村金融市场得不到有效的金融服务,农民难以获得较长期限的低息贷款,这种市场失灵的状况阻碍了农村经济的发展。

在美国政府主导下,自上而下设立的联邦土地银行专注于为农民提供较长期限的低息贷款。不仅贷款可分期偿还,还允许成员在任何时间还清欠款而不受惩罚。同时,联邦土地银行不吸收存款,以发行债券为主要资金来源。通过以贷款为担保发行土地债券,建立了一种将城市资金转移到农村的机制,使农民能够以较低成本获得长期信贷资金。

由于法律规定在办理农地抵押贷款时,借款人必须按照借款额的5%购买合作社股份,同时合作社向联邦土地银行购买等额股份。这使借款农民具有了双重身份,即农民不仅是土地合作社的借款人,而且作为土地合作社的股东参与合作社的经营管理,在选举董事会董事和决定重大事项中每个成员拥有一票,并按照持股比例参与分红获取收益。

---

① 参见 Homer C. Price, M. Sc., *Rural Credit in Germany*, the Ohio State University Columbu, 1913, p. 12。

检验合作社的一个重要标准是以成本价为成员提供服务。在收入得以覆盖成本之后如有盈余,对于盈余部分联邦土地银行将向合作社进行分红,合作社再向其成员进行分红。

每个合作社成员拥有与其贷款额相当比例的股份,同时土地合作社董事会由社员选举产生,代表社员对于合作社进行管理。通过合作社,社员还可以间接参与联邦土地银行的管理。贷款者成为股东参与管理和分红,不仅给农民提供了信贷资源,还给他们提供了参与农业信贷体系的机会。

为了应对1985年开始的农业危机,提高经营效率,减少市场分割,[①]美国农业信贷系统根据1987年农业信贷法案进行了大规模的机构改革。1988年7月6日,联邦土地银行FLBs与联邦中期信贷银行FICBs合并,在每个农业区建立了统一的农业信贷银行(Farm Credit Banks),进而又改变了信贷区的划分,对农业信贷银行进行了进一步的合并。目前的美国农业信贷系统具有独特的、非常成功的合作结构,并且继续为借款人所有(见图2)。农业信贷系统合作社(Farm Credit System Associations)为符合要求的借款人提供农业抵押贷款、租赁和金融服务,而农业信贷系统银行为合作社提供资金。

3. 法国的土地银行制度及评价

法国的土地银行——法国土地信贷银行(Credit Foncier)成立于1852年,是半官方的农地金融机构,承担着实现法国政府住房政策和发放长期优惠贷款的业务,主要在从信贷方面为农民进行土地交易和综合利用给予长期支持。

法国土地银行制度最重要的立法是1852年颁布的《土地银行法》,它是法国不动产金融制度的根本法。该法包括五个部分:第一部分规定土地银行机构的功能和组织;第二部分规定贷款规则;第三部分规定了土地债券发行;第四部分主要涉及权利归属的判定方法、避免被第三人主张权利以及向借款人求偿等;第五部分列举了特殊授权和限制条件等。为了对即将成立的土地银行给予援助,该法授权中央政府及其部门每年要购买一定数量的土地债券,并且规定政府每年向土地银行机构拨款2000万美元。

---

① 一方面,随着世界各国农业发展,对美国农产品需求减少。自1985年开始,农业收入缺乏,农地价格下降,实际利率上升,农民没有能力偿还贷款,体系贷款损失准备金大量使用,无法收回贷款猛增。另一方面,由于农地信贷机构无组织扩张导致效率低下。再加上联邦土地银行与中期银行长期不合,互相争抢业务。

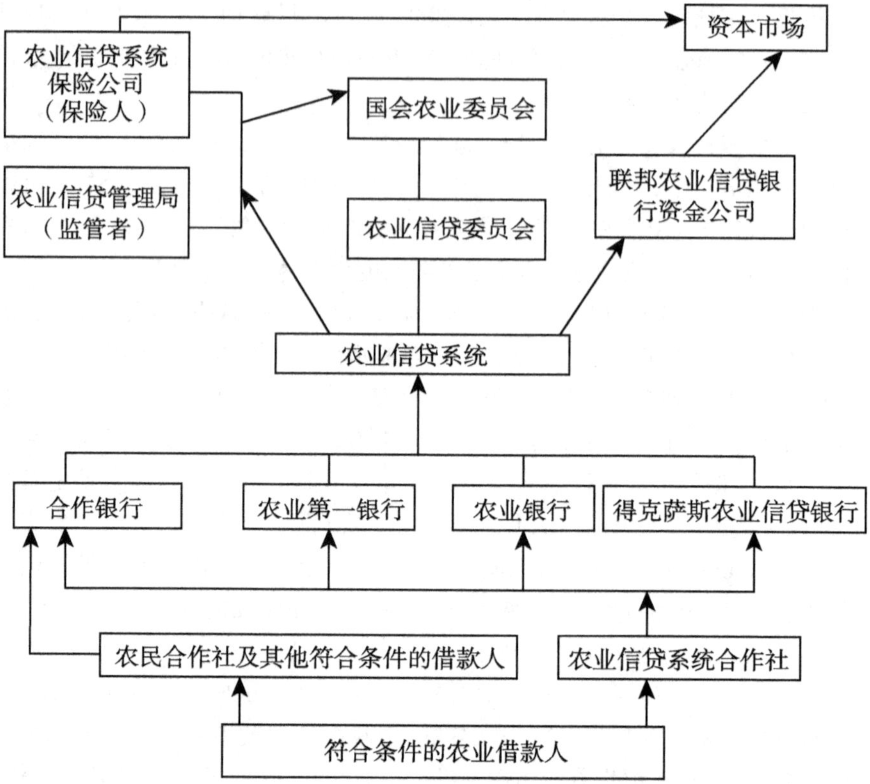

图2 美国农业信贷系统组织结构

但是法国《土地银行法》没有明确土地银行的组织形式是土地合作社还是股份公司，最终法国选择以股份公司的形式建立土地银行。1852年3月巴黎土地银行成立，同年马赛、里昂、图卢兹等地纷纷建立土地银行。1852年12月拿破仑三世颁布法令扩大巴黎土地银行为中央机关，合并其他地方土地银行，改名为法国土地信贷银行。政府对其提供了2000万美元援助，并且给予其25年的垄断权。1853年法令允许土地信贷银行通过抽签回赎所发行的土地债券。1854年颁布法令规定银行的总裁和2名副总裁必须由皇帝任命，3名董事要从财政部选举产生。1858年法令则规定土地信贷银行发行的土地债券由中央政府提供担保。此外，法国还在1910年和1916年分别出台了关于小自耕农长期信贷的立法和关于农业合作社长期信贷的立法。立法不但加强了政府对于农地金融的支持，也使土地银行获得较多的特别授权。

1920年法国成立了国家农业信贷管理局专门管理地方银行和地区银行，1926年政府将其改建为商业性的组织——国家农业信贷银行，并将合作性质的地区农业信贷互助银行和地方农业信贷互助银行作为其省级机关和基层信贷组织，再加上大众银行和法国土地信贷银行，形成了全国性的农村和农地金融体系。

法国农地金融属于较为典型的国家控制型金融模式，尽管其体系是在民间信用合作组织的基础上自下而上逐步建立的，但是政府始终参与主导其发展，对其进行支持和管理，所以具有半官半民的性质。例如，在法国土地信贷银行成立之初，《土地银行法》就明确规定中央政府及其部门每年要购买一定数量的土地债券，并且规定政府每年向土地银行机构拨款2000万美元，此外还给予其25年的垄断权。1858年法令还规定中央政府为该银行发行的土地债券提供担保等。

4. 日本土地银行制度及评价

日本土地银行制度尤其是第二次世界大战以后土地银行制度呈现合作性金融与政策性金融相结合的特征。这两类金融分工明确：农协系统主要服务于农村一般贷款需求，其融资门槛和利率比商业金融低。对于资金需求量大、融资时间长、风险较高或收益相对较低、合作金融无力支持的资金需求，则通过政策性金融机构农林渔金融公库来提供资金。

日本政府在农村和农地金融体系的构建和运行中发挥了重要作用，于1945年和1947年分别出台了《农林渔金融公库法》和《农业协同组合法》等规范政策性和合作性金融机构的发展。除了在农林中央金库成立之初政府出资20亿日元外，还以补贴的形式支持合作金融组织运行和贷款业务开展，并设立专门的基金用以弥补贷款损失，还在所得税征收方面对合作金融组织给予优惠。

（六）我国土地银行法律制度构建

任何制度都不是自在自为，制度的选择总是处在一定的历史背景之中，是特定时空政治、经济、社会诸现象互动的结果。从本国实际出发，选择适合本国国情的土地银行制度至关重要。纵观域外土地银行法律制度演变历程，可以得出，土地银行制度的成立与发展总是伴随着农村土地改革运动，因此，农村土地制度改革是土地银行制度创新的当然语境。

1.政府适度支持和干预

土地银行在我国作为新生事物,以及鉴于农村金融自身的特点,必须依赖政府的支持与推动。因此,政府支持也就成为各国通行的做法。政府一般通过提供良好的法律环境、投入创立资本、提供低利资金和补贴、提供政府担保以及税收优惠等措施,为土地银行的成立与发展提供可靠保障。政府支持的深层次原因在于农业的高风险性和土地的特殊性。首先,农业具有高风险性,而现有大部分农村金融机构以商业化作为自身发展定位,他们不愿意也无能力向农业提供金融产品,所以转由土地银行向农业提供具有“准公共物品”的产品。如果任由市场支配,土地银行也会倾向于商业化,进而“市场失灵”,①偏离土地银行设立初衷,故需要国家适当干预。其次,土地与农民息息相关,他们的关系也同样影响到社会的稳定,因此,历史上的社会改革都是围绕着土地展开的。基于这一层意义,国家干预也是非常有必要的。总而言之,构建我国土地银行制度,政府的支持不可或缺。

政府之手与市场之手的协调配合是市场经济发展的核心因素。政府对于土地银行实践探索和法律制度构建的干预需要有一个度的考量,政府缺位和政府失灵对于制度建设的负面作用均不容忽视。政府干预是一把“双刃剑”,土地银行法律制度构建固然离不开政府的介入和推动,但也要对政府的干预予以一定的规范和限制。一方面,要督促政府在市场失灵领域积极作为,避免政府缺位;另一方面,也要积极推进政府职能转变,规范政府行为,减少过度干预。政府应按照土地银行发展的不同时期不断调整自身职能,以哺育、扶持、守夜人三种不同身份行使职能。在土地银行成立初期政府必然要积极干预,发挥主导与推动作用。但是,随着土地银行的发展,政府不当干预难免会导致效率低下、寻租等问题。因此,政府干预应适度减少。

2.合作性与政策性相结合

从平罗县土地信用合作社“以贷定存”的模式可以看出,农民和农村土地的分散性特点导致土地供需双方的信息不对称。而合作金融制度是内生于农村经济发展的亲民性制度,易于与分散的农民建立密切联系,进而能很好地克服信息不对称缺陷以降低交易成本。与此同时,基于农业“弱质性”和土地特殊性的特点,政策性也同样是土地银行法律制度的重要性质。合作性具有亲

① 参见李昌麒:《经济法学》,法律出版社2008年版,第34页。

民优势,而政策性意味着政府的扶持,两者相嫁接的作用是可以保证政府与基层农民的信息沟通顺畅。对于合作性与政策性两者如何嫁接,国外土地银行的历史演变过程可以给我们一些启示。从组织架构上说,有两种模式:一是上层政策性银行和基层合作社相结合的模式,如美国早期是先由政府出资设立联邦土地银行,并协助在地方设立土地银行协会和生产信贷协会;二是合作社银行兼具政策性,如德国的"自下而上"模式,有借款需求的农民自发组成基层合作社,基层合作社向上联合组成联合银行,并且土地抵押合作社不仅有金融功能,还涉及政府扶持农业的功能。从嫁接机制上说,一是政府成立专门的政策性银行支持其他合作社的发展;二是政府以利息补贴、损失补偿、税收减免等方式为土地银行提供支持。由此,从域外土地银行的组织架构模式以及嫁接机制中透视出,政策性和合作性可以在土地银行制度中完美嫁接。

3. 完备土地银行组织体系

当前,我国"土地银行"充其量只是"土地流转中介",并不具备域外土地银行的实质性。域外土地银行的目标定位是为农业发展提供长期低利资金,实现政府对农业的调控。[①] 因此,土地银行的法律性质定位应该上升到"融资中介"的层面,而不仅仅是停留在物的层面的"土地流转中介"。同时,作为国家调控政策的实施机构,土地银行应该定性为政策性金融机构。此外,鉴于合作制具有降低交易费用、减少交易风险的作用,可以克服农业"弱质性"缺陷,土地银行同时又是合作金融。综上,土地银行的法律定性是政策性和合作性相嫁接的"资金流转中介"。

在对土地银行的性质定位之后,要确保达到土地银行制度的目的,需要建立有效的组织机构予以保障。是建立"自上而下"的模式还是"自下而上"的模式,学者们均趋向于前者,主要原因在于:自下而上的模式要求基层组织具有强大的经济实力,同时需要付出较大的时间成本。相对来说,"自上而下"的模式是由政府出面组织,可以克服经济实力弱和时间成本高的缺陷。因此,"自上而下"的模式比较符合我国土地银行制度建设实际,从而有利于减少制度创新的成本。至于建立何种模式的组织机构,国内学者存在较大分歧,有学

---

① 参见李延敏、罗剑朝:《国外农地金融制度的比较及启示》,载《财经问题研究》2005 年第 2 期。

者认为应采取“农业发展银行改制”①或者“农业银行重新定位”②的单一模式，但更多学者倾向于建立多头模式，如“农业发展银行＋农村信用合作社”“全国性土地银行＋农村信用社”等。笔者认为，应该采用“农业发展银行＋农村信用合作社”的模式。

农业发展银行是按照国家的法律法规、方针政策，以国家信用为基础，筹集农业政策信贷资金，为农业和农村经济服务的专门政策性金融机构。作为农业政策性银行，其优势在于：政策性与土地银行的定位相符，并且长期从事与农业政策相关的业务，具有丰富的农业扶贫开发和农业综合开发经验，具有一定的专业性。与此同时，农业发展银行正处于职能调整期，其职能范围需要从仅定位于粮油收购信贷向更广泛的农业政策性业务扩展。因此，可以借此契机将农业发展银行改造为土地银行体系中的政策性金融机构。具体操作是，在农业发展银行内部设立“农地使用权抵押贷款部”，负责发行土地证券筹集资金、接受政府资金支持和为基层土地抵押合作社提供信息收集、信息共享和资金协调服务。农业发展银行的资金主要来源于政府财政资金扶持、土地证券筹资和提取的公积金。

农村信用合作社是中国人民银行批准设立，由社员入股组成，实行民主管理，主要为社员提供金融服务的农村合作金融机构。其优势在于：合作制宗旨与土地银行定位相符合，此外，农村信用合作社作为农村规模最大、覆盖范围最广的合作制金融机构，其具有的独特优势就是，强大的网点优势和信息成本优势，可以充分发挥合作制的亲民性特点，从而减少交易风险和降低交易成本。与此同时，农村信用合作社也正处于改制时期，借助于此，理顺农村信用合作社的治理机构，坚定“合作制”的宗旨不变。具体操作如下：在农村信用合作社内部设立“农地使用权抵押贷款办理处”，作为土地银行体系的基层合作社，负责基层工作，主要是贷款的贷前可行性考察、贷时程序性控制、贷后的贷款质量跟踪等工作。农村信用合作社的资金来源有上级机构的资金补贴、提取的公积金以及农户存款。

① 参见高永生、朱连奇：《农地流转制度的创新思考——土地银行》，载《安徽农业科学》2009年第3期。

② 参见冯玉华、张文方：《土地金融与农村经济发展》，载《农业经济问题》1996年第5期。

三、农地信托典型实践及法律障碍的克服

(一) 农地信托的界定

农地信托发端于2009年,湖南省益阳市草尾镇尝试农村土地信托流转,随后浙江省绍兴市、福建省沙县开始探索农地信托流转。前述实践的共性的在于:政府设立的信托机构作为土地流转平台,政府在此中承担了受托人的重要责任。其运行流程为土地(承包)经营权人自愿将土地委托给政府出资设立的信托机构,信托机构将土地(承包)经营权人所委托的土地信息进行整理之后,向社会发布。有土地需求的农业大户或者农业企业与信托公司签订土地流转合同,并通过信托公司将土地租金支付给土地(承包)经营权人(前述土地银行部分所述浙江绍兴土地信托模式)。笔者将其称为政府农地信托模式。政府为了规范土地流转,成立了信托机构,信托机构的主要工作是将土地(承包)经营权人信托的土地整理连片,同时为土地流转方和需求方提供供需信息。质言之,此中信托机构主要扮演居间人的角色,向土地承包(经营)权人提供了订立土地流转合同的媒介服务,但并未对土地(承包)经营权人所信托的土地承担经营管理义务,亦没有建立起符合信托体系的委托人、受托人、受益人的法律构造。因此,其虽名为信托,但此类信托涉及的信托机构不具备融资功能,在其开展的信托业务中也没有社会资金注入,只是作为农地流转的平台,一定程度上暗合我国《合同法》第424条所规定之居间合同。①

伴随着新一轮土地制度改革,为维护农民的土地财产权和集体资产收益权,借助金融机制,增强农民资源配置能力,自2013年以来,安徽省、北京市、河南省、江苏省、山东省、湖北省、贵州省、黑龙江省等地陆续与中信信托、北京信托、中粮信托等信托公司携手合作对于农地信托融资进行了有益的尝试和探索,陆续开展20余单农地信托实践。其显著特点是以信托公司作为受托人,依信托原理构建了农地信托法律关系,在农地流转的同时复合融资功能。在这些农地信托实践探索中,不仅囊括财产权信托,即以财产权信托复合资金信托,权利人将土地经营权作为信托财产委托给信托公司经营管理,而且信托公司为了解决农业规模经营主体的资金问题,也向其提供借贷资本,其资金来

---

① 居间合同是居间人向委托人报告订立合同的机会或者提供订立合同的媒介服务,委托人支付报酬的合同。

源于信托公司向社会投资者公开发行的农地信托产品，谓之资金信托。本书将此类信托公司作为受托人参与的农地信托称为农地金融信托。

广义的农地信托应包含前述政府信托和金融信托，狭义的农地信托仅指符合信托原理的农地金融信托。前已述及，政府农地信托模式实然并不符合信托原理，政府出资设立的信托机构实质上是土地流转平台，农民将土地流转给前述机构，信托机构再将土地流转给有需求的经营主体，其徒有信托之名并无信托之实，因此，后文所研究的农地信托仅限于狭义的以信托公司作为受托人的农地金融信托，不包括农地政府信托。具而言之，本书所研究的农地信托是指权利人将土地(承包)经营权委托给受托信托公司管理或处分，受托人在信托计划内对土地(承包)经营权进行经营管理，在信托计划结束后向受益人分配信托收益的行为，并将土地(承包)经营权归还土地(承包)经营权人(见图3)。农地信托基于信托原理以实现农地流转融资为目的，以坚守“耕地红线不突破”“农民利益不受损”“土地用途不改变”三条底线为前提，将农地经营权作为信托财产委托给信托机构经营管理，实现农地受益权的标准化和凭证化，促进我国农村土地、资金、劳动力资源合理配置。

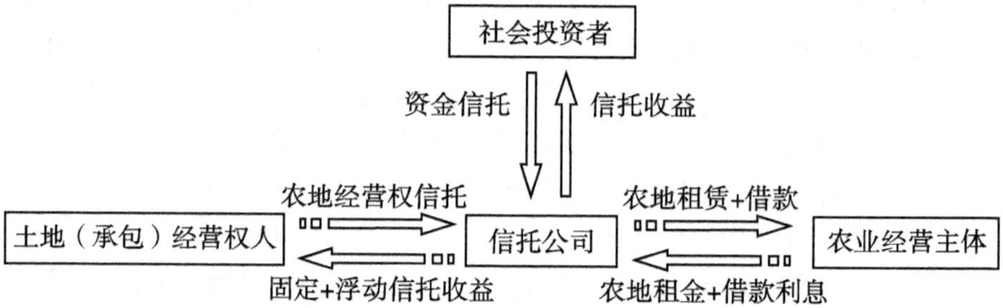

图3 农地信托运行机制

(二)农地信托的特质研判

1. 契合三权分置理念

以家庭为单位小规模细碎化、分散化的农地经营方式引致农业生产的低效，滞碍农业规模化、现代化实现。新一轮农村土地制度改革的新命题在于：在土地公有制的背景下，农民所享有的土地承包经营权乃是法定用益物权，如何做到既保留农民的土地承包权，又能有效满足农村土地流转融资的需求。《关于完善农村土地所有权承包权经营权分置办法的意见》提出将土地承包经营权分为承包权和经营权，实行农村土地所有权、承包权、经营权并行分置。由此，既不动摇农地归集体所有的根基，又可以稳定农地承包关系不变，同时实现盘活和合理配置农村土地资源。

农地信托恰恰契合了“三权分置”的理念。(1)保障农村集体土地所有权。不改变农地集体所有的性质乃是农村土地制度改革的前提和基础，农地信托仅以土地经营权为信托财产，不会动摇土地集体所有之性质。(2)稳定了土地承包关系。农地信托的信托财产是土地经营权，土地承包经营权人继续保留土地承包权，并未改变原有的土地承包关系。(3)盘活了土地经营权。农地信托以信托公司为平台，促进了农地流转需求方和供给方之间的有效沟通，而且耦合农地流转和融资功能，在促进农地适度规模经营和有效利用的同时，较好地依托金融机制解决了农业经营面临的资金问题。

2. 复合农地流转和融资功能

传统的农地流转方式重流转轻融资，一般难以有效满足农地流转之后经营过程中的融资需求。前已述及，当下实践中农地融资中较为常见模式是土地(承包)经营权抵押，但是囿于我国《担保法》《物权法》《农村土地承包法》对于以家庭承包方式取得土地承包经营权抵押限制，土地(承包)经营权抵押的合法性一直受到质疑。即便有了政策上的支持和许可，土地(承包)经营权抵押仍然主要在试点范围内开展。不宁唯是，着眼于防范金融风险、保障农村稳定发展，抵押贷款额度一般较小，且还款周期短，对于解决农民的资金问题效果不明显。加之土地(承包)经营权评估一般作价较低，在实现担保物权时困难重重，使多数金融机构并不愿意涉足土地(承包)经营权抵押贷款。农地信托以财产信托复合资金信托的方式耦合农地流转和融资功能。以信托公司为媒介，连接社会资本和农村土地资源，在实现农地规模化经营的同时，通过引入社会资本，解决农业规模经营主体的资金需求问题。

3. 多维保障农民权益

维护和保障农民的权益，是我国农村土地制度改革的核心。农地流转融资机制创新的第一要务在于关注保障农民利益。农地信托平衡协调各主体利益诉求，有效维护了农民权益。以北京水漳农地信托实践为例，按照北京信托与圣水樱桃合作社的土地流转合同，合作社在获得经营收益后，除按照合同支付土地流转费和定期支付信托资金利息外，如实现盈利则需按照合同约定的期限，向信托公司定期支付超额收益，超额收益按照1∶3∶6的比例向信托公司、土地股份合作社和农民股东分配。这种收益分配方案平衡了各方利益,尤其兼顾了农民的长远利益和短期利益,有效维护了农民权益。

该项目的一大亮点在于实现了对农民权益全方位、多层次的动态保护。(1)尊重农民选择权。自愿原则是我国农村土地承包经营权流转的核心原则。只有对农民的利益给予有效保障,农民才会产生流转意愿。水漳农地信托流转中充分尊重农民意愿,对于个别不愿流转的农户,村委会通过村民代表积极与之沟通,采取承包地置换的方式来解决土地"成片开发"和部分农户自主经营权之间的矛盾,最终实现农地整体流转。(2)"保留"农民的土地经营权。相较其他农地信托流转融资实践而言,水漳"双合作社"模式创新之处在于:以信托公司为中介,土地经营权最终不是流转到外部农业经营组织,而是保留到由农民自主成立、自我管理的樱桃合作社。(3)保障农民收益权。密云水漳信托流转成功塑造了"三金"型农民,即合作社社员流转农地有租金、在合作社劳动有薪金、年终利润分红得股金,同时订立了更为规范的流转合同,充分保障农民收益权。第一,土地租金。农地租金源于两种途径,即"固定收益"和"浮动收益"。其中,"固定收益"为每亩每年 1000 元的农地流转费,"浮动收益"为流转费每 3 年增加一定比例的资金。水漳设置"浮动收益"的方式适应了经济发展的变化,有利于保持农民收入的动态平衡。第二,入股分红。樱桃合作社超额收益的 30% 归股份经济合作社,股份经济合作社按照土地股和人头股 9∶1 的比例进行分红。创新按"人头股"的分红方式,使户口在当地而没有分得土地的外嫁女和新出生的人口,也有相应的股金收入。第三,工作薪金。当地实现了农民本土就业,农民在自主成立的樱桃合作社从事日常园区林木的养护、除草等工作,每月能取得 1000 多元的薪金收入。(4)实现农民本土就业。水漳村现有具有劳动能力的村民约 400 多人,年轻力壮的都外出打工,留在村里的多是外出就业困难的年长村民。而樱桃合作社吸收了 70 多名 40 岁以上的村民就业,解决了农地流转后农民尤其是中老年的就业问题。就地转移从土地上解放出来的农村剩余劳动力,有利于农民在兼顾家庭的同时获得薪金收入。吸纳中老年村民本土就业,避免其赋闲在家无所事事,有利于增强农民的满足感,在农村形成一种积极向上的氛围,有利于农村的稳定和繁荣。

(三)我国农地信托典型实践研究

2013 年全国第一单农地信托落户安徽省宿州市,标志着我国农地信托流转进入农地金融信托时代。检视安徽省宿州市、北京市水漳村、黑龙江省兰西县等农地信托实践,尽管实践主体迥异,但其运行机理基本一致,基于前端农地归集模式和后端经营主体的差异衍生形成“政府代理”和“双合作社”两种典型运作模式(见表3)。以安徽省宿州市项目为代表的“政府代理”模式采取“委托+信托”的运行机制,即在当地政府主导下实现土地经营权由农户向信托公司归集。其要义在于:地方政府在土地流转中扮演代理人的角色,基于村民委托与信托公司签订信托合同,将农地信托给信托公司,信托公司再将农地整合出租给适格农业经营主体。而“双合作社”模式则采用“土地合作社+信托”的方式,即以入股土地合作社方式实现土地规集。其主旨在于将两个农民合作机构——土地股份合作社和专业合作社配置于农地信托前后两端,保障农地“从农民中来到农民中去”。

表3　“政府代理”模式和“双合作社”模式比较

	政府角色	设计结构	地方政府是否获利	流转土地的承租者	优势
“政府代理”模式	各级政府作为农民土地的受托人参与流转全程	委托+信托	政府作为信托土地的委托人,有可能从农地流转中获利	第三方农业经营公司	1. 政府能有效调动资源; 2. 政府具有制定政策的能力
“双合作社”模式	监督、指导流转过程	土地合作社+专业合作社	不参与农地流转,不会从中获利	当地农业专业合作社	1. 政府放权,农民自治; 2. 延长了农业产业链

表4　各地农地信托流转实践模式及农民收益情况

实践地区	信托公司	模式	农民收益
北京市密云区	北京信托	双合作社	基本收益(地租)+浮动收益(地租的浮动增长+分红)
山东省青州市	中信信托	双合作社	固定收益
江苏省无锡市	北京信托	双合作社	基本收益+浮动收益(分红)
安徽省宿州市	中信信托	政府代理	基本收益+浮动收益(分红)
贵州省开阳市	中信信托	政府代理	基本收益+浮动收益(分红)
安徽省马鞍山市	中信信托	政府代理	固定收益

续表

实践地区	信托公司	模式	农民收益
安徽省铜陵市	北京信托	合作社+信托+农业企业	基本收益(地租)+浮动收益(入股分红)
黑龙江省兰西县	中信信托	政府代理	基本收益(地租)+浮动收益(土地经营收入)
江苏省镇江市	中建信托	政府代理	基本收益+浮动收益

表5　各地农地信托流转实践模式比较

样板地区	内容	信托机构	主导	信托出资	创新之处	发展预期
江苏省无锡市阳山桃园村项目(水蜜桃种植)	2013年11月7日开启。①采取"土地合作社"+"专业合作社"的双合作社设计。成员取得由惠山区农办发放的土地股份合作社股权证书,享受信托计划受益权。②信托期限不少于15年。③农户的收入为"基本地租+浮动收益"	北京信托	非政府	提供前期资金	经营主体为"灵俊水蜜桃专业合作社",合作社全体股东均为阳山镇桃园村有种植桃树特长的村民,农民可成为合作社雇佣的农业工人,获得工资性收入(与水漳类似)	①土地流转信托收益权份额化并且凭证化未来建立土地收益凭证。②开发资金信托产品
江苏省句容市金色田野系列	2013年11月14日左右。农民以土地经营权作为出资入股土地合作社,再由土地合作社以土地经营权在北京信托设立财产权信托。然后,北京信托将把信托土地租赁予句容市新农村发展实业有限公司	北京信托	非政府	否	①实现土地面向专业大户、家庭农场、农民合作社、农业企业的多元流转。②深化农业生产分工,句容公司先进行土地平整再流转至农业大户。将农业生产者从其不擅长的领域解放出来	打破"进城则失地,失地则失业"

续表

样板地区	内容	信托机构	主导	信托出资	创新之处	发展预期
安徽省铜陵市（牡丹种植）	铜陵市依托凤丹特色农业产业和村级土地流转专业合作社，将流转的土地作为财产，交由北京国际信托有限公司信托管理。北京国际信托公司以土地作价入股，按照土地流转期限内（2013～2025年）地租折现作价，以地租的形式支付给农民	北京信托	非政府	否	①建立“土地承包经营权信托基金”。 ②发展集团企业［铜陵发展投资集团公司、中合供销（上海）股权投资基金管理有限公司各出资5000万元共计1亿元，共同组建铜陵牡丹集团，并于2013年12月26日正式签约］	
北京市密云区水漳（蓝莓、樱桃、葡萄、红薯）	2014年3月开展。 ①“两社一信托” ②2011年农民将土地集中至土地股份合作社后交给信托公司，信托公司注入资金后交给圣水樱桃合作社经营	北京信托	非政府	1000万元	对接华联超市	①延长产业链，发展深加工。 ②开发网络销售，扩大销售渠道
安徽省宿州市埇桥区朱仙庄镇	区政府与中信信托签署了一份框架协议，就5400亩地委托中信信托。信托公司再委托安徽帝元农业投资作为第三方运营土地，中信信托作为受托人介入经营管理	中信信托	政府	1.1亿元，年化利率10%		

续表

样板地区	内容	信托机构	主导	信托出资	创新之处	发展预期
山东省青州市何官镇	①只是与当地土地合作社签订了《土地经营权流转合同》，项目具体落体尚未全面展开。信托公司介入土地流转信托的具体运营和盈利方式尚未清晰呈现。②中信并不直接经营农村土地，而是为项目合作地引入先进企业、公司，将先进企业公司与合作社、农户联系起来。③目前，青州市总的家庭承包地为 88 万亩，土地流转面积达 35 万亩，土地确权面积也达到一半以上	中信信托	农民自发组织的土地合作社	否	①引入德国拜耳，拜耳作物科学将通过多种方式向农户引入创新的农业技术和产品。②计划引入顺丰物流，在青州建一个物流基地，从当地运营绿色蔬菜项目。③与"宿州项目"不同之处在于，该项目的委托人是已经由农民自发形成的合作社	①构建"土地信托银行"。②发放一个信托收益凭证，这是一个类似于银行卡的东西，中信信托在将土地流转费用发放到农户手中，按照构想，这张卡同时也是透支贷款信用凭证，卡片被授予一定的额度，农户可凭此卡片透支贷款
贵州省开阳县（富硒水稻）	开阳县人民政府作为此单土地流转信托产品的委托人，由贵州硒味园食品开发有限公司作为服务商提供服务。贵州硒味园将 1000 亩已经流转过来的土地再次流转给中信信托，以获取一部分的土地流转资金；随后，贵州硒味园再从中信信托取得这 1000 亩土地的承包经营权，并进行有机富硒水稻的种植，以获取中信信托的融资支持	中信信托	政府	有	①信托中心委派专员进入硒味园管理层进行企业管理。②走高端大米路线	试点工作取得一定成果后，中信信托在开阳县的土地信托流转规模将会持续增大，并将在全国范围内寻找优秀农业生产企业引入开阳县进行农业产业化开发。同时，还将以"十里画廊"区域为试点，从全国范围内引进大型生态农业企业及相应资金支持发展生态农业和旅游观光业

续表

样板地区	内容	信托机构	主导	信托出资	创新之处	发展预期
安徽省马鞍山市含山县	2014年6月14日开展。①含山县与中信信托签订了规模达1.95万亩的土地流转信托,期限11年。②含山县陶厂镇、清溪镇、运漕镇3镇9个村共19,514.49亩土地将作为信托财产,委托中信信托集中管理,出租给大平公司旗下专事农业生产和管理的全资子公司——九道农业	中信信托	政府	2年4000万元	含山县土地确权已经完成50%。不过,由于土地确权证下发在即,以及融资成本等问题,双方的合同实际上只签了2年,后续9年的签约要看这两年的合作情况而定	中信信托和九道农业为新型农业经营主体提供全程金融服务和生产服务,包括订单获取、种植方案制定、农资采购、农机服务、产品收购、物流服务、结算服务、垫付流动资金等。农民将土地变身为信托产品后,将获得中信信托派发的信托收益
湖北省黄冈市龙感湖	2014年3月开展。流转项目涉及6万亩土地	中信信托	政府		首单以土地信托介入国有农场改革的新模式。通过信托的介入可以有效降低农业生产成本,解决农业发展过程中遇到的各种问题,有效提高农业的生产效率	
河南省济源市(花卉)	中信信托与河南省济源市人民政府,就济源地区规划面积约2万亩的农村土地承包经营权流转签署战略合作协议	中信信托	政府	信托机构未出资。鄢陵花艺目前在各家银行贷款6000万元	①全国首个针对建设生态文明、防风固沙、防治雾霾为主要目的的土地流转信托。②引入苗木花卉产业,种植防雾霾的白皮松	

续表

样板地区	内容	信托机构	主导	信托出资	创新之处	发展预期
黑龙江省兰西县（玉米）	2014年11月。 兰西中信公司引导农民自愿将承包的集体土地委托给合作社经营；合作社受托农民承包地后，经过整理，再次信托给中信信托公司，由中信信托公司对合作社农民发放信托凭证，作为农民获得土地收益权的一种法律证明，农民收益体现为土地固定收益（基本地租）和浮动收益（土地经营收入）	中信信托	政府	兰西中信公司是中信信托公司、省农科院、哈尔滨谷物交易所共同出资3000万元成立的	①中信信托公司对合作社农民发放信托凭证，作为农民获得土地收益权的一种法律证明。 ②开办中信兰西农民学校，讲授农技课程，培训职业农民	兰西计划在榆林镇辟建万亩国家级现代农业科技创新与集成示范园区地块，将全县的40万亩玉米纳入土地信托化改革，整合34个农机合作社，全程提供农业机械化作业服务；整合省农科院、兰西农技推广中心科技人员全程进行技术服务；对兰西国有粮食收储企业进行整合，发挥谷交所市场资源优势，畅通农产品销售渠道
江苏省镇江新区丁岗镇	2014年7月开展。 丁岗镇集体资产经营管理中心将其持有的1750亩农村土地承包经营权以设立财产权信托的方式委托给中建投信托，中建投信托作为受托人将上述农地经营权出租给镇江森禾花卉园艺有限公司用于花卉种植	中建投信托	江苏省镇江新区丁岗镇集体资产经营管理中心	首期投入不低于1000万元		

续表

样板地区	内容	信托机构	主导	信托出资	创新之处	发展预期
黑龙江省绥化市肇东市海城乡	由玉米种植合作社将土地承包经营权委托给信托公司,成立土地承包经营权自益信托;将鱼塘承包经营权委托给信托公司,成立鱼塘承包经营权自益信托;信托公司履行管理职责,将土地和鱼塘出租,所得收入作为信托收入分配受益人,并约定将以上信托的收益权全部作为玉米种植合作社在肇东支行1000万元农业贷款的质押担保,若玉米种植合作社违约,肇东支行有权处置信托收益权,所得资金用以偿还贷款	中粮信托	政府	中粮未出资,仅在龙江银行贷款1000万元	为确保信托模式的有效性,在实际操作中,信托公司还与龙江银行肇东支行制定了监控贷款的各项配合措施,如对合作社的资金使用进行监控,通过对代扣卖粮款保证贷款顺利回收,合作社负责人为贷款提供担保以防范道德风险等;而且完备了设立信托所需要的各种法律文件和手续,包括但不限于合作社成员大会决议,发包人同意设立信托的文件,在土地流转部门办理信托设立、信托财产登记等	

1. 政府代理模式

政府代理即政府在农地信托流转中扮演代理人的角色,将所要流转的土地集中成片,再与信托公司合作,将土地流转给信托公司;信托公司将土地做成信托产品进行销售,给付土地承包经营权人土地租金。河南省济源市、安徽省宿州市、黑龙江省兰西县等诸多地区采用这一信托模式。

(1)安徽省宿州市农地信托实践

中信信托首期土地经营权集合信托于2013年10月10日正式成立,信托期限为12年,信托计划的A类委托人为安徽省宿州市埇桥区人民政府,信托流转的土地面积为5400亩。具体信托过程如下:①村民将土地经营权委托给村委会,村委会再委托镇政府,镇政府再转而委托给区政府,区政府接受农户的委托，与农户签订信托合同，从农户手中获得土地经营权。②区政府将土地经营权委托给中信信托公司。③中信信托公司通过公开招标、竞拍等方式，将整理后的土地委托给农业企业等受托人，流转后土地拟建设现代农业循环经济产业示范园，实现环境保护型的现代农业（见图4）。

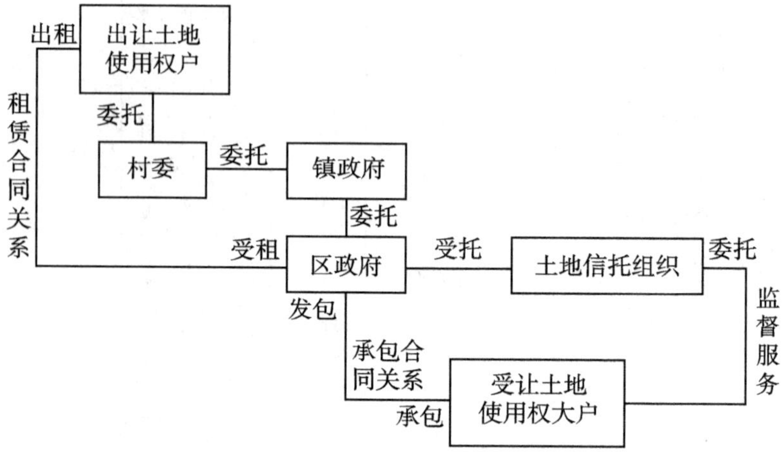

图4　农地信托相关主体关系

宿州市农地信托流转模式积极意义在于：①该模式改善了农民受益模式，极大地降低了农民的风险。通过土地信托，农民由单一的地租收益转变为"基本地租+浮动收益"。而且根据合同约定，无论项目运作盈亏，农民都可以获得土地租金，很大程度地降低了流转土地农民的风险。②提高了投资效益。通过中信信托，土地经营者只需与信托机构谈判，大大降低经营者的交易成本，在收入一定的情况下，成本减少有利于投资效益的增加。

（2）黑龙江省兰西县农地信托实践

2015年中信信托有限责任公司、黑龙江省农科院、哈尔滨谷物交易所与兰西县政府四方签订《战略合作框架协议》，使土地信托正式落户兰西县。兰西县农地信托的特质在于：①兰西县一直是黑龙江省的农业生产大县，面积为2499平方千米，耕地面积为2,165,000亩，占总面积57.7%。与其他试点地区相比，其耕地面积更为广阔，土地连片化程度高，更易开展耕地机械化运作和农业规模化生产。②与其他土地信托项目多以经济作物为主要种植作物不同，兰西县以玉米、水稻、杂粮等粮食作物为主要种植作物。③人地关系更为密切。兰西县人均耕地占有量达到十几亩,耕地收入为农户主要收入来源,这使得村民对耕地的依赖性更强。

中信兰西土地信托实践特点如下:第一,以点带面,逐步实现土地信托化。开展信托试点工作。经过严格筛选,信托公司从千余家农业合作社选出了耕地面积1000亩以上且连片375亩以上的15家合作社开展试点工作。①为合作社发放资金,突破资金"瓶颈"。与信托公司签订农业订单,信托公司为合作社发放贷款428万元。②推广新型化肥,提高农业产量。中信公司与化肥生产厂合作,直接投资生产优质化肥并向15家合作社赊销化肥819吨。③提供先进生产技术。中信公司与农科院合作,在耕地上开辟实验田,由专业农技人员提供技术保障,推广种植改良农作物。④实现农业机械化生产。与农机合作社联系,计划在土地上开展大机械化作业,以实现农业的机械化、规模化生产。以农业合同关系为依托,通过"资金+化肥+技术+农机"的方式逐步与15家合作社建立更加密切的联系,并通过试点工作初步取得其他合作社的信任,为土地信托推广打下良好的基础。第二,建立土地信托服务平台,实现农业资源优化整合。中信兰西土地信托公司设有专门农业服务部门,利用自己渠道资源优势,与相关的肥料公司、农机合作社合作,负责提供资金、农资、农机等服务工作。充分发挥信托公司的中介作用,搭建农业生产服务平台,统筹整合资源力量,创新农业服务机制,为合作社农业生产提供全方位的农业生产服务。第三,提供农业生产技术服务。信托公司主要提供以下农业技术服务:①为农户提供测土配方,改良土壤,提高土地肥力。②为村民农业生产提供技术指导,包括与黑龙江省农科院合作,引进专业的农技人员提供技术服务以及邀请无土栽培方面的专家为其提供技术支持。第四,实现与谷物交易所合作,提供销售渠道支持。信托公司将谷物交易所引入兰西信托项目中来。谷物交易所可以通过农产品期货的方式将农产品销售出去,通过谷物交易所实现市场要素和农业生产的有效结合,创建完善的农产品销售链条,为农业生产提供销售保障。第五,建立农技培训机构,全面提高农民自身素质。中信公司通过与农科院合作,组织流转土地的农民进行专业农业技术培训,由有丰富农业实践经验的专业技术人员向农民传授科学的种植知识,以此提高农业合作社的专业化水平,提高农业生产效率。同时,为农户提供一技之长,提高农户综合素质,切实保障农户发展权。

2. 北京市水漳村农地信托双合作社模式实践

2014 年 2 月北京乃至华北地区首单土地信托“金色田野 2014008 号”正式落地北京密云区。在北京市农经办(农研中心)的推动下水漳村与北京信托合作实施农地信托经营。水漳股份经济合作社作为委托人将 1680 余亩农地经营权在北京信托设立财产权信托。北京信托将信托农地租赁给村民发起设立的农民专业合作社“圣水樱桃合作社”,同时协议约定信托公司向圣水樱桃合作社注入 1800 万元资金用于农地经营,还款期限为 8 年。基于充裕的资金保障,圣水樱桃合作社结合本地资源优势打造以草莓、蓝莓、樱桃、葡萄等为主的农业产业园区。为提高农产品附加值,提升土地产出效益,合作社采取立体种植的方式,在葡萄园内间作红薯等作物并进行深加工,形成了较完善的林下经济产业。为了延伸产业链条实现产业融合发展,北京信托公司还利用其自身渠道资源优势牵线华联集团,推动促成了“农超对接”,合作社挂牌成为华联超市产品基地,农产品通过免费绿色通道直接进入华联超市销售(见图 5)。

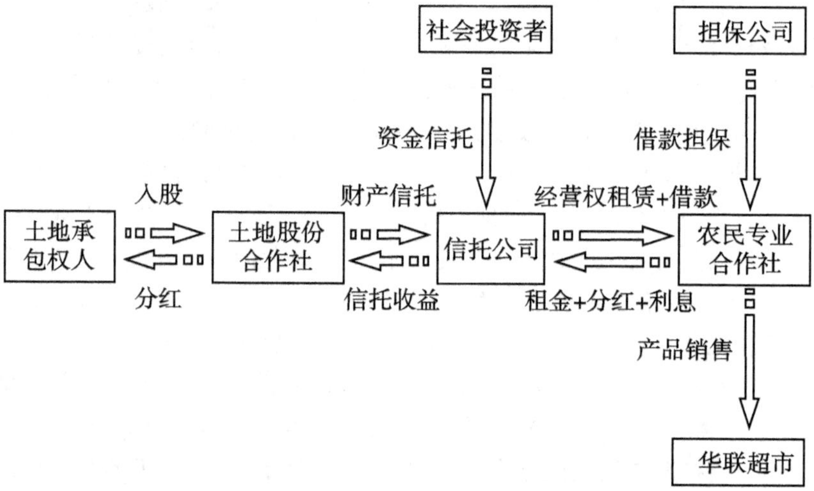

图 5 北京漳水农地信托运作流程

水漳实践在运作中,探索创建了“土地合作社”和“专业合作社”耦合发展的“双合作社”模式以及“财产权信托”和“资金权信托”复合关联的“双信托”结构。在尊重市场化运行规律和保障农民权益的基础上,各利益相关主体协同合作形成以下法律关系:一是财产权信托关系。水漳土地股份经济合作社和北京信托公司签订农地财产权信托合同，形成财产权信托关系。约定股份经济合作社将1680余亩土地经营权委托给北京信托公司，此为财产权信托，信托期限为13年（与该村土地承包剩余期限相一致）。北京信托公司每年向股份经济合作社支付农地流转费用，包括每年1000元的固定收益以及每3年增加3%的浮动收益。二是经营权租赁关系。樱桃专业合作社与北京信托公司签订农地租赁合同，形成农地经营权租赁关系。约定北京信托公司将信托农地租赁给专业合作社经营，合作社向信托公司每年支付净利润的10%作为租金。三是资金借贷关系。樱桃专业合作社与北京信托签订借款协议，形成资金借贷关系。双方约定北京信托公司设立信托产品向投资人募集资金，将社会资金注入合作社，借款期限为8年，用于购买苗木、建设设施、支付工资和流转费等，合作社则按约定偿还信托公司本息。四是借款担保关系。合作社和农业担保公司签订担保协议。农业担保公司为北京信托注入资金提供担保，合作社向农业担保公司提供反担保，每年支付2‰的担保费。

密云水漳农地信托实践坚持政府放权、农民自主，充分发挥市场在资源配置中的决定作用。依托信托公司与农村土地股份合作社、农民专业合作社协同合作，不仅优化农村土地、资金、劳动力资源配置，整合城乡要素资源，实施农业产业化经营，而且构建了"多维"农民权益保障体系，实现农民土地权益市场化、资本化和证券化。相较于其他农地流转融资方式，水漳实践具有以下特点：（1）合法依规，坚守双底线，秉持双原则。北京市农经办（市农研中心）预先依据既有法律政策对实践合法性进行了长达3年的研究设计，在操作中各方主体始终秉持合法依规的基本创新理念，不仅利用合同规范农地流转经营将"农地农用"和"禁止违法建设"等要求明确写入信托再委托合同，而且在农地流转融资全过程中严守了农地集体所有制性质不变和流转后农业用途不变两个根本底线，坚持了尊重农民意愿和保障农民土地权益两项基本原则。基层政府没有强迫农民实施流转融资，也没有"亲力亲为"干预整个运行过程，而是充分尊重农民的承包权主体地位，鼓励由农民合作组织与信托公司本着意思自治原则，按照市场机制自主实施农地流转融资。（2）探索政府放权、农民自主、市场化流转融资机制。北京水漳实践的核心价值在于"政府放权、农民自主"。在整个信托流转融资过程中，主要发挥市场在农地、资金和劳动力资源配置中的作用，地方政府只是协助搭建与信托公司合作的平台，在充分尊重农民自主选择的基础上，鼓励农民通过两个合作经济组织——土地股份合作社和樱桃合作社与信托公司自主订立结构化的农地信托流转融资协议，并最终由村民自我组织管理的专业合作社实施产业化经营，基于市场选择成功实现了“农民土地农民种”。(3)在以信托公司为平台，将城市中的资金、技术、管理、服务、信息乃至人员等要素引入水漳村的农地经营过程中，促进适度规模经营和农业现代化，带动了全村整体发展和农民增收致富。而且采用市场化担保的方式，变既有农地融资由政府平台公司甚至乡镇政府财政直接担保为北京市农业融资担保公司担保，成为全国第一单由农业专业化担保机构以市场化方式增信的农地信托实践。(4)促进了产业融合发展，助推农业产业化。传统的农地流转方式如入股、互换、出租等，一般组织性较低，难以实现规模经营，更难以实现产业融合。而水漳村农地信托在引入信托公司为中介进行规模流转的同时，创造性打通了农产品生产、加工和销售环节，并积极挖掘农业产业的乡村生态休闲、旅游观光以及文化教育价值。北京信托公司凭借其市场化经营运作和资源整合能力，促进樱桃合作社与北京华联综合超市的对接，使水漳成为华联公司的供应基地，形成“北京华联—北京信托—密云水漳”的联合品牌，延长了农业产业链，推动产业融合发展。

(四)农地信托何以恪守三条“底线”

众所周知，我国农地制度改革必须坚守三条“底线”，即土地公有制性质不改变、耕地红线不突破、农民利益不受损。作为农地流转融资创新的农地信托可否实现对于前述底线之恪守，乃是关系农地信托制度构建之肯綮结点。信托权能分离机制以及信托财产独立性原则可成为恪守“三条底线”之保障。(1)前已述及，农地信托所托之物为农地经营权，作为农地信托受益人，土地承包经营权人在信托农地经营权后依然保有农地承包权和信托受益权。[①] 作为受托人的信托公司并不取得农地承包权，更无论农地所有权，故而不会影响农地集体所有之性质。(2)信托公司只是基于信托关系在信托期限内有权占有、使用、处分农地经营权，其对于权利变动之影响明显有别于转让、互换等传统的农地流转方式。[②] 而且信托体系下权、责、利分离机制恰好契合于当下农

---

① 前已述及，在双合作社农地信托模式下，土地承包经营权人以经营权入股土地合作社方式实现土地归集，故而信托委托人和收益人均为土地合作社。

② 土地承包经营权转让的结果是原土地承包关系消灭，土地承包经营权人丧失承包权。而且相较土地出租、转包、转让等方式而言，土地承包经营权人基于农地信托不只获得一次性土地转让收入或地租收入，而是获得具有增值预期和分红功能的有价的受益凭证。

村集体土地所有权、使用权相分离之趋向，有利于明晰土地流转中集体所有权、农户承包权、农地经营权的相互关系并明确其具体实现形式，[①]从而顺应农地产权多元化发展趋势，在"土地流转起来"的同时稳定了土地承包关系。(3)大道至简，基于信托财产独立性原则，信托具有闭锁和隔离效应，即信托一旦有效设立，信托财产即行封闭并与外界隔绝，独立于委托人、受托人以及受益人的固有财产，委托人、受托人以及受益人中任何一方的债权人均无权向信托财产施以追索，[②]从而保障了农地经营权之独立和安全。

我国信托法对于受托人义务约束机制和受益人监督机制的精巧设计在制度层面亦保障了对"三条底线"的秉持和坚守。(1)基于信托原理，信托公司作为受托人对于农地经营权的占有、使用和处分行为必须拘囿于信托契约和信托目的限制，故而在农地信托合同缔结时可将前述三条底线贯穿其中以约束信托公司之管理行为。(2)见微知著，信托公司作为农地信托受托人还要遵循利益冲突防范原则并履行信义义务。信义义务的核心内涵不仅在于勤勉义务也涵盖了忠实义务，实然是一个义务约束群。美国《统一信托法典》第8章第2条规定，受托人应负的忠实义务包括是否与信托目的相冲突、信托财产经济利益的享受、关联交易、直接交易、秘密利益等多个方面。我国《信托法》第25条第2款规定，"受托人管理信托财产，必须恪尽职守，履行诚实、信用、谨慎、有效管理的义务"，其内涵亦在于受托人须负忠实义务，而且我国其后的《信托法》条文以列举方式实现了忠实义务的具体化，[③]从而有效防范受托人对受益人隐藏行动和信息的道德风险。[④] 而且前述义务相对恒定乃是法定义务而非约定义务，当事人无权通过约定减损。信托公司义务之核心在于不得辜负委托人所托，在受托管理农地经营权时要按照信托文件遵循信托目的，

① 参见刘勇：《农村土地承包经营权流转信托的政策建议》，载《中国法律评论》2015年第4期。

② 参见方嘉麟：《信托法之理论与实务》，中国政法大学出版社2004年版，第3页。

③ 我国《信托法》为受托人设定了8项法定义务："遵守信托文件的规定，为受益人的最大利益处理信托事务的义务"(第25条第1款)；"谨慎处理信托事务的义务"(第25条第2款)；"忠实于受益人的义务"(第26条、第27条、第28条)；"分别管理信托财产的义务"(第29条)；"亲自处理信托事务的义务"(第30条)；"保存处理信托事务的记录、定期向委托人与受益人报告与说明信托事务处理情况的义务"(第33条第1款、第2款)；"保密义务"(第33条第3款)；"向受益人交付信托利益的义务"(第34条)。

④ 参见赵磊：《信托受托人的角色定位及其制度实现》，载《中国法学》2013年第4期。

为土地承包经营权人的利益而完全忠诚地行为。[①] 故而,受托人违反信托合同约定擅自改变农地用途,以及损害作为受益人的土地承包经营权人的利益等行为,都必然违反忠实义务。而且无可否认信托公司实施的是专业化信托管理,要履行比普通受托人更高的注意义务。基于此,美国《信托法重述》《统一谨慎投资人法》都强调受托人需如同一个谨慎的投资人,而且规定受托人依审慎义务在信托投资首要考量的必须是保全信托财产,同时对注意和技能义务也注入了勤勉义务的要求。在管理信托中,按照更能体现职业技能的专家注意义务标准进行判断或作出决定时更要尽可能地谨慎,否则须为信托财产的损失承担赔偿责任。[②] 是故,受托人义务的法律化可以说是农地信托制度安全价值之基础。[③] (3)众所周知,信托法的首要法益目标在于信托受益人利益之保护。[④] 我国信托法在赋予受托人以管理权限的同时,更加注重受益人受益权之保障。[⑤] 作为农地信托受益人的土地承包经营权人不仅具有信托利益请求权、信托事务知情权,还具有对信托财产的管理、处分等行为的"控制性"权利,享有信托履约介入等一系列"监督性"权利。[⑥] 若信托公司违反信托文件、有违农地农用的信托目的或者实施损害受益人权益之行为,受益人亦具有撤销权——有权撤销信托公司的不当处分行为,并从第三人手中追回信托财产。我国《信托法》第 22 条和第 49 条、日本《信托法》第 27 条等对信托受益人撤销权均有明确规定。[⑦] 信托人的撤销权能够有效防止受托人故意或

---

① 参见我国《信托法》第 25 条。

② 参见 Irwin J. Schiffres, J. D., Francis M. Dougherty, J. D., Mitchell J. Waldman, J. D., *American Jurisprudence*, 2nd, Volume 76, Trusts, Lawyers Cooperative Publishing, 1992, p. 374。

③ 参见刘正峰:《信托制度基础之比较与受托人义务立法》,载《比较法研究》2004 年第 3 期。

④ 参见赵磊:《公益信托法律制度研究》,法律出版社 2008 年版,第 30 页。

⑤ 参见金锦萍:《论公益信托制度与两大法系》,载《中外法学》2008 年第 6 期。

⑥ 参见鄢斌:《中国农地信托中的权利失衡与制度重构》,载《中国土地科学》2016 年第 1 期。

⑦ 日本《信托法》第 27 条规定信托受益人可以行使撤销权的几种情形:一是对于法定登记财产,确已进行了信托登记或者虽未进行信托登记,但第三人存在明知或因重大过失而不知道的情形;二是对于非法定登记财产,第三人关于受托人超越权限进行处分一事存在明知或因重大过失而不知的情形。这非常近似于衡平法的信托受益人追踪权,即在受托人违反信托目的的情况下,受益人不仅能追踪受托人控制下的信托财产及各种转化形态,而且还能从与信托财产进行交易的第三人处追回信托财产或代表信托财产的其他财产。

重大过失情形下的信托财产损失，确保信托财产的正当管理和安全。此外，针对信托公司不当行为给该农地造成损失的，其土地承包经营权人还有赔偿请求权。①

（五）农地信托实践面临的法律障碍

正如乌尔比安所言，"法是权威的，但并不是永恒的"。法律的生命力在于实践。毋庸讳言，作为农地流转融资制度创新，农地信托的生发延展以及信托机构的市场进入目前正面临一系列法律障碍亟待解决。考究目前我国《物权法》《农村土地承包法》《信托法》《农村土地承包经营权流转管理办法》等相关立法，对于农地信托尚没有明确规定。农地信托创新实践面临委托人主体资格缺乏、信托机构保障和激励机制不足等诸多法律障碍。

1. 土地股份合作社作为委托人的法律地位亟待确认

前已述及，双合作社模式是农地信托的典型运作模式，即农民入股土地股份合作社，土地股份合作社归集农地后以信托的方式交于信托公司管理。我国《物权法》《农村土地承包法》《农村土地承包经营权流转管理办法》等规范性文件均将入股厘定为土地承包经营权流转的法定形式。中共中央《关于推进农村改革发展若干重大问题的决定》《关于全面深化改革若干重大问题的决定》等，亦有允许以股份合作等形式流转土地承包经营权的表述。土地股份合作社在北京市、山东省、江苏省、安徽省、河南省等多地农地流转融资实践中已有设立，但是对于土地股份合作社的法律地位、主体资格取得、权利义务安排等现行立法付之阙如。由于法律缺位，各地土地股份合作社普遍面临管理混乱、内部人控制等诸多问题。以北京市为例，尽管京郊土地股份合作社总量不少，但获得合法登记者却寥寥无几——目前只有平谷百合兴盛土地合作社、通州林泽家园土地（股份）专业合作社依《农民专业合作社法》在工商机关注册登记。由于缺乏立法规范，在前述土地信托实践中，土地股份合作社处于无合法身份、无标准规范、无运行资质的尴尬境地。法律地位不明确更引致其无法具备与信托公司签订信托合同的主体资格，徒增了合同订立以及未来纠纷解决的复杂性和不确定性。

2. 信托公司受托主体保障激励机制缺位

如前所述，农地信托最大的创新在于将信托理念和机制融入土地流转融

---

① 参见李蕊：《农地信托的法律障碍及其克服》，载《现代法学》2017年第4期。

资中去,实现信托融资和农地流转的有机结合。然而,由于信托公司生于城市长于城市,在其走入农村的过程中,传统商业金融模式与农村制度现实的碰撞必然衍生出一系列矛盾和冲突。例如,信托公司对于还款期限的严格要求与农业经营周期长、收效慢的现实冲突,信托公司基于风控考量而对于担保的严格要求与农业经营主体缺少可抵押财产的矛盾所导致的项目风险归集难题等。

申言之,作为经济再生产与自然再生产复合交织的过程,农业经营不仅面临巨大的自然风险,还面临市场风险、安全风险以及政策、体制和社会等风险,再加之目前相较于其他行业收益偏低的特性,决定了以营利为目的、注重风险控制的信托公司市场进入的信心和动力不足,引致农地信托的推行延展速度难以差强人意。

(六)农地信托法律障碍的克服

正如诺斯所说,制度是一个社会的博弈规则,或者更规范地说,制度是一些人为设计的、形塑人们互动关系的约束。① 在新一轮土地制度改革背景下,笔者建议着眼于以下层面,尽快补苴罅漏进行制度筹设构建,以襄助农地信托创新实践稳步有序发展。

作为农地流转融资制度厘革的产物,农地信托已然具有一定的法律政策根柢。但是这一制度创新时间刚逾 5 年,指向性立法框架尚未建构。目下理论界一般将农地信托归纳入我国《农村土地承包法》第 32 条规定之"其他方式",但这只是权宜之计。② 要破解农地信托发展之困局,当务之急是夯实法律根基,保证其"师出有名"。鉴于目前我国《信托法》的立法体例结构主要是对信托关系施以统合性规范与调整,故不宜将农地信托强加于其间予以规定。斟酌考量农地信托流转农地之效能以及其信托财产的特异属性,笔者认为更宜在土地管理法律规范中对其予以规定。时下恰逢我国《农村土地承包法》正在紧锣密鼓地修订过程中,建议趁势加以推动,更动《农村土地承包法》表述,明确农地信托为法定流转方式,并在《农村土地承包经营权流转管理办

---

① Douglass C. North, *Institutions, Institutional Change and Economic Performance*, Cambridge University Press, 1990, p. 3.

② 我国《农村土地承包法》第 32 条规定:"通过家庭承包方式取得的土地可以依法采取转包、出租、互换、转让或者其他方式流转。"

法》等相关规范性文件中对于农地信托主体、程序、权责等进行初步规定。与之配合，各实践地区总结吸取实践经验先行出台地方性规范，待农地信托实践在全国范围内普遍推行、立法条件成熟之时，再行出台国家层面专门规范，确立农地信托准入退出机制、权责配置关系、收益分配制度等。

1. 厘定土地股份合作社法律地位

前已述及，农地信托关系构建的大前提在于将分散于农户的农地归集，并且实践中很多地区在农村集体产权厘革过程中亦不约而同地选择创制土地股份合作社。然而，我国现行《农民专业合作社法》并不能直接迁移适用于土地股份合作社。钳制农地信托勃发乃至制度创新的关键节点在于土地股份合作社"名分"未定。法律性质的准确定位是具体法律制度设计的前提和基础。古往今来的自然法传统都倾向这样一种立场，即一个完全丧失或基本丧失正义的规范制度不配称为"法律"。在新一轮土地制度改革语境下，为促进农地信托规范开展，笔者建议，尽快明确土地股份合作社性质，赋予其法人地位，并对其设立、运营、监管、终止、当事人权责等予以规定，以避免实践操作中的混乱无序和随之衍生的诸种不必要的各种土地纠纷掣肘农村土地制度改革进程。

2. 信托机构激励及风险保障机制建构

综合研判引致信托公司适应能力欠佳和作用施展不充分等问题的本源在于其市场进入的信心和动力不足。依农地信托合同，信托公司对于农民的土地收益有刚性兑付义务，并且对于因其原因造成的损失有赔偿义务。① 人们奋斗所争取的一切都同他们的利益有关。毋庸讳言，于信托公司而言，跻身农地信托的利润回报远无法与其风险比肩。康芒斯指出，如果说支配人类活动的自我利益是蒸汽机的话，那么引导动力的便是制度这台发动机。制度的功能正在于激励经济人进行选择、约束经济人不择手段选择以及引导经济人正确选择。在当下社会尤其是资本的善行意识成长性微弱的语境下，为了保障农地信托的可持续发展，尤其需要针对风险的特异属性出台缓解措施，对承受高风险的信托公司予以特别的激励和利益捍卫。

---

① 即如果农地经营主体无法按合同支付土地流转费，则信托公司有义务代其向农民垫付土地流转费，而如果由于信托公司原因造成土地财产损失，信托公司还要以自己的财产向农民赔偿。

除完善农业保险外，建议针对信托公司农地信托风险进行特异化责任保险设计，以受托人——信托公司为被保险人，构建双重保障机制。分散作为可能加害人的受托人自身承担损害赔偿责任的风险，填补受害人（委托人）遭受的损失。① 推行农村信托土地责任保险不仅有利于分散信托人因自身管理不善而承担相应责任的风险，也有利于保障农民的信托收益。

尽管农地信托主要是通过市场机制解决农地流转融资，是土地承包经营权人和信托公司基于矫正农地资源分散化和农村金融供给不足的考量，依公平、效率原则自主进行的市场选择行为。但是，这并不意味政府可以完全抽身其外。正如哈耶克所说，一个功能显著的市场经济，有时以国家采取行动为前提，有一些政府行动对于增进市场经济的作用而言极为助益，而且市场经济还能容受更多的政府行动，只要它们是那些符合有效市场的行动。当下农地信托市场失灵凸显于信托公司市场进入信心和动力不足，单纯依靠市场机制自身的调试修补显然是回天无力的，关键在于政府之手的适度干预和弥补。农地信托创新实践目的在于驱动城乡要素对接对流，尤其是农村土地流转融资，具有一定的外部性和公益性，政府理应通过制度设计给予激励和保障。笔者建议：(1)出台农地信托财税优惠政策，减轻信托公司成本负担，通过财政补贴、税收减免等多种形式，鼓励其进入农村开展土地信托实践。(2)政府牵头建立土地信托风险保障基金制度，在农地信托收益中提取一定数目的资金，构建农地信托风险保障体系，构筑信托风险“防火墙”，弥补商业性保险之不足，依大数原则分散信托公司土地信托业务风险。

---

① 在被保险人需对委托人承担损害赔偿责任时，由保险人负担补偿责任。

第四章　农地金融法治化路径

目前滞碍我国土地改革的关键问题之一是农地融资实践于法无据。近年来,各地着眼于农地抵押、收益权质押、土地银行、土地信托等进行了大量农地金融实践和探索,但是既有《物权法》《担保法》《农村土地承包法》《土地管理法》等农地立法却对其付诸阙如,对于农地金融实践探索自发形成的法秩序及法治化愿景,尚未给予有效回应,引致金融抑制,严重阻碍农村资金和农地资源优化配置乃至农民发展权的实现。党的十九大提出"构建现代农业产业体系、生产体系、经营体系",关键在于农业经营体制机制创新,创新的基础在于农地顺畅流转和融资,其前置要件之一在于农地金融法治化之实现。

一、农地金融立法的模糊表达

农地金融乃是一种发端于古希腊、古罗马的古老的金融形态。[1] 早在4100年以前,土地就已成为长期信用的基础,土地抵押借款不仅是长期信用最广泛使用的工具,而且是最古老的信用工具。[2] 回溯我国近

---

① 参见周枏:《罗马法原论》(上册),商务印书馆1994年版,第427页。

② [美]理查德·T.伊利、爱德华·W.莫尔豪斯:《土地经济学原理》(中译本),滕维藻译,商务印书馆1982年版,第95页。

千年的农地金融历史，土地抵押先是表现为一种个别存在，到明清时期演变成一种习惯，到民国时期最终为国家法律所认可。① 着眼于我国土地公有制国情，农地金融主要是指以农地使用权为信用担保而获取的资金融通，具有集聚资金、分散风险和配置土地资源的功能。②

我国农地金融实践发端于20世纪80年代。③ 2013年党的十八届三中全会强调"赋予农民对承包地占有、使用、收益、流转及承包经营权抵押、担保权能"，实质上突破了既有立法对于农地抵押的限制，从而使农地抵押具有政策上的效力。这些重大制度创新无疑为农地金融化开辟了通道，对农户家庭经营的信用缺失、金融缺失起到重大的补位作用。④ 但是囿于我国《物权法》《担保法》以及最高人民法院《关于审理涉及农村土地承包纠纷案件适用法律问题的解释》等对于家庭承包方式取得的土地承包经营权抵押之禁止，使法律、政策在土地使用权是否具有可担保属性，设置农地权利担保与其社会保障性的实现，担保物的处置与农地用途限制及粮食安全保障，债权证券化与金融安全维护等多个层面普遍存在矛盾冲突，⑤不仅阻滞了农地权利动态化利用，而且使制度改革中对于土地的价值化设计成为一纸具文。⑥ 鉴于此，2014年中共中央一号文件《关于全面深化农村改革 加快推进农业现代化的若干意见》明确提出"允许承包土地的经营权向金融机构抵押融资"，要"建立配套的抵押资产处置机制，推动修订相关法律法规"，以期通过修法来圆融和化解前述冲突，回应农地金融实践探索自发形成的法秩序及法治化愿景。

检视近年来相关立法修订，一方面，我国《土地管理法（修正案草案）》（第

---

① 参见左平良：《农地抵押与农村金融立法问题》，湖南师范大学出版社2011年版，第6页。

② 曾庆芬：《土地承包经营权流转新趋势下农地金融问题研究》，中国农业出版社2011年版，第16页。

③ 我国农地金融制度的早期探索始于贵州省湄潭县。根据中共中央（1987）5号文件精神，经国务院批准，从1987年开始在全国20个省（市、自治区）建立了包括贵州省湄潭县在内的30个农村改革试验区。在中央和地方政策及资金支持下，1988年为了解决非耕地资源开发和中低产田改造融资问题，湄潭县创办了土地金融公司。计划分两步走：先试办"土地金融公司"，然后在此基础上成立土地银行。

④ 参见高圣平：《农地金融化的法律困境及出路》，载《中国社会科学》2014年第8期。

⑤ 参见李蕊：《中国土地银行农地融资制度建构之权衡》，载《政法论坛》2014年第4期。

⑥ 参见陈小君：《农村土地制度的物权法规范解析——学习〈关于推进农村改革发展若干重大问题的决定〉后的思考》，载《法商研究》2009年第1期。

二次征求意见稿)》第14条规定,农民集体所有和国家所有依法由农民集体使用的耕地、林地、草地以及其他依法用于农业的土地,其承包经营依照《中华人民共和国农村土地承包法》执行。另一方面,2017年颁布的《农村土地承包法修正案(草案)》也仅在第42条概括性地规定,"承包方可以用承包土地经营权向金融机构融资担保。第三方通过流转取得的土地经营权,经承包方或其委托代理人书面同意,可以向金融机构融资担保"。但是,对于融资担保法律关系内容以及具体方式、程序等则付之阙如。[①] 这种模糊化的立法设计不仅无助于纾解农地金融实践操作之窘困,对于农地金融风险乃至社会风险之防范亦无裨益。正如罗斯科·庞德指出的,"由于社会经济关系的不断变化,现实的法律秩序总是存在不合理性。因此,适应社会经济关系发展的需要,法律要不断地变革"。[②] 农村金融法治化的当务之急在于,如何通过系统的法律制度创新和供给,在防范农地金融多元风险、维护金融稳定的前提下,有效满足现代农业经营产业化和乡村振兴之需求,保障农民发展权之实现。

二、农地金融法治化的权利根柢

正如美国学者巴洛维所言,财产权主要无所不在地决定着人们对待土地能做什么和不能做什么,因此,倘若谁要想完全理解人类对于土地的行为与做法,就必须了解个人和团体在土地上所拥有的权力。[③] 农地金融实质是以农地权利为担保财产而发生的信用授受。契合于社会主义公有制的土地权利体系,我国农地金融的法治化的基础在于农村土地集体所有制,其核心在于农地使用权的金融化。[④]

(一)农地使用权的中国化阐释

农地权利的配置及其确定的程度,是一个国家经济增长、食品安全和社会

① 全国人大农业与农村委员会所做的立法说明给出的解释是,"鉴于实践中抵押担保融资的情况复杂,操作方式多样,加之各方面对土地经营权的性质认识分歧较大,草案使用了'融资担保'的概念,包含了抵押和质押等多种情形,既解决农民向金融机构融资缺少有效担保物的问题,又保持了与担保法等法律规定的一致性"。

② [美]罗斯科·庞德:《普通法的精神》,唐前宏、廖湘文、高雪原译,法律出版社2001年版,罗斯科·庞德所做序言。

③ 参见[美]雷利·巴洛维:《土地资源经济学——不动产经济学》,谷树忠等译,农业大学出版社1998年版,第246页。

④ 参见李蕊:《农地信托的法律障碍及其克服》,载《现代法学》2017年第4期。

稳定的重要因素。① 改革开放以来，我国农村实行土地承包责任制，从解决土地所有与利用的矛盾出发，将土地使用权作为独立权能从所有权中分离出来，并使之成为一种独立于所有权的财产权利——土地承包经营权，即土地承包经营权人依法对其承包经营的耕地、林地、草地等享有占有、使用和收益，从事种植业、林业、畜牧业等农业生产的权利。2007 年《物权法》将其纳入用益物权范畴。

契合于新一轮土地制度改革，着眼于释放农地的财产功能，促进农地有效利用[为引导农村土地（指承包耕地）经营权有序流转、发展农业适度规模经营]，2014 年中共中央、国务院出台《关于引导农村土地经营权有序流转发展农业适度规模经营的意见》，基于政策层面提出农地"三权分置"，主张坚持农村土地集体所有权，稳定农户承包权，放活土地经营权。毋庸讳言，当下所进行的《农村土地承包法》修订实然属于"三权分置"政策的法律化，当然目下对于这一法律化的路径选择还存在龃龉——到底是选择将政策的直接法律化，还是基于契合法律体系的解释，首先从法理层面对于农地权利进行构造，进而将政策间接转化为法律。无疑，草案的起草者选择的是前者，进而将农地权利解构为"土地所有权 + 土地承包经营权 + 土地承包权 + 土地经营权"，并且于该法第 42 条对于土地经营权融资进行了初步规定。尽管笔者对于在既有土地承包经营权之外是否有必要单独设置土地承包权持保留意见，但是本书所探讨的农地金融法治化的着眼点实然在于土地经营权融资法治化。

（二）农地使用权的用益物权化迭进

无可置疑，土地承包经营权的内涵和外延随着实践发展一直处于发展变化之中，历经了由合同债权到用益物权，再由用益物权到"类所有权"的推演迭进。② 进言之，检视既有立法，我国农地使用权的用益物权化程度不断加深，农地权能处于一种不断扩张的状态。1986 年我国《民法通则》首次提出了"土地承包经营权"的概念，并且将"土地承包经营权"作为"与财产所有权有关的财产权"，在一定程度上肯定了农地权利的用益物权性质。1988 年我国

---

① 参见 AM Leroy and J Lindsay, "Agricultural Investment and Land: Some Reflections on Lessons Learned (and Still to be Learned) from Experiences with Land Titling", *Uniform Law Review*, 2012(17), p. 15。

② 参见孙宪忠：《争议与思考——物权立法笔记》，中国人民大学出版社 2006 年版，第 498 页。

《宪法修正案》和《土地管理法》第 2 条允许土地的使用权依照法律的规定转让，土地使用权的处分权能获得了巨大的发展。我国 1993 年颁布的《农业法》明确承认土地承包经营权的法律地位，规定承包经营者有生产经营决策权、产品处分权和收益权、转包权、转让权和继承权。我国 1995 年颁布的《担保法》更是首次提出了“荒地使用权抵押”的概念，肯定了荒山、荒沟、荒丘、荒滩等荒地的土地使用权抵押的效力，体现了农地权利的进一步扩张。我国 2002 年颁布的《农村土地承包法》同时规定了“土地承包经营权转让”和“荒地承包经营权抵押”，表明立法者已开始重视农地权利用益物权性的价值发挥。我国 2007 年出台的《物权法》在体例上将“土地承包经营权”作为一种重要的用益物权予以规定，标志我国农地权利立法与国际正式接轨。① 2008 年通过的《中共中央关于推进农村改革发展若干重大问题的决定》强调“土地承包关系要保持稳定并长久不变”，要“赋予农民更加充分而有保障的土地承包经营权”，实际上强化了土地承包经营权的财产属性和物权性质。

无可置喙，土地承包经营权是基于我国农村特殊土地权属关系而产生的一种特殊权利形态，它保障非所有权人能够利用他人土地从事农业生产并获取其收益，这与大陆法系民法所规定的永佃权非常相近。而“永佃权人的权利几乎和所有权人不相上下”，②不仅拥有用益物权性质的孳息收取等权利，还有权在永佃权上设立地役权和抵押权。存在永佃权制度的国家一般允许永佃权被设定抵押，③故而相较于一般用益物权，土地承包经营权在属性更贴合于所有权。而三权分置场域下的土地经营权正是基于土地承包经营权人的意愿，以土地承包经营权为客体创设的用益物权。④ 尽管法学界对于农地经营

---

① 近代以来多数国家的物权立法肯定农地权利的用益物权化。例如《法国民法典》《意大利民法典》等在其物权篇中规定了用益权、永佃权等地权利类型并肯定了这些权利的转让、抵押权能。参见《法国民法典》第 578 条、第 2118 条第 2 款，《意大利民法典》第 957 条、第 980 条、第 2810 条。

② 参见周枏：《罗马法原论》，商务印书馆 1994 年版，第 386 页。

③ 《意大利民法典》第 2810 条第 4 款规定：“抵押权得设立于永佃权及对永佃土地所有权人的权利。”《日本民法典》第 369 条第 2 款规定：“地上权与永佃权亦可为抵押权的标的。于此情形适用本章的规定。”

④ 参见蔡立东、姜楠：《承包权与经营权分置的法构造》，载《法学研究》2015 年第 3 期。

权属性争议良多,[1]但是其作为从土地承包经营权中衍生分离出的新型土地权利,显然属于占有、使用的权利。它以经济利益为内容,是典型的财产权,是从土地承包经营权中分离出来的次生性用益物权。[2]

尽管各国土地制度发展面向多元,但所有权和使用权分离以及土地使用权的强化已然成为普适之道。随着社会经济发展,物尽其用的理性原则获得广泛认同,用益物权的担保权能发挥也因之获得显著提升。[3] 由是,当下我国农地金融法治化的逻辑前提正在于:土地经营权具有特定性、价值性、可转让性,是具有独立经济价值的财产权,具备作为担保物的一般条件,适格于担任资金融通的信用保证。

(三)农地使用权的公权属性是否会成为农地金融法治化之羁绊

近年来,法学界对于我国农地权利研究主要聚积于民商法领域。学者们着眼于土地承包经营权之私权属性构造等,对于农地金融法治化尤其是农地抵押进行了广泛深入的探讨。[4] 但是正如博登海默所言,法律关系应当从它们所植根于的物质的生活状况加以解释。[5] 徒法不足以自行,用益物权制度不是自在自为的,它离不开一国政治经济制度以及文化传统、风俗习惯之浸染。即使在同是继受罗马法用益物权制度的德、法等国,其用益物权之体系内涵亦不尽相同。迥异于一般地役权、地上权等用益物权,我国土地承包经营权脱胎于农村集体土地所有权,以平均主义为分配特征,以具有本集体经济组织成员身份为分配前提。(1)由于长期存在的城乡二元结构,在农村社会保障制度尚不健全的语境下,我国农村土地除具有生产经营功能外还叠加了社会

---

① 参见李昌麒:《中国农村法治发展研究》,人民出版社2006年版,第93～109页;刘俊:《土地承包经营权性质探讨》,载《现代法学》2007年第2期;高圣平:《农地信托流转的法律构造》,载《法商研究》2014年第2期;高圣平:《新型农业经营体系下农地产权结构的法律逻辑》,载《法学研究》2014年第4期;蔡立东等:《承包权与经营权分置的法构造》,载《法学研究》2015年第3期。

② 潘俊:《农村土地"三权分置":权利内容与风险防范》,载《中州学刊》2014年第11期。

③ 《法国民法典》第2397条也规定权利抵押标的是,"在用益权期间属于可交易的不动产及其添附部分的用益权"。

④ 参见梁慧星、陈华彬:《物权法》,法律出版社1997年版,第251页;王利明:《中国物权法草案建议稿及说明》,中国法制出版社2001年版,第377页;温世扬、廖焕国:《物权法通论》,人民法院出版社2005年版,第465页。

⑤ 参见[美]E.博登海默:《法理学:法律哲学与法律方法》,邓正来译,中国政法大学出版社2004年版,第103页。

保障替代功能。土地承包经营权实然肩负保障广大农民的生存、就业及养老的公法使命，决定了其必然体现国家意志，受到公权约束。除却我国《物权法》《担保法》等对于家庭承包方式取得土地承包经营权融资之限制外，土地承包法律关系亦含蕴了较为明显的政府主导性特质：首先，土地承包合同乃是由政府主导统一制订的格式合同，并非是当事人双方合意协商之结果。就土地承包合同内容而言，一般要受到国家和地方政府土地政策之侵染影响，①从而以生存保障为基础构建出有中国特色的土地利用制度。其次，我国《农村土地承包法》第41条对于土地承包经营权转让进行了限制性规定，承包方不仅要有稳定的非农职业或者有稳定的收入来源，还要经发包方同意，而且受让人必须是其他从事农业生产经营的农户。② 最高人民法院《关于审理涉及农村土地承包纠纷案件适用法律问题的解释》第13条亦规定，转让没有经过发包方同意的，转让无效。不宁唯是，该司法解释第11条还规定，本集体组织成员依法主张优先权的，应予以支持。(2)众所周知，农地利用具有显著的外部性，合理的农地保护所生成的良好的社会效益、生态效益将惠泽于整个社会，但并不一定能够使农地保护和利用者直接获益；相似而论，擅自改变农业用途所造成耕地数量锐减，进而对农业乃至整个国民经济可持续发展造成的不利后果也未必直接由责任者来负担。③ 在土地权利社会化趋向下，对于农地使用权利的行使给予适度的公法约束，要求权利人承担社会责任，已成为全球土地制度发展的共识。着眼于农业产业有序发展和粮食安全、环境保护等愿景，各国普遍选择将土地用途管制制度厘定为本国基本的土地公共管理制度。在我国土地公有背景下，土地用途管制制度更肩负着初始界定土地市场的基础性权利——土地使用权之使命。作为国家公权力干预私人土地财产权的一种制度铺排，我国既有立法对于农地农用进行了清晰界定，进一步强化了其公权

---

① 《农村土地承包法》第11条规定，“国务院农业、林业行政主管部门分别依照国务院规定的职责负责全国农村土地承包及承包合同管理的指导。县级以上地方人民政府农业、林业等行政主管部门分别依照各自职责，负责本行政区域内农村土地承包及承包合同管理。乡(镇)人民政府负责本行政区域内农村土地承包及承包合同管理”。

② 《农村土地承包法》第41条规定，“承包方有稳定的非农职业或者有稳定的收入来源的，经发包方同意，可以将全部或者部分土地承包经营权转让给其他从事农业生产经营的农户，由该农户同发包方确立新的承包关系，原承包方与发包方在该土地上的承包关系即行终止。”

③ 参见杨惠：《土地用途管制法律制度研究》，西南政法大学2010年博士学位论文，第31页。

属性。我国《土地管理法》第 4 条规定国家实行土地用途管制制度，严格限制农用地转为建设用地，控制建设用地总量，对耕地实行特殊保护；该法第 63 条进一步规定农民集体所有的土地的使用权不得出让、转让或者出租用于非农业建设。我国《农村土地承包法》第 17 条也规定承包方承担维持土地的农业用途，不得用于非农建设的义务。第 33 条亦将不得改变土地的农业用途列入流转原则。

当下关于农地金融及其法治化必要性、可行性之争，所凸显的实然是农地制度改革进程对于农地使用权的私权属性抑或公权属性彰显之取舍抉择。我国农地立法者已然深陷一个悖论：缘于农民对于土地社会保障替代功能的依赖和农地农用之考量，所以须倚重立法以约束农地金融之实现，以避免农民失地、失利、失保障，同时防止农地金融化过程中对于农地用途之变动。其结果诱致农民可获得的金融资源减少，从而更依赖土地。立法者对于农地金融权利的束限正是对于作为土地产权核心的处分权完整性的割裂，其实质不仅无助于保护农民土地权益，而且阻碍了农民土地财富价值的最大化实现。农地权利权能与农地价值成正比，对于农地金融权能之约束，必然制约农地价值之提升。就农业经营者而言，这实质是一种消极保障，是对于农民发展权的攫取褫夺。

19 世纪以来，资本主义法律发展的一个成果是主要资本主义国家大多通过立法确认农民享有平等的发展权利，并且促进这种发展权利的实现被逐渐确立为一项国家义务。德国 1850 年《调整地主和农民关系法》在法律上确立了农民的解放。第二次世界大战后，各国通过国内立法的形式对《世界人权宣言》《经济、社会和文化权利国际公约》《发展权利宣言》等一系列国家人权公约的批准等，使发展权利的观念深入人心。由于金融在农村经济发展中的核心要素作用，国家保障农民发展权的肯綮，自然而然地与通过立法赋予农民多元化的金融权利耦合关联，其中必然囊括赋予农民获得农地金融服务的权利。正是基于此，20 世纪德国、美国、日本等主要资本主义国家均先后构建了较为完备的农地金融制度。具体到我国，我国《物权法》第 3 条规定国家实行社会主义市场经济，保障一切市场主体的平等发展权利，这当然包括保障农民平等的发展权利。就宪法精神而言，革故农村土地制度的主旨在于保障农民和城市居民平等享有清晰的财产权利及公平自主的交易权利。既然立法首肯城市土地使用权抵押融资，当然应授赋农民同等之权利，这亦是赋予农民“长久不变”“更加完整的”土地权利的应有之义。获得必要的金融服务使自己由一种较低生存状态向较高生存状态不断迈进，理应成为土地经营权人的本源性权利。农民的发展与其最大财富源泉的土地资源财产属性是否能够被激活具有密切的关联，盘活有限的土地资源对于农民的发展至关重要。尤其是在作为农村经济血液的金融供给严重不足的前置要件下，首要的是通过制度创新激发农地使用权生产要素功能的活力，使社会层面的利益注入合法性的内涵，利益的要求从纯粹的物质经济状态转化为一种权利上的要求和主张。[①]

农地使用权的私权属性与公权约束属于相辅相成的一体两面，本质上并不存在冲突。改革开放以来，很多实例纷纷明证单纯赋予农民一个没有效率的受限制的土地使用权并不能有效保障其生存发展，更无论纾解“三农”问题，实施乡村振兴战略。将土地经营权与既有农地权利分置，以及2017年我国《农村土地承包法修正案（草案）》明确规定土地经营权可用于担保融资的立法依归正是在于，在尊重农地使用权公法属性之前提下为农民发展权之实现和民生改善构造制度路径。

三、农地金融法治化的目标圭臬

利益乃是人类行动的一切动力。人们奋斗所争取的一切，都同他们的利益有关。[②] 正如庞德所指出的法律的主要任务就是协调各种利益冲突以及保护、实现某种利益。[③] 土地承包经营权制度的发展演进历程实质上正是多重利益冲突、妥协与选择的过程。[④] 农地所聚合的生产性、保障性和资本性等多重属性，决定了农地金融业务的开展过程不仅是对于农村资金和农地资源重新配置，更是农地权利主体、农地金融机构、社会投资人以及政府相关部门等多方主体利益博弈角力之过程。然而，这些利益主体的发育又是不均衡的。

---

① 参见刘同君、张慧：《论农民权利发展的价值逻辑——以我国新型城镇化为视野》，载《法学》2014年第12期。

② 参见马克思：《马克思恩格斯全集》（第1卷），人民出版社1956年版，第82页。

③ 参见 Roscoe Pound, *My Philosophy of Law*, selected from The Great Legal Philosophers, University of Pennsylvania Press, 1958, p. 533。转引自吕世伦：《现代西方法学流派》（上卷），中国大百科全书出版社2000年版，第465页。

④ 参见温世扬：《土地承包经营权流转中的利益冲突与立法选择》，载《法学评论》2010年第1期。

受制于主客观多种因素，一些利益主体经常性地处于一种软弱无力的状态。法者，国之权衡也，时之准绳也。法律之于市场的经济作用就是为由于利益分歧而界限不清的稀缺资源，提供清晰的边界划定，以公共权威强制实施的权利界定和利益分配。[①] 我国农地金融法治化的终极价值目标正是在于通过有效的制度安排回应利益诉求，实现博弈结果的实质公平。因此，农地金融法治化首要是啮合于不同主体利益关系，将权利、责任与义务在主体间公平有序地进行配置。[②] 只有当立法者制定的规范同整个社会的价值判断与真正利益完全一致时，才能达至最理想之程度。[③]

（一）土地权利的社会化向度

加达默尔有云："问题不是我们做什么，也不是我们应当做什么，而是什么东西超越我们的愿意和行动与我们一起发生？"[④]有学者指出，财产权并非一种权利，而是一种社会责任。财富的拥有者，基于其占有的事实，要履行一种社会责任，如果它没有履行这种社会责任，国家就会干预并强制他履行以使财产的使用合乎本性。[⑤] 20 世纪中叶以来，财产权负有社会义务的观点已然在许多国家的宪法上得以确立。《日本宪法》第 29 条规定：财产权之内容需符合公共福社，以法律规定之。《委内瑞拉宪法》第 9 条规定：宪法保障所有权，鉴于其社会功能，所有权得承受法律基于公益或整体利益规定的赋税、限制和义务。引致土地权利社会化的根本原因在土地资源的稀缺性、不可替代性与社会发展对于土地资源日益增长的需求之间的矛盾。正如所有权社会化思想的首倡者耶林所言，"对于广阔的原野因所有人之怠慢不予开垦地把它放置，能够结谷的场所让之生产茂密的杂草，或为享乐而用之为狩猎之地时，社会对此怎能安闲视之？因此，可耕作使用而不为耕作时，社会须使更有益于土地之利用者来代替之"。[⑥] 这种个人和社会协调的农地权利思想，不仅是现

---

① 参见凌斌：《法律的性质：一个法律经济学视角》，载《政法论坛》2013 年第 5 期。

② 参见李蕊：《中国土地银行农地融资制度建构之权衡》，载《政法论坛》2014 年第 4 期。

③ 参见[美]E. 博登海默：《法理学——法哲学及其方法》，邓正来译，中国政法大学出版社 2004 年版，第 317 页。

④ 参见[德]加达默尔：《真理与方法》，洪汉鼎译，上海译文出版社 1999 年版，第 4 页。

⑤ 参见王铁雄：《财产权利平衡论——美国则产法理念之变迁路径》，中国法制出版社 2007 年版，第 275 页。

⑥ 刘德宽：《民法诸问题与新展望》，台北，五南图书出版股份有限公司 1980 年版，第 6 页。

代土地权利思想的主流,而且将是21世纪土地权利思想发展的主流。① 毋庸讳言,土地权利社会化的进程,正是其社会义务性不断累积强化的过程。于农地金融的基础性权利——农地经营权而言,其所负担的社会义务首要在于保障农地之有效、有序利用,进而保障粮食安全和农业生态环境的可持续。尤其随着经济增长和人口增加导致的环境污染、粮食危机等社会问题日益加剧时,土地权利人所肩负的社会责任也将动态递增。②

(二)农地金融所承载的社会公共利益

好的法律提供的不只是程序正义。它应既强有力又公平,应该有助于界定公众利益并致力于达到实体正义。③ 因由不同主体在农地上的利益交织,使农地具有公益、私益多重属性。毋庸置疑,农地金融法治化必然要遵循并有效回应于农地权利社会化之趋向,不仅着眼于农地金融交易秩序之构建、农地金融主体权利之保障,更应眷注于社会公共利益之实现。契合于我国的现实国情,前述社会公共利益在农地金融领域将实然映射于三个层面:宏观层面在于粮食安全和生态文明之实现,中观层面在于农地有效有序利用,微观层面在于作为农地经营权利主体——农地经营权人利益之保障。这三个层面乃是相互耦合延递之关系,要实现粮食安全和生态文明就必然要充分、有效、有序地利用有限的土地资源,要合理高效利用农地资源就须臾离不开对于农地经营权人权益保障之眷注,这也正是农地金融法治化之根柢。

随着我国经济发展进入新常态,一方面,粮食形势呈现出新的阶段性特征,粮食自给率降低,需要夯实农业生产能力基础,构筑"牢牢地端稳中国人饭碗"之根基;另一方面,农村生态环境呈现恶化的趋势,若不从根本上扭转,将严重制约农用生产发展和乡村振兴计划实施。这就要求着眼于农地农用,恪守18亿亩红线,坚持发展绿色生态农业。土地利用中所衍生的粮食安全、环境生态等问题均属于无法通过市场价格反映的公共利益,也往往难以纳入作为理性经济人的土地权利人的决策考虑之范畴。④ 正如亚里士多德所言,

---

① 参见程烨等:《土地用途分区管制研究》,地质出版社2003年版,第256页。

② 参见王铁雄:《财产权利平衡论——美国财产法理念之变迁路径》,中国法制出版社2007年版,第251页。

③ 参见[美]P.诺内特、P.塞尔兹尼克:《转变中的法律与社会》,张志铭译,中国政法大学出版社2004年版,第82页。

④ 参见杨惠:《土地用途管制法律制度研究》,西南政法大学2010年博士学位论文,第52页。

凡是属于最多数人的公共事物常常是最少受人照顾的事物,人们关怀着自己的所有,而忽视公共事物。① 有学者指出,国家的土地使用规划管制是落实环境保护最直接和有效的方法,它将环境保护的理想与需求适度地表现在了土地使用的配置上。发挥物的效用乃是我国《物权法》立法宗旨之一。我国《农村土地承包法》在赋予农民长期而有保障的土地使用权的同时,也确立了农地的有效率利用原则。在美国,很多州都规定只有那些遵从农地保护协议的农地所有者才有资格申请农地抵押贷款。② 故而,农地金融法治化的要旨不仅在于通过制度构建保障更多金融资源配置到农村,还在于防范和化解农地金融风险,更在于对土地利用中的公共利益予以关怀,尤其是对农地农用的坚守和保障。

当然,公共利益的创设往往隐含着对于私人利益的削减,通常二者呈现一种此消彼长的关系并共存于一个所有权的框架之内。因此,着眼于公共利益之实现,土地权利人的私有权利部分理应获得妥当的拱卫,否则基于公共利益的管制就无异于多数人暴政,并将损及土地财产权制度之良善品格。③ 故而着眼于社会公共利益之彰显,农地金融法治化亦应眷注于农地经营权人权益之保障。

这就要求农地金融制度设计必须以农地农用和农地经营权人权益之保障为逻辑起点。土地公有制的体制及土地经营权的公权属性也都决定了政府必然要适度干预农地金融行为尤其是担保物的处置等。一方面,可引借德国民法定期金土地债务制度。④ 在融资人到期无力还债时,不是由作为债权人金融机构处分土地经营权,而是在该土地之上设定一项定期金土地债务,规定金融机构作为担保物权人享有一定年限内定期获得土地本体或土地产出物变价金额的权利,直至债权得到全部清偿。另一方面,要为担保权实现后的土地用途"设线",明确禁止土地经营权的受让人改变土地的农业用途。因循法理,农地经营权担保设立之后如果土地经营权人到期无法还贷或出现约定实现担

① 参见[古希腊]亚里士多德:《政治学》,袁岳编译,中国长安出版社2010年版,第22页。

② 参见程郁、王宾:《发达国家(地区)农地金融制度的经验及其启示》,载《国家治理》2015年第22期。

③ 参见杨惠:《土地用途管制法律制度研究》,西南政法大学2010年博士学位论文,第53页。

④ 所谓定期金债务,即在土地上设立的以定期给付一定金额为目的的土地债务。参见《德国民法典》第1199条。

保权的情形，作为债权人的金融机构实现担保权的逻辑路径不是直接继受取得农地经营权，而是要依物权法规定通过拍卖、变卖担保物——土地经营权，从变价款中优先受偿。因而，农地金融法律制度需要着眼于担保权实现理路，对于土地经营权受让人加以约束和监管。同时，为维护农地的有序、有效利用，还要加强对于因押失地农民的保障，以修正农地金融领域“看不见的手”调控之缺憾：(1)在制度层面，由政府牵头设立因押失地农民保障基金，当农民虽勤勉经营但最终因押失地导致生活困难时，在一定时期内从基金收益中支付一定金额作为生活补助。(2)在权利层面，赋予因押失地农民对于原经营土地的优先承租权和优先回购权。优先承租权一般是基于某种关联利益或政策目的而产生的，因押失地农民对原土地的长期利用而形成人地亲密关系，失地可能影响其生存，因而需要给予特别救济政策考量。还要确立失地农民享有在一定期限内优先回购原土地经营权的权利。回溯华夏土地制度发展史，一项颇具特色的制度是典权制度，制度之核心理念即赋予出典人一定期限内回购土地的权利，从而巧妙消弭了土地出典人的后顾之忧。《美国联邦法典》将“家园地豁免”条例延伸至农地抵押贷款。如果抵押人先前耕作收入低于一定标准，则允许抵押人在抵押权实现和抵押物出售过程中租借他的主要住处、住处周围地产、农用建筑物以及不超过10英亩的相邻土地。“家园”租赁的租期不能超过5年，但也不可低于3年，“家园”承租人享有优先回购权。[①] (3)未来在破产制度完善后，亦可仿效美国建立失地农民破产保护制度，规定虽勤勉经营仍不能按时还债的农地经营权人可申请破产保护，对于其生存保障性财产免于破产追索。[②]

(三)农地金融风险的防范和化解

如前所述，农业本身是受自然和市场因素影响较大的高风险行业。金融业从事货币资金融通，是具有高度社会公共性的特种行业，也是时刻面临多种类型风险威胁的高风险行业。农地金融将农业和金融两个产业有机结合，在有效配置农地和资金资源的同时，也产生了风险聚集。不宁唯是，农地金融风

---

① 参见程郁、王宾：《发达国家(地区)农地金融制度的经验及其启示》，载《国家治理》2015年第22期。

② 如美国自然人依据《破产法》第7章申请破产，债务人可保留一定的豁免财产，有的州规定住房、小汽车为豁免财产。

险具有虚拟性高、时空限制少、传染效应快等特点，严重影响着农业和金融业的安全、稳健运营。并且随着土地债券的发行，使农地金融风险向全社会扩散，有可能影响到整个社会的经济生活和国家安定，因此，必须注意防范和化解。

首先，要通过国家之手对于农业保险领域的市场失灵进行适度干预，进一步完善农业保险制度。以保险手段分散农业风险，以保障农业的稳定和可持续发展，进而保证农地抵押借款人的偿债能力，从源头上维护土地银行农地金融业务的安全，同时也防止农业经营风险经由土地银行业务向国民经济其他领域输送传导。

其次，要注意金融监管部门与土地管理部门的协调配合，对农地金融业务加强监管。第一，要建立有效的监管协调机制。由于农地金融业务的特殊性决定其监管涉及金融监管部门与土地管理部门，是一种复合监管，要明确分工建立有效的协调机制，保证监管的有效施行。第二，要强化监管机构的地位和职权，改进监管方式方法，完善有关土地用途管制、资本充足率、贷款损失准备金、关联人贷款、流动性管理、风险管理、土地债券发行、土地银行信息披露监管等方面的规则和程序，切实加强非现场检查、现场检查，综合运用外部审计、并表监管等监管措施。

最后，农地金融机构自身必须建立健全治理结构和内部控制机制及各项具体业务制度。坚持合法、合规和审慎经营，尤其注意基层组织土地信用社与上层机构农业发展银行之间在开展农地抵押贷款业务中协调配合和规范管理问题。

四、农地金融法治化之路径

正如刘易斯所言，“没有一个国家不是在明智政府的积极刺激下取得经济进步的”。[①] 农地的高价值、高风险、稀缺性和外部性决定了即使是在实行土地私有的西方国家，农地融资也不可能是完全自由的，必须遵循一定的制度规范有序进行。前已述及，在我国农地具有生产和保障双重功能，农地金融具有准公共物品属性，本身具有极强的正外部性，不仅关系农业发展，更关系农

---

① 参见[美]W. 阿瑟·刘易斯：《经济增长理论》，上海人民出版社、上海三联书店1994年版，第475页。

民福祉以及多层次社会公共利益之实现。这是国家干预农地金融法律关系的逻辑起点，也是农地金融法治化的前提。

（一）农地金融市场失灵之外部矫治

发展中国家农村金融市场普遍面临问题在于市场失灵，突出表现为：第一，当地的金融机构普遍不愿或无力供给贷款；第二，借款人与贷款的机构在规模上存在不匹配，导致融资困难；第三，农村地区缺乏抵押品，贷款利率比大都市更高或贷款规模限制更严格；第四，相关机构的合作没有发展，农业保险、信用记录、对失信的借款人的制裁等相对滞后。[①] 而市场机制中主体利益最大化的根本目标与农地金融领域高风险、低收益的冲突矛盾也决定了单纯依靠市场机制的金融深化显然无助于金融抑制的改善，必须通过政府干预对于市场失灵予以矫正。[②] 美国经济学家休·T.帕特里克（Hugh. T. Putrick）针对发展中国家的农业和农村经济发展实际，提出了包含需求追随和供给领先两种模式的农村金融发展理论。该理论认为两种模式分别适应发展中国家农业和农村经济发展的不同阶段，即经济发展阶段决定金融发展模式。其中，供给领先模式应该被应用于农业和农村经济发展的初级阶段。这是因为在发展初期存在金融抑制，并且金融不完善，因而金融供给成为阻碍农业和农村经济发展的主要因素，故而发展中国家在初期应采用“供给领先型模式”。政府对于农地融资市场的适度干预不仅有利于实现经济效益，还有利促进社会政策目标的实现。众所周知，在农地金融制度构建尤其是建设初期，美国政府积极推动和扶持，不仅通过制定农地金融相关法律法规，直接或间接地促成土地银行发展，还通过提供初始资金、政府补贴、提供低利信贷资金以及给予税收优惠等对农地金融业务进行支持。美国政府不仅认购80%的股金为其联邦土地银行提供创始资金，而且规定土地债券持有者免交地方所得税，联邦和地方政府对于联邦土地银行和土地合作社除了征收不动产税外，免征其他税收。[③]

我国目前正处于经济转型期，际遇农村金融市场不完善、农村金融信息不对称、信用不完备等诸多困难，导致农地金融市场失灵情况较为严重。着眼于

---

① 参见 Harry G. Johnson, “An Overview of price levels Employment, and The Balance of Payments”, *The Journal of Busines*, 1963, July(3)。

② 李蕊：《美国联邦土地银行法律制度及其启示》，载《法学杂志》2014年第7期。

③ 参见1916年《联邦农业贷款法》第26条。

粮食安全和生态文明之实现以及农地有效、有序利用,农地经营权人之保障等多层次社会公共利益之实现,农地金融制度的构建更应该采选政府主导、自上而下的模式。(1)除却农地金融领域固有的高风险、低收益的特质,农地金融业务自身含蕴较强的正外部性,属于准公共产品的范畴,为社会提供准公共产品属于政府的基本职能。政府依法适度干预可以降低交易费用、弥补市场功能缺陷。(2)从现实情况看,受我国农民的素质和自给自足的小农文化传统等限制,也很难自发在基层组织起土地合作社等相关农地金融机构(详见后文论述)。此外,当前农村土地制度还有待完善,农村金融市场尚不健全,也决定了在我国农地金融制度构建不可能完全依赖自发内生形成。[①]

但是,由于政府干预大多着眼于国民经济的总体,注意共同性和一致性,忽视个体和利益差别,从而忽视市场竞争,易于导致浪费和缺乏效率。因此,政府干预只能是补充性的,旨在补充市场调节的不足,需要适度。[②] (1)政府补贴支持也可能会导致市场失灵。引发美国20世纪80年代中期农业金融危机一个重要原因就在于,政府长期的支持与补贴使市场主体对于农业金融风险视而不见。即使在危机发生时,农民们不是积极想办法摆脱困境,而是寄希望于等待政府施以援手。(2)政府干预存在任意性。在缺少健全监督制度的条件下,权力的膨胀是很难避免的。由于政府权力的膨胀,社会及其公众感受到由于政府财政支出增加而增加的税赋痛苦。而且政府辅助性理念被突破,许多本可由社会自行处理的事务由政府全盘包揽,社会的自治权在一定程度遭受剥夺。[③] (3)若农村信贷短缺是由于信息不对称引起的,而政府的信息并不优于私人信息,则政府的贷款担保或贷款补贴可能不会给最需要者提供援助,甚至可能会挤掉更好的资金用途。正如克莱克(Dean Klecker)所指出的,政府的支持加剧了农村社会的不公平,那些已经从政府处获得信贷支持的农户又获得了信贷减免,而那些农村商业借贷者却只能靠自身努力去偿还欠款。

长期以来,我国政府对农村金融市场更多的是采取直接行政干预,政府在农村金融领域实施的农村信用合作社与中国农业银行脱钩等一系列改革措

---

① 参见[英]约瑟夫·E.施蒂格利兹:《政府经济学》,曾强、何志雄译,春秋出版社1988年版,第2页。

② 导致贵州湄潭的农地金融改革失败的一个根本原因就在于国家失灵。

③ 参见张康之:《限制政府规模的理念》,载《行政论坛》2000年第4期。

施,均是从金融供给角度,对农村金融市场所做出的自上而下的强制性制度安排。导致农村金融制度变迁主要不是根据市场经济发展现实需求进行的主动厘革,而是被动地根据政府经济发展目标进行变动调整。行政强制虽然降低了制度变迁的时滞及摩擦成本,却没能促进农村金融效率提高,直接导致了我国农村金融制度发展严重滞后于农村经济体制变迁。德国、美国、日本等发达国家的经验是将国家对农地抵押关系的调节限制在政策性农地金融机构设立关系、农地金融危机救助关系,以及中长期甚至超长期农地金融业务关系等领域。而将农地金融债券发行关系、农地金融经营关系以及短期农地金融关系等交由市场调节,在这三种关系中,市场调节关系处于基础性的地位,国家调节则处于补充的地位,其目的在于实现农地金融机构的可持续发展。此外,还要遵循农地金融制度发展规律,动态地进行政府、市场角色定位的调整。在制度初创阶段,政府要担任"哺育人"的角色,积极通过资金、政策等支持推动其成长发展。待其进入稳定成熟期,应主要发挥市场调节机制的作用,政府则转为"守夜人"的角色,对其进行必要的监管,提供基本的服务。①

鉴于商业性的农地金融的高风险、低收益特质难以为金融机构所接受,德国、美国、日本等主要发达国家大多选择通过立法突显农地金融政策性。1852年法国政府颁布了《土地银行法》作为不动产金融制度的根本法,对于土地银行机构功能、组织、业务等进行较为细致的规定。该法授权中央政府及其部门每年要购买一定数量的土地债券,并且规定政府每年向土地银行机构拨款2000万美元。② 据此,各地普遍设立了土地银行。美国1933年设立了农业信贷管理局来统筹管理所有联邦农业贷款机构,制定了《紧急农业抵押贷款法案》和《农业信用法》。1934年美国政府出台《联邦农业抵押公司法》,并据此成立农业抵押公司。此后又分别通过1953年、1971年美国《联邦农业贷款法》,规定了农贷机构和抵押公司服务农业、农村的公共使命和开展农地抵押贷款的制度规范,包括借款人必须是农业耕种和经营者、土地抵押贷款不超过评估价值的85%、建立强制保险制度等。此外,美国《紧急农业抵押贷款法案》和《农业信用法》要求,以财政资金支持土地银行办理委托贷款业务,以及

---

① 参见李蕊:《美国联邦土地银行法律制度及其启示》,载《法学杂志》2014年第7期。

② 参见程郁、王宾:《发达国家(地区)农地金融制度的经验及其启示》,载《国家治理》2015年第22期。

建立信贷救济与保险体系防范风险等。1949 年德国为解决农业发展所需长期资金问题,制定了政策性《农业地产抵押银行法》。该法体现了国家对农地金融的干预,具有鲜明的公法性质,并且依该法成立了政策性金融机构——农业地产抵押银行。此外,《德国民法典》《德国担保法》均明定农地抵押权并准予抵押权流通,同时详细厘定农民、土地抵押信用合作社、农业地产抵押银行之间的权利义务。日本为了支持农业重建,1953 年出台《农林渔金融公库法》,依据该法成立政策性金融机构农林渔业金融公库,作为国有的政策性土地银行,其所需资本金全部由日本政府从各方借拨而来。并且依据日本《农业协调组合法》成立农业协同组合、农业信用协同组合联合会等金融机构,办理农地抵押贷款业务。

(二)农地金融法治化根蒂:合作制

前已述及,农村金融需求主体多为居住分散、数量众多的农户,且贷款者和借款者之间存在高度的信息不对称。合作制乃是内生于农村经济的组织形式,美国、德国、日本等多数国家都把合作制作为农地金融制度的基础。例如,德国的土地抵押信用合作社、美国的联邦土地银行合作社、日本农业协同组合、中国等,都是典型的合作金融组织。(1)基层合作组织与农村社区联系相对紧密,可以发挥借款人即社员的优势,具体担任从贷款的申请审核到抵押品的测定估价,再到贷款的发放、监督与收回等繁杂的工作,尤其是对于借款人的贷前审查和贷后的监督管理等。(2)作为重复性博弈产物,信任是社会资本的重要组成部分,能够通过促进合作行为来提高社会效率,从而促进善治和经济繁荣。[①] 合作一般被限定在一定地理范围内,社员彼此一般较为熟悉,不仅节约贷款成本,还可以较好地解决农村信贷中普遍存在的信息不对称问题,削减信用风险。[②] 法国、日本农业生产者虽然可以直接申请土地抵押贷款,但实际操作中基层合作组织仍承担了大量的服务功能,发挥着核心枢纽作用。比如,日本农协不仅为农户提供农地租赁和买卖信息,还提供农地勘测与评估等众多服务。在美、德等国则要求借款人必须加入合作社才能通过农地抵押

---

① Putnam R. D, *Making Democracy Work: Civic Traditions in ModernItaly*, Princeton University Press, 1993.

② 参见李延敏、罗剑朝:《国外农地金融制度的比较及启示》,载《财经问题研究》2005 年第 2 期。

获得贷款。在德国,农地抵押与合作金融具有密切的关系,德国的土地抵押信用合作社是德国土地银行体系的核心,有意愿用自己的土地抵押而获得长期贷款的土地所有者联合组成合作社,将各自的土地交给合作社作为抵押品,合作社在此基础上发行抵押债券。美国《联邦农地贷款法》也规定,土地合作社是联邦土地银行体系中的地方合作组织。联邦土地银行不向个别农民放款,只向参加合作社的农民发放贷款,并且在合作社经营管理过程中充分贯彻成员所有、共同管理、共享收益的理念。借款者通过缴纳股金成为合作社股东参与管理和分红,不仅为农民提供了信贷资源也为其提供了参与农业信贷体系的机会。

完善的农地合作金融立法是发达国家农地金融能够蓬勃发展的关键要因。德国早在 1770 年始便自下而上建立土地银行制度,成立土地抵押信用合社。1871 年颁布的德国《产业及经济合作社法》起到规范与引导土地抵押信用社发展的作用。农民将自己的土地交由合作社作为抵押品,合作社再以这些土地为保证,发行土地抵押债券筹集资金,所筹资金再贷给作为社员的农民用于农业生产。德国在基层土地信用合作社的基础上,还设有区域性的联合社。① 美国在全国 12 个农业信贷区依《联邦农业贷款法》于每区建立了数百家土地合作社,规定土地合作社是联邦土地银行体系中的地方合作组织,一个社区中 10 个及以上的有借款愿望的、拥有自有耕地或欲购耕地者即可组成联邦土地银行合作社。联邦土地银行不向个别农民放款,只向参加合作社的农民发放贷款。此外,法国早在 1889 年就颁布了第一部合作社法,日本和韩国也都颁行了《农业协同组织法》。

合作制最大的特质在于信息优势,即将社员与农地金融机构的信息成本内部化。以合作社为媒介,可以有效解决农地金融机构与贷款人信息不对称问题,降低信息获取成本。居住在一定区域的农户在长期交易中,经过反复博弈必然建筑了属于自己的"信用体系"。借款人彼此基于地域关系组成合作社,便于贷前调查、贷中管理和贷款收回。同时合作社的最突出特点在于其"人合性",组织与成员之间既是借贷关系,又是风险共担、利益共享的合作关系,使成员具有归属感,感到自己属于这个合作组织,该组织也关注自己的

---

① 参见王保虎:《从德国两家政策性银行学到的理念》,载《农业发展与金融》2007 年第 2 期。

利益。

我国农业生产具有较为明显的地域性,而家庭承包经营为主的经营模式也使土地利用具有高度分散性,再加上农地评估体系和农村信用体系等配套制度尚未健全,这就使农地金融业务的开展需要花费大量的人力、物力、财力深入农户进行具体的调查、评估、管理工作。为了有效解决信息不对称问题,降低交易成本,笔者建议,可借鉴美、德等国经验,将基层农民联合起来,按合作的原则组成土地合作社。[①] 一方面,合作社可以为农地有序流转搭建平台;另一方面,将合作社作为农地金融机构业务的代理人,使之成为沟通借款人与农地金融机构的媒介。借款人向合作社提出贷款申请,合作社负责贷款审查和抵押物评估,之后将申请和审查、评估报告一并转交上层农地金融机构,机构审查批准后通过合作社向借款人发放贷款。

尽管具体业务属性各异,但是土地合作社与我国农村既有农民专业合作社、资金互助社在服务对象上是一致的,都是一定地理范围内的农民,在性质上均属于农民合作组织。因此,对于合作社和资金互助社发展较为充分的地区,不必组建专门的土地合作社,可以对既有专业合作社和资金互助社进行完善,丰富发展其经营内容,使其具有土地合作社农地金融相关功能。对于合作社还未建立或刚起步的地区,可以鼓励筹建土地合作社,并在其发展过程中积累农民合作组织建设经验。

(三)农地金融可持续性之保障:农地融资证券化

有学者指出,对消除贫困贡献最大的可能既不是贷款也不是储蓄,而是建立一种可持续发展的金融机制。[②] 发达国家的实践表明,单纯强调社会服务目标的金融机构无法长期运行,不但不能实现其良好初衷,反而可能背上沉重的债务负担。[③] 证券是资本和产权的运动载体。当前国际金融业发展的趋向在于融资证券化,一方面,证券融资成本低、手续简便,这是资金需求者愿意选择证券融资的根本原因;另一方面,证券流动性强、盈利性好,引致资金供给者

---

① 如美国的合作金融形式、日本的组合金融形式、德国的信用合作社形式等,都是合作金融组织形式的典范。

② 参见 Hege Gulli, *Microfinance and poverty: Questioning the Conventional Wisdom*. Inter-Amenrican Development Bank, Washington, D. C. ,1998。

③ 参见 Gunther, "Should CRA Stand for 'Community Redundancy Act'", *Regulations*, 2000. Vol. 23, No. 3, pp. 56 - 60。

愿意投资于证券。正如美国资产证券化专家法博齐(Fabozzi)和莫迪格里安尼(Modigliani)所指出,"资产证券化的金融创新浪潮真正的意义并不在于发行证券本身,而在于这种金融工具彻底改变了传统的金融中介方式,在借款人与贷款人之间,架起了更有效的融资渠道"。①

农地融资债券化是发达国家农地金融系统能够成功运作的关键。发行土地债券不仅是各国(地区)农地金融机构的重要业务,也是其最主要的资金来源。土地债券是由农地金融机构依照法定程序,以基于农地权利抵押所形成的贷款债权为担保向投资者发行的,承诺按特定利率支付利息并按约定条件偿还本金的债权债务凭证。② 发行土地债券乃是农地金融机构一种非负债的融资方式,是以其办理的农地担保贷款业务所取得的抵押权为担保进行的直接融资活动。

由于农地贷款额度一般较大且期限较长,其信贷资产规模达到信贷资产总规模一定比例时,必然增加金融机构流动性风险。因此,各国农地金融机构普遍通过农地抵押贷款证券化,增强资产的流动性。西方国家多以政府支持的土地抵押债券为贷款机构募集资金,并通过发展债券二级市场增强放贷机构的资产流动性,构建了农地担保贷款商业化、可持续的运作机制。德国农地金融制度的最大特点在于抵押土地债券化。愿意用自己的土地抵押而获得长期贷款的土地所有者,联合组成合作社,将各自的土地交给合作社作为抵押品,土地抵押信用合作社在此基础上发行无记名抵押债券。美国联邦土地银行以持有的农地抵押贷款债权为担保发行土地债券,政府对于联邦土地银行及其农业信贷业务的支持,使土地债券的安全性可以与政府债券媲美。法国《土地银行法》规定,土地信贷银行的主要任务是为土地所有者提供抵押贷款,发行土地债券融通资金。③

土地的永久性、自偿性、稀缺性和增值性等特点,决定了农地金融具有债

---

① See Frank Fabozzi, and Modigliani, *Capital Market: Institutions and Instruments*, Prentice-Hall, 1996.

② 在各国土地债券发行实践中,按照投资标的(担保标的)的不同,土地债券可分为两种:一种是农地抵押担保证券,它是以基于农地权利为抵押所形成的债权为担保发行的债券,其融资主体为金融机构(抵押权人);另一种是农地担保证券,它是以农地资产的收益为担保发行的债券,融资主体是农地所有者或农地使用者。由于篇幅所限,本书所研究土地债券仅限于前者。

③ 参见李蕊:《中国土地银行制度构建研究》,法律出版社2014年版,第163页。

权安全可靠、贷款期限长等特点。农地金融机构对期限较长的农地担保贷款进行证券化操作,以贷款未来可预期的稳定现金流为担保发行证券,运用市场机制,将社会资金引入农村,开辟了一条非农资金注入农业生产领域的融资新渠道。将贷款资产的未来现金收益权转让给其他投资者,不仅可以达到增强资产流动性、改善资产负债结构的目的,也可以减轻农地金融机构提供中长期信用的资金压力,弥补我国农村中长期信用空白。[①] 具体到我国农地金融机构未来发行的农地债券,实质是利用证券市场的功能,以土地经营权担保贷款作为担保发行的债券。在这种模式下,借款人与投资者之间不存在直接的债权债务关系,而是以农地金融机构为媒介,形成两个相耦合的债权债务关系。当然,如前所述,在给融资者和投资者带来收益的同时,农地金融风险所具有的虚拟性高、时空限制少、传染效应快等特点,也会严重影响农业和金融业的安全、稳健运营。农地金融机构开展土地债券发行业务的过程,恰好是农业生产领域的风险向金融领域乃至全社会分散传导的过程。为了有效防范和化解风险,必须强化对于土地债券发行的监管。(1)对于土地债券发行主体进行严格限制。以美国为例,在联邦土地银行建设初期,美国一度采取允许各联邦土地银行自主发行债券的政策。但是为了防范风险,加强管理,1933 年以后 12 家联邦土地银行开始联合进行土地债券的发行并以银行的股金、公积金和抵押土地为担保物,12 家银行承担连带保证责任。1988 年以后,美国农业信贷系统更是设立了 1 家农业信贷资金公司,专门负责发行债券和票据,为全系统银行筹集资金。目前,我国证券市场发展尚不成熟,发行人、销售商乃至债券投资人的知识、经验、能力都有待丰富,因此,本着便利监管和保证金融安全的原则,更宜坚持集中统一发行的方针。建议根据全系统资金需求,统筹制订土地债券发行计划。(2)发行土地债券筹集资金的目的在于发放农地抵押贷款,土地债券利率直接关系到农地金融机构的筹资成本,进而关系到农地担保贷款利率水平。为了保证农业经营者能够以较低成本通过获得贷款,各国土地银行的债券利率一般不高于同期银行存款利率和其他债券利率。为助推农业产业发展,实现农地有序、有效的利用,我国土地债券利率也应根据同期银行存款利率和其他债券利率确定。由于土地债券具有政府担保的优势,因此

---

① 参见曾庆芬:《土地承包经营权流转新趋势下农地金融问题研究》,中国农业大学出版社 2011 年版,第 225 页。

即使利率水平略低于同期其他债券利率，也可以获得稳健型投资者的青睐，实现筹资目的。(3)各国发行的土地债券一般以农地抵押债权为担保。例如，美国联邦土地银行发行的债券主要以联邦土地银行持有的农地抵押贷款债权为担保，虽然其发行的债券利率不高，也没有政府担保，但是联邦土地银行作为政府举办企业(Grovernment-Sponsored Enterprise，GSE)，美国政府对其农业信贷业务给予支持，其所发行的土地债券隐含着政府背书，使土地债券的安全性可以与政府债券媲美。1987年农业信贷机构改革以后，美国农业信贷系统所有银行更是对于系统所发行的债券承担连带责任，并且专门建立了农业信贷保险公司设立农业信贷保险基金，负责保证按时偿付系统所发行的债券的本息。在我国农地金融发育初期，仿效美国建立专门的农业信贷保险机构尚不可行。但是为了保证土地债券顺利发行，可以由中央政府承担债券担保责任。[①] 时下恰逢国家融资担保基金设立，基金主旨之一正是在于缓解“三农”等普惠领域融资难、融资贵的问题，建议以此基金作为终极“稳定器”，吸纳和分担源自农地金融业务之风险，增强农地金融机构融资服务的承载能力。

五、大数据时代农地金融法治化之愿景

互联网、云计算等现代信息技术的迅猛发展，重新解构了既有的信息传播方式、舆论运行规律和社会的治理模式。制度的选择总是处在一定历史语境之中，是当时当地政治、经济、社会等因素互动之结果。正如刘易斯在对经济增长源泉的分析中指出，技术进步是表层因素，而制度所激发的创新热情才是更为深层次的因素。我国已进入了大数据时代，这为农地金融法治化创设了新的条件和场域。(1)农地金融要从过去的数据封闭、数据孤岛、大概决策转向数据开放、数据共享和数据决策，要“让数据发声”。(2)基于云储存、大数据预处理和挖掘技术支持，克服信息孤岛和数字鸿沟，搭建平台将各农地金融机构及监管部门的数据资源联网共享，建立数据比对和分析模型，通过数据库之间的比对和碰撞形成数据之间的关联关系，[②]从而推动实现农地金融扁平化、一体化和智能化，进而降低农地融资成本，有效防范和化解农地金融风险。

---

① 参见李蕊：《中国土地银行制度构建研究》，法律出版社2014年版，第198页。

② 参见刘晓洋：《思维与技术：大数据支持下的政府流程再造》，载《新疆师范大学学报》(哲学社会科学版)2016年第2期。

(3)以“数据决策”代替“权力决策”,依托大数据促进农地金融领域政府和市场分权。基于对关涉农地和资金资源配置效率和农地金融所承载的多层次社会公共利益的数据的分析研判,实现政府干预有据、有序、有度,防范缺位、越位和错位。

第五章　我国《土地管理法》修改理路

土地是财富之母，土地制度更是国家的基础性制度。党的十八届三中全会把土地制度改革确立为全面深化改革的重点任务之一。我国《土地管理法》作为统率我国土地资源管理、保护、开发、利用的基本法，自1986年出台之后已经历经3次修改，逐步确立了以土地公有制为基础、耕地保护为目标、用途管制为核心的土地管理基本制度，以及以土地所有权和土地使用权为核心的土地权利制度。

但是作为土地龙头法，我国《土地管理法》面临着土地征收制度不完善、土地增值收益分配机制不健全、宅基地用益物权落实不完整、土地资源要素利用效率低下等诸多问题，滞碍了供给侧结构性改革推进和新一轮土地制度改革实践发展，亟待修改完善。早在2005年，第十届全国人大常委会就将该法的再次修订正式纳入立法规划。在总结全国土地管理制度实践以及33个县（市区）农村土地征收、集体经营性建设用地入市与宅基地管理制度改革试点经验的基础上，2017年5月国土资源部正式发布《土地管理法（修正案）》（征求意见稿）（以下简称一审稿）并公开征求意见，2018年5月有关部门再次就《土地管理法（修正案）》（草案二审稿）（以下简称二审稿）征求意见。检视《土地管理法（修正案）》一审稿和二审稿，本次修法增设了土地督察和永久基本农田保护制度，一定程度改进了征收补偿标准和征地程序,有限度地允许集体经营性建设用地不经征收进入建设用地市场,并为后续土地制度改革预留了口子。但是,此次修法对于党的十八届三中全会后开启的新一轮土地制度改革实践回应相对谨慎保守,在立法理念和立法技术层面都有待提高。相较于一审稿,二审稿总体更是趋于稳健,法律修改主要集中于耕地保护、土地征收、宅基地管理、集体经营性建设用地管理等制度。对既有制度总体突破不大,对于"第三章土地利用总体规划"没有改动,农村承包地和宅基地"三权分置"政策也未在修法中予以体现。在土地征收条件及程序、宅基地退出、土地增值收益调节金配置等诸多层面还存在问题,亟待完善。

一、修法之根柢:土地权利社会化及社会公共利益实现

法者,国之权衡也,时之准绳也。《土地管理法》的要旨在于"管理",各个国家和地区普遍存在严格的城乡规划和土地用途管制,对农用地管理更为严格。国家对于具体土地在规划、用途、流转上的限制属于公权,相悖尤甚,土地权利本质上是一种私权。同一幅土地上,私权与公权并存,私权的行使要受到必要的限制。然则公权力对于土地及其相关权利施加"管理"的基础何在?

(一)土地权利社会化及土地用途管制

众所周知,随着社会利益和社会公平日益受重视,19世纪中叶以来,"所有权社会化"的改良运动兴盛延展,这一运动的特质在于承认存在为社会利益而限制所有权的必要。所有权成为一种受政府规定限制的排他性权利,其内容的变化必然包括政府干预。[①] 德国《魏玛宪法》规定:"所有权包含义务,所有权之行使应为有利于国家之管理。"与之相适应,土地权利呈现社会化趋向,已然突破"风能进,雨能进,国王不能进"的封建地权制度桎梏。对于农地权利的行使施以适度的公法约束,要求权利人承担服从规划、接受用途管制、禁止破坏生态等社会责任。日本1989年《土地基本法》规定,"土地对人民而言,无论现在或将来均属重要资产,为国民各项活动不可欠缺的基础……因此应以公共福利为优先"。[②] 第一次世界大战前后,着眼于公平和实质正义等价值要求,对财产权的绝对保护发生变化。政府由消极转向积极,对财产的限制

① 参见金可可:《论支配权概念——以德国民法学为背景》,载《中国法学》2006年第2期。

② 参见陈林:《中国土地问题的要害不在所有制》,载《南方周末》2013年6月21日。

开始加强。[①] 为了农业生产的发展,政府有权对农地权利配置进行必要的干预。着眼于农业生产的特殊性和农业产业有序发展、粮食安全、环境保护等愿景,各国普遍选择将土地用途管制制度作为本国基本的土地管理制度。在英美法系诸国,多以判例或立法形式规定土地所有权应服从公共利益及禁止滥用权利。在欧美大陆法系国家,则普遍存在专门规范调整农地利用和农业生产的法律,即农地法。在西班牙、阿根廷、葡萄牙、秘鲁等国,农地法乃是一个兼具公法和私法性质的一个部门法,它强调农地的生产性和社会性,希冀通过农地权利的安排,不仅达到组织农业生产的目的,而且能够促进农业社会共同体的组织和平衡发展。[②] 在日本,土地所有权要受限于土地征收法、都市计划法、国土使用计划法、自然公园法、自然环境保护法、都市绿地保全法、道路法、航空法等。[③] 在德国,土地所有权也要受到建筑治安法、建设规划法、跨地区规划法、自然保护法、文物保护法等约束。[④] 在美国,土地财产权至少受到水权、公共信托、航空、分区规划等方面的判例和成文法的羁绊。[⑤]

我国的土地权利行使也要受土地管理法、环境保护法、耕地保护法、航空法、渔业法、矿产资源法、森林法、文物保护法、防洪法等诸多掣肘。在我国土地公有背景下,土地用途管制制度更是肩负着初始界定土地市场的基础性权利——土地使用权之使命。但是正如博登海默所言,法律关系应当从它们所植根于的物质的生活状况加以解释。[⑥] 徒法不足以自行,用益物权制度不是自在自为的,它离不开一国政治经济制度以及文化传统、风俗习惯之浸染。即使在同是继受罗马法用益物权制度的德、法等国,其用益物权之体系内涵亦不尽相同。迥异于一般地役权、地上权等用益物权,我国土地使用权脱胎于农村集体土地所有权,以平均主义为分配特征,以具有本集体经济组织成员身份为分配前提。(1)由于长期存在的城乡二元结构,在农村社会保障制度尚不健

① 参见程洁:《土地征收征用中的程序失范与重构》,载《法学研究》2006 年第 1 期。

② 参见陈华彬:《物权法研究》,金桥文化出版(香港)有限公司 2001 年版,第 259 页。

③ 参见[日]我妻荣:《新订物权法》,罗丽译,中国法制出版社 2008 年版,第 284 页以下。

④ 参见[德]鲍尔、施蒂尔纳:《德国物权法》(上册),张双根译,法律出版社 2004 年版,第 564 页以下。

⑤ 参见[美]约翰·G. 斯普兰克林:《美国财产法精解》(第 2 版),钟书峰译,北京大学出版社 2009 年版,第 587 页以下。

⑥ 参见[美]E. 博登海默:《法理学:法律哲学与法律方法》,邓正来译,中国政法大学出版社 2004 年版,第 103 页。

全的语境下，我国农村土地除具有生产经营功能外还叠加了社会保障替代功能。土地使用权实然肩负着保障广大农民的生存、就业及养老的公法使命，由是决定了其必然受到体现国家意志的公权约束。(2)众所周知，农地利用具有显著的外部性，合理的农地保护和利用所生成的良好的社会效益、生态效益将惠泽于整个社会，但并不一定能够使农地保护和利用者直接获益；相似而论，擅自改变农业用途所造成耕地数量锐减，进而对农业乃至整个国民经济可持续发展造成的不利后果也未必直接由责任者来负担。① 作为国家公权力干预私人土地财产权的一种制度铺排，我国既有立法对于农地农用进行了清晰界定，进一步强化了公权属约束。我国《土地管理法》第 4 条规定国家实行土地用途管制制度。严格限制农用地转为建设用地，控制建设用地总量，对耕地实行特殊保护；第 63 条进一步规定农民集体所有的土地的使用权不得出让、转让或者出租用于非农业建设。我国《农村土地承包法》第 17 条也规定承包方承担维持土地的农业用途，不得用于非农建设的义务；其第 33 条亦将不得改变土地的农业用途列入流转原则。

毋庸置疑，我国土地立法必然要遵循并有效回应于当代土地权利社会化之趋向，不仅着眼于土地资源配置秩序之构建、土地权利主体之保障，更应眷注于社会公共利益之实现。契合于我国现实国情，在土地立法场域，前述社会公共利益实然映射于三个层面：宏观层面在于粮食安全、生态文明之实现，中观层面在于土地资源保护及有效、有序利用，微观层面在于作为土地权利主体利益之保障。法律之于市场经济的作用就是指向由于利益分歧而界限不清的稀缺资源，清晰地划定边界，以公共权威强制实施权利界定和利益分配。以国家的土地用途管制为例，国家为了保障粮食等农产品安全供给的需要，一般会限制农用地转向非农用地；出于城市规划、环保等方面的考虑，一般会限制建设用地从低集约度转向高集约度。②

(二)《土地管理法》修改之于社会公共利益实现

着眼于宏观层面粮食安全、生态文明之实现，土地管理制度的核心在于耕地保护。本次修法的亮点之一在于设置了土地督察制度和永久基本农田保护制度。基于对国务院《关于建立国家土地督察制度有关问题的通知》精神和

① 参见杨惠：《土地用途管制法律制度研究》，西南政法大学 2010 年博士学位论文，第 31 页。

② 参见陈林：《中国土地问题的要害不在所有制》，载《南方周末》2013 年 6 月 21 日。

相关实践探索的总结凝练,在一审稿和二审稿中都专条规定"国家土地督察机构对于省、自治区、直辖市人民政府和国务院确定的其他城市人民政府土地利用和管理情况进行监督检查"。同时契合党的十七届三中全会对于"永久基本农田"概念的提出,贯彻国土资源部、农业部联合发布《关于全面划定永久基本农田实行特殊保护的通知》精神,在既有基本农田保护制度的基础上,提出永久基本农田保护,明确对基本农田实行永久性的严格保护,即不能改变其用途、不得以任何方式挪作他用,以期形成保护有力、建设有效、管理有序的永久基本农田特殊保护格局。

土地管理法中土地征收制度构建的法理基础也正在于社会公共利益的实现。土地征收不仅是各国(地区)为保障及时获得公益性用地所必需的一种行政行为,而且是国家干预经济和限制财产权的一种手段。土地征收权(力)在包括我国在内的很多国家都被作为政府固有的权力。[①] 当政府基于国家权力进行征收征用时,权利人对财产的排他性支配权不可避免地要让位于主权者所主张的包括公共设施、公共安全、公共福利、公共发展等的公共利益。[②] 我国《宪法》第10条规定,"国家为了公共利益的需要,可以依照法律规定对土地实行征收或者征用并给予补偿"。作为国家行使行政权的结果,土地征收在本质上属于国家以公权力侵犯私权利的行为,应归属于宪法保护私有财产权的重大例外。为避免国家征收权(力)的滥用,在私有财产权的宪法保护规范下,法律往往对土地征收权(力)的行使进行了严格限制,其中的一个重要内容便是土地征收必须基于公益上的目的方可为之。[③] 对于公共利益进行界定,一般着眼于公共使用和公共用途两个维度。其中公共使用囊括代表公共利益主体进行的国防建设、建造政府建筑物等直接的使用行为,公共用途则是指涉后果是增进社会成员福利的教育、学术、公益事业等国营事业。麦克曼着眼于效用理论进行成本效益分析,提出了计算征用合法与否的公式。根据公式,若某项征地行为将促进公共利益,则检验征用行为合法的经济计量公式应当是从该收益中扣除如下成本后为正的情形,具体包括因该项目而未能获

---

① 参见高飞:《从公权回归私权——关于集体土地所有权法律性质的反思》,载《贵州警官职业学院学报》2009年第5期。

② 参见程洁:《土地征收征用中的程序失范与重构》,载《法学研究》2006年第1期。

③ 参见[德]卡尔·拉伦茨:《德国民法通论》(上册),王晓晔等译,法律出版社2003年版,第303页。

得补偿的牺牲,为了给牺牲者进行补偿而支出的行政费用或和解费用,因牺牲者没有获得赔偿或者认为征用不公而产生的道德成本。① (1)公共利益的公共性决定了土地征收行为必须着眼于多数人社会需求满足及福祉之实现,不得用于为特定的个人或少数人谋取私利,不得使某一特定方因征收行为得益而以另一特定方受损失为代价。② (2)公共利益的非商业性决定了即使营利性的商业开发活动能创造税收或增加就业,能使不特定的部分人间接获利,因其不必然构成社会公共利益,也不能动用征收权。尽管法律并不禁止商业开发本身,但商业开发所需用地应遵循市场规律通过平等协商和合同的方式取得。③ (3)此外,那些需要以消耗过量的能源和严重的环境污染为代价的经济发展项目用地,虽然能够暂时产生一定的经济效益,但不利于社会的可持续发展,从根本上将损害社会公共利益,亦不能动用国家征收权。

二、修法之圭臬:公私权益之平衡

因由社会公众、中央政府、地方政府、市场资本、农村集体和农民等多重主体利益在土地上的纠葛交织,土地管理法必然要对公私权益进行有效配置调和。不仅要平衡协调于纵向维度集体成员、集体经济组织与各级政府之间的权益,而且须兼顾横向维度集体成员之间的权益平衡;不仅要平衡集体成员、集体经济组织与各级政府之间的外部利益,亦须考量斟酌集体成员与集体经济组织之间的内部利益。④

(一)土地发展权配置及土地增值收益共享

土地发展权源于国家管制权对土地开发利用的限制。概言之,某一地块能否分享以及分享多少发展增益,与土地的自然属性无关,而与政府管制行为

---

① See Franck Michelman, "Property, Utility and Fairness: comments on the Ethnical Foundation of 'Just'", in *Economic Foundation of Property Law*, p. 144, Bruce Ackerman ed., Little, Brown and Company, 1975. 转引自程洁:《土地征收征用中的程序失范与重构》,载《法学研究》2006年第1期。

② 参见高圣平、刘守英:《〈物权法〉视野下的〈土地管理法〉修改》,载《中国土地科学》2008年第7期。

③ 参见钱天国:《"公共使用"与"公共利益"的法律解读》,载《浙江社会科学》2006年第6期。

④ 参见陈小君:《农村集体土地征收的法理反思与制度重构》,载《中国法学》2012年第1期。

密切相关。[①] 国家管制权可归属于国家主权,是国家为了促进和维护公众的健康、安全、道德及一般福利,而扩大立法范围至对个人进行干预的权力,具体囊括了公法中的土地规划、分区控制、用途管制等权力。[②]

英国将土地发展权与所有权分割处理,发展权(部分)属于国家,土地发展增益主要由国家与被开发土地的所有人共享。为了贯彻1947年城乡规划法,英国短暂设立过基金对发展利益受到限制的所有人进行"支付"。但是总体而言,限制开发土地的所有人一般很难获得直接补偿。当然从理论上说,英国政府作为公共权力机构,最终会将其所获取的土地发展增益径由公共财政应用于全体人民来实现社会共享。在美国,则是通过发展权交易市场来实现土地发展增益由所有土地所有人共享。根据其制度,土地按规划被允许高强度发展的土地所有人必须向被限定为低强度发展的土地所有人购买发展权,从而使受规划限制而不能直接行使的发展权转移至可开发的土地上,进而达到各方利益之均衡。在项目区内,每一块土地都平等地拥有土地发展权配额。若由于规划使一些土地的实际开发受到限制,则由获得实际发展权的土地所有人给予补偿,从而保证了不同位置相同面积的土地的发展机会和所得利益均等。

尽管我国立法没有直接规定发展权,但是土地发展增值收益分配采用了与英国相近的原则,主要是由国家与被开发土地的权利人分享。除却通过公共财政参与共享外,被限制开发土地的权利人一般无法获得直接补偿。党的十九大报告指出,中国社会的主要矛盾已经转化为人民日益增长的美好生活需要和不平衡不充分的发展之间的矛盾。正如洛克所言,法律的目的是对受法律支配的一切人公正地运用法律,借以保护和救济无辜者。[③] 为推动地区间平衡发展,保障被限制开发土地的权利人发展权利,我国《土地管理法》修改应借鉴美国经验眷注土地发展权配置,除着眼于被开发农地权利人外,还应当眷顾根据土地规划管理被限制土地用途而无法获得被征收和入市机会的土地权利人。尽管作为"沉默的大多数"的他们并没有公开表达权益诉求,但是

---

① 参见陈柏峰:《土地发展权的理论基础与制度前景》,载《法学研究》2012年第4期。

② 参见《不列颠百科全书》(第13卷),中国大百科全书出版社不列颠百科全书编辑部编译,中国大百科全书出版社1999年版,第378页。

③ 参见[英]洛克:《政府论》(下篇),叶启芳、瞿菊农译,商务印书馆2008年版,第15页。

因由土地发展权之转移，他们有权分享土地发展增益。[①]

土地租金和劳动报酬、资本利润共同构成社会财富分配的三种基本形式。正如马克思所说，“地租的占有是土地所有权借以实现的经济形式”。[②] 由于土地的农业生产价值与土地作为建设用地的价值之间存在巨大差额，这就必然关涉土地增值收益的分配。对于土地增值收益分配方式，目前我国学界存在“涨价归私”和“涨价归公”两种针锋相对的主张。部分学者主要着眼于土地私权视角坚持“涨价归私”，即土地增值收益全部归农民所有。[③] 部分学者基于土地公有视角主张“涨价归公”，即土地增值收益主要归国家所有。[④] 土地增值收益来源的公共性、社会性为增值收益共享机制构建奠定了基础。若土地增值来源于土地权利人努力，将其完全分配给土地权利人当然是合理的。相悖尤甚，土地增值收益来源于社会发展，是社会大众共同努力的成果，却因诸多因素的共同影响而聚集于个别地块之上。[⑤] 就增值原因而言，土地增值含蕴自力增值和外力增值。一般土地外力增值与土地权利人的辛苦付出无关，基本上是政府、社会长期投资积累的成果，是社会大众共同努力的结果。易言之，土地在应用于农业生产时的增值一般有限，其大幅增值主要是在转为非农建设用地的情况下外力使然。实践中，具体地块的土地增益主要受两大方面的影响：一是地理位置，二是非农用地的供求关系。土地位置主要与国家发展战略、城市规划相关；而非农用地的供求关系同时受供应量和需求量的影响，主要关涉于非农用地供应政策、城市化速度等要因。正如著名法学家史尚宽先生认为，“盖人口之增加，交通之改造，工商业之繁荣，公共之改良，皆为地价升腾之原因”。[⑥] 有经济学者指出，“应对自然增加的地租课以特别税”，“社会的进步和财富的增加，使地主的收入无时无刻不在增长……他们不干活儿，不冒风险，不节省，就是睡大觉，也可以变得愈来愈富。依据社会正义的

---

① 参见陈柏峰：《土地发展权的理论基础与制度前景》，载《法学研究》2012 年第 4 期。

② 《马克思恩格斯文集》（第 7 卷），人民出版社 2009 年版，第 714 页。

③ 参见梁慧星：《谈宪法修正案对征收和征用的规定》，载《浙江学刊》2004 年第 4 期；蔡继明：《必须给被征地农民以合理补偿》，载《中国审计》2004 年第 8 期；郑振源：《征用农地应秉持“涨价归农”原则》，载《中国经济时报》2006 年 5 月 8 日。

④ 参见贺雪峰：《地权的逻辑Ⅱ——地权变革的真相与谬误》，东方出版社 2013 年版，第 35 页。

⑤ 参见陈柏峰：《土地发展权的理论基础与制度前景》，载《法学研究》2012 年第 4 期。

⑥ 史尚宽：《土地法原理》，新北，正中书局股份有限公司 1954 年版，第 7 页。

一般原则,他们究竟有什么权利获得这种自然增加的财富?"①有学者进一步强调,"土地的价值不表示生产的报酬,完全不是劳动或资本要素制造的……不是占有土地者个人创造的,而是由社会发展创造的。因此社会可以把它全部拿过来"。②

"要始终把保障农民权益放在首位""增加农民财产性收入",并不意味着农地转用的增值收益就要全部归于具体那块土地所属的农民(或"地主")。正如有学者着眼于平均地权所强调的,"目前之土地市价,除了土地所有人申报而应归其个人所有的地价以外,尚包含庞大的自然增值额,这是应当属于社会全体的。如果按照市价补偿,那无异将自然增值部分也视为个人财产来予以补偿,其不合理之情形至为明显"。③

中共中央《关于全面深化改革若干重大问题的决定》指出,要"建立兼顾国家、集体、个人的土地增值收益分配机制,合理提高个人收益",保障农民公平分享土地增值收益。基于土地增值收益共享之理念,二审稿在保障权利人土地发展权之基础上,秉持了既往土地增值收益主要归国家的分配机制。除在第45条至第48条中完善土地征收市场化补偿标准及保障被征收人权益外,还在第63条规定"集体建设用地入市后用于非农建设的,应当向县级人民政府缴纳土地增值收益调节金,用于农村基础设施建设,具体办法由省、自治区、直辖市制定。"研判这一规定,其初衷显然在于着眼于社会公共利益的实现,构建集体经营性建设用地使用权流转中土地增值收益共享机制。第63条也是此次修法的一个重要内容。它突破了既有立法对于集体经营性建设用地入市的禁锢,有条件地允许依法取得的集体经营性建设用地入市交易。一方面,作为国家垄断土地一级市场制度的补充,意味着符合规划的存量土地可以不经过征收,由集体经济组织直接向市场主体转让使用权。另一方面,该条明定在集体经营性建设用地入市过程中,政府有权向农村集体经济组织收取土地增值收益调节金,以实现集体土地直接入市收益与土地征收补偿之间的平衡。④

---

① [英]约翰·穆勒:《政治经济学原理及其在社会哲学上的若干应用》(下卷),胡企林、朱泱译,商务印书馆1991年版,第391页。

② [美]亨利·乔治:《进步与贫困》,吴良健、王翼龙译,商务印书馆1995年版,第347页。

③ 林英彦:《土地经济学通论》,台北,文笙书局1999年版,第174页以下。

④ 参见周怀龙:《规范收益分配　共享改革成果》,载《中国国土资源报》2016年6月14日。

然则本次修法一大争议点也正在于这一“土地增值收益调节金”条款。二审稿将土地增值收益调节金征收办法制定权和征收权分别赋予省级政府和县级政府。在既有财政体制尚不完备的前提下，地方政府作为理性经济人，难免会衍生出干预集体经营性建设用地使用权流转，将收取土地增值收益调节金作为地方财政增收工具的财政机会主义行为，这显然将有碍于土地制度改革的推进和土地市场秩序的维护，更不必说土地增值收益公平分享。笔者认为，土地增值收益调节金办法制定权必须由国务院统一行使。同时，为避免重蹈既往土地出让金管理混乱失序之覆辙，对于规范土地增值收益调节金收支行为，立法应明确将其纳入预算约束范畴，强化财政审计监督。

（二）参与权实现及公共精神形塑

奥托·迈耶指出，“真正公法上的权利是从授予个人参与权开始的”。①拱卫被征收人参与权是党的十八届三中全会中共中央《关于全面深化改革若干重大问题的决定》中提出的“规范征地程序”的重要一环，亦是我国《土地管理法》修订中引人关注的一大焦点。土地征收在本质上属于单方行政行为，主要通过征收人的意志即发生法律效力，但这并不意味着被征收人话语权的丧失。正如阿伦特所言，“若无对公共权力的参与和分享，就没有人能够被称作是幸福的或自由的”。② 故而必须允许私权主体的意志对公权力作出必要的限制和约束，以被征收人参与权规范约束征收权，实现私权对于公权的有效制衡，进而保障被征收人私益，促进公共利益实现。被征收人包括土地所有权人以及其他一切关于土地有权益之人，且因土地征收而蒙受损失者。③ 例如，集体土地使用权人、抵押权权利人、股权权利人以及其他与集体土地使用相关联的权利人。④ 耶林强调，权利的前提就在于时刻准备着去主张权利。⑤ 在土地征收中赋予被征收人充分有效的参与权，可以使被征收人能够对征收决定的作出、征收补偿安置方案的制定等关乎自身利益的事项充分表达自己的意

---

① ［德］奥托·迈耶：《德国行政法》，刘飞译，商务印书馆2002年版，第51页。

② Arendt H, *On Revolution*, New York: Penguin, 1973, p. 255.

③ 参见翁岳生编：《行政法》（下册），中国法制出版社2002年版，第1704页。

④ 参见王克稳：《我国集体土地征收制度的构建》，载《法学研究》2016年第1期。

⑤ 参见［德］耶林：《为权利而斗争》，郑永流译，法律出版社2000年版，第15页。

见,促致其意见对政府的征收行为产生一定拘束力。[1]

当然,土地征收不仅关涉被征收人私益,而且以满足社会公共利益需要为前提,必然牵涉大众的利益和福祉,故而公众也应享有对于征收行为的知情权和参与权。美国政治学家塞缪尔·亨廷顿着眼于社会问题层指出,存在两种社会类型:群众社会和参与社会。这两种社会里都具有高水平的政治参与,但在群众社会里,政治参与是无结构、无常规的、漫无目的和杂乱无章的,因为群众社会缺乏能够把民众的政治愿望和政治活动与他们领袖们的目标和决定联系起来的组织结构。而参与社会的情形则恰恰相反,参与是通过合法渠道加以组织和安排的,能够消解政府与民众的对立,从而保证社会的稳定。[2] 参与决策的人们对那些决策有更好的了解,才更有可能裨益于决策的执行,更有可能支持那些制定与执行决策的机构。但是,由于参与可能会被组织得给人们造成一种错误的参与感,所以参与必须与公开审议、公开对话的条件保持平衡。审议能够澄清并且有时还能够改善已经觉察到的分歧,它能够为了使人们至少"在同一页上"开始而提供一个共同的信息基础,有时会产生一致的意见,有时则会澄清一些冲突。它还能够培育起一种团结的意识和对一些可能会被提出的解决方案的承诺。[3] 故而,征收的过程必然要注重构建参与机制和公众基于该机制参与公共活动的过程,也只有"公"或者"公意"在这种参与中得以达成时,土地征收才具有公共性。公共性以个人为基础,并以超越极端个人主义为旨趣。从参与程序视角而论,公共性指涉程序的公开、开放和公平,人们在平等对话中达成共识;着眼于参与精神角度,公共性关涉个体基于理性与符合理性的法律而批判性地参与公共活动,维护公共利益和价值取向的精神。[4] 现代社会的生命所在正在于公共精神。桑德尔指出公民看起来会超越自身利益去关注更大的公共利益,进而会采用一种更加广阔且更具长期

---

① 参见渠滢:《不动产被征收人参与权的价值定位与制度重构》,载《中国法学》2018 年第 1 期。

② 参见[美]塞缪尔·P. 亨廷顿:《变动社会中的政治秩序》,浙江人民出版社 1999 年版,第 18~44 页。

③ 参见[美]珍妮特·V. 登哈特、罗伯特·B. 登哈特:《新公共服务服务,而不是掌舵》(第 3 版),丁煌译,中国人民大学出版社 2016 年版,第 22 页。

④ 参见李友梅、肖瑛、黄晓春:《当代中国社会建设的公共性困境及其超越》,载《中国社会科学》2012 年第 4 期。

性的视野，这种视野要求公民了解公共事务、有归属感、关心整体并且与命运危若累卵的社区达成一种道德契约。①

然而，参与权本质是请求权，参与权人自身无法直接取得作为该权利内容的利益，而须借助作为义务主体的行政机关的特定行为。当下，国务院《关于深化改革严格土地管理的决定》、国土资源部《国土资源听证规定》以及《关于完善征地补偿安置制度的指导意见》规定，均已明定集体土地被征收人拥有三类听证权：一者在县级以上人民政府国土资源行政主管部门拟定或者修改区域性征地补偿标准时的听证权；二者土地征收方案报批前对拟征收土地的补偿标准、安置途径的申请听证权；三者当土地征收方案被依法批准后，对拟定的补偿、安置方案不满的申请听证权。但是由于前述听证程序未被设定为法定的强制程序，实践中并未被有效贯彻，引致被征收人及社会公众参与权难以彰显。

既有我国《土地管理法》二审稿之规范，不仅在"公共利益"要件审查阶段，而且公共利益的具体认定被作为内部行政程序。对于征收决定的作出等关键事项，被征收人和社会公众没有实质参与权，更不必说话语权。被征收人亦无权参与征收补偿安置方案的拟订，在征收补偿安置方案确定后，有关地方人民政府才会将征地补偿安置方案公告，听取被征地的农村集体经济组织和农民的意见。二审稿在该法第 47 条增设 1 款，规定"市、县人民政府申请征收土地的，应当开展拟征收土地现状调查，并将征收范围、土地现状、征收目的、补偿标准、安置方式和社会保障等主要内容在拟征收土地所在的集体经济组织范围内进行公告，检视听取被征地的农村集体经济组织和农民意见"，在一定程度上彰显了被征收人在征收决定阶段的知情权和参与权。但因缺乏前置性的控权机制导致该规定实际约束力不敷，听取意见式的参与方式显然难以对政府决策的作出产生有效的拘束力。而且立法对于听取农村集体经济组织和农民意见的程序、途径以及听取意见后的处理等并未进行明定，故而二审稿所规定的参与权还主要是一种形式上的参与权。② 该法二审稿第48 条第3 款在一审稿的基础上进一步明确，"征收农用地的土地补偿费、安置补助费标准

① 参见[美]珍妮特·V. 登哈特、罗伯特·B. 登哈特：《新公共服务服务，而不是掌舵》(第3版)，丁煌译，中国人民大学出版社 2016 年版，第 21 页。

② 渠滢：《不动产被征收人参与权的价值定位与制度重构》，载《中国法学》2018 年第 1 期。

由省、自治区、直辖市制定公布区片综合地价确定，制定区片综合地价应当综合考虑土地原用途、土地资源条件、土地产值、安置人口、区位、供求关系以及经济社会发展水平等因素，并根据社会、经济发展水平适时调整”。尽管相较于旧有规定，这一阐释考虑了市场交易条件因素，凸显了补偿标准的动态性。但是依该条款，区片综合地价的确定实质上还是行政权力单方主导定价，并未设置被征收人及公众参与机制。

迥异于司法程序，权衡行政效率与公平乃是征收制度设计的永恒主题，[①]而且效率也紧密关联于公共利益的实现。固然公平应当被优先考虑，不能为了效率牺牲公平，但是在着眼于公平的同时必须眷顾效率，故而参与权的实现必然要有一个方式和程度的考量。其最大挑战在于要在太多的公民参与和太少的公民参与之间厘定一个适宜的平衡点，[②]以避免为参与而参与的无效参与以及有碍公平和效率的过度参与。建议着眼于土地征收全过程，从公共利益的认定、补偿安置方案的设计、土地补偿款的分配再到争议解决、司法救济等诸环节全面设置被征收人及公众有效参与的路径。同时，参与权应当具有一贯性，即被征收人及广大公众在征收决定作出前、征收过程中乃至征收完成后均应有权表达自己的意见，以确保全面参与和实质参与，[③]从而使意见能够得到充分表达，并与征收人进行公平、理性的交涉；合理意见能够为征收人接受和采纳，特别是体现在补偿和安置方案中；被征收人和公众还应当在一定限度内拥有否决权。不宁唯是，由于在征收程序正式开始之前，有行政规划等许多前置性程序事实上对征收的实施具有决定性影响，因此，有必要在这些程序中强化公众参与，使未来有可能成为被征收人的公众能够有效监督政府权力的运行。[④]

（三）宅基地使用权设立及考量

无可置疑，我国《物权法》第153条关于“宅基地使用权的取得、行使和转

---

① 参见孙笑侠：《法律程序设计的若干法理——怎样给行政行为设计正当的程序》，载《政治与法律》1998年第4期。

② 参见约翰·克莱顿·托马斯：《公共决策中的公民参与》，孙柏瑛等译，中国人民大学出版社2010年版，第181页。

③ 参见陈小君：《农村集体土地征收的法理反思与制度重构》，载《中国法学》2012年第1期。

④ 参见渠滢：《不动产被征收人参与权的价值定位与制度重构》，载《中国法学》2018年第1期。

让,适用土地管理法等法律和国家有关规定”之授权,实然为我国《土地管理法》的修改创设了腾挪空间。但是令人遗憾的是,本次修法对于宅基地管理制度调整有限,只是在该法二审稿第 62 条第 3 款中增加了宅基地使用权设立的集体同意的程序,同时将宅基地审批权限下放至乡、镇。安居方能乐业,宅基地乃是农民的基本生活保障,我国宅基地使用权的分配体现了身份性、福利性、无偿性的特点,只有本集体成员才能无偿地取得宅基地、无期限地使用宅基地。① 一个符合我国现实社会需要的农村宅基地使用权法律制度,既不可能由其他制度取代其保障功能,以实现最基本的社会公平,又不能完全不顾及宅基地制度的利用效率。② 申言之,当下我国宅基地使用权乃是身披私权外衣的社会保障的替代品,其取得所奉行的自然不可能是私法逻辑。③ 基于农村社会保障体系尚未充分建立之背景,我国《土地管理法》等立法约束农民宅基地使用权处分行为,也正是基于土地资源保护和宅基地权利人利益之考量,自有其正当性。为避免农村宅基地改革方面可能出现的偏差,习近平总书记在主持召开的第十九届中央全面深化改革领导小组会议上强调,“要严守土地公有制性质不变……不得以买卖宅基地为出发点”。故而,设立宅基地使用权设立审批制度的宗旨正是在控制宅基地的用地规模,促进土地资源保护和节约、集约利用。④

当然若过于强调审批的作用,不仅极易漠视集体土地所有权人的意志,而且若上级人民政府对具体宅基地申请原因情况无法准确掌握,则审批往往流于形式,无法达到预期的目标。故而,本次修法选择,一方面宅基地审批权下放到乡、镇,另一方面增设了宅基地使用权设立的集体同意的程序。我国《物权法》第 59 条第 1 款规定:“农民集体所有的不动产和动产,属于本集体成员集体所有。”质言之,宅基地使用权乃是于集体土地所有权上设定的负担,故而在宅基地分配中发挥肯綮作用的应为集体土地所有权人的意志,经民主设

① 参见高圣平:《宅基地制度改革试点的法律逻辑》,载《烟台大学学报》(哲学社会科学版)2015 年第 3 期。

② 参见刘俊:《农村宅基地使用权制度研究》,载《西南民族大学学报》(人文社科版)2007 年第 3 期。

③ 参见朱庆育:《民法总论》,北京大学出版社 2013 年版,第 464 页。

④ 参见高圣平、刘守英:《土地权利制度创新:从〈土地管理法〉修改的视角》,载《经济社会体制比较》2010 年第 3 期。

定程序,本集体成员有权取得宅基地使用权。正是基于此,此次修法在乡镇人民政府审批之前设立了一个前置性程序——依法经本集体村民代表会议同意。

三、修法之要旨:土地“管理”的公权约束

作为基础性资源的土地资源配置市场化已成为中国全面深化改革之共识。党的十八届三中全会深入阐述“土地制度改革”并将其纳入《中共中央关于全面深化改革若干重大问题的决定》,成为“加快完善现代市场体系”的一个组成部分。但是,中国土地制度所聚合的生产性、保障性、资本性等多重属性,使我国《土地管理法》必然具有鲜明的社会性和公共性。正如哈耶克所说,一个功能显著的市场经济,有时以国家采取行动为前提,有一些政府行动对于增进市场经济的作用而言极为助益,而且市场经济还能容忍、接受更多的政府行动,只要它们是符合有效市场的行动。我国《土地管理法》的内质在于“管理”,当然须臾离不开政府有序、有度、有效的监管和调控。故而,在修法中除斟酌市场如何在土地资源配置中起决定作用外,必须考量如何明晰政府权责,“更好发挥政府作用”,同时也应以制度之笼适度约束政府权力,防范公权之滥用。

公权与私权的冲突如何缓解,特别是如何把公权力限制在一定范围内,保障私权利的不可侵犯,乃是具有现代意义的重要课题。私权以自由、平等、意思自治为准则,公权则以强制和服从为特征。着眼于规范性视角,公权与私权应处于一种动态平衡的状态。公有土地的私权保护,在必要时必须诉诸公权,公权肆意横行固然会侵害私权,然则公权孱弱不彰也定不利于保护私权和维护公共利益。为此,要清晰界定事关土地的每一项公权和私权,规范和加强公权对私权的保护,同时用立法强有力地约束公权,用私权来制衡公权,包括尽量减少公权的适用范围,特别是在保障实现公共利益的前提下,放宽土地流转上的限制,引入土地发展权的配置,尽量发挥市场机制和私权自治的作用。

以土地征收为例,征收征用所涉及的显然不是简单的私主体之间的权利移转,而是财产权、主权与社会再分配多要素之间互动的结果,呈现权利中心与效率中心的差别。[①] 各国大都在宪法中规定了征收权行使的严格条件,即

① 参见程洁:《土地征收征用中的程序失范与重构》,载《法学研究》2006 年第 1 期。

征收必须是基于公共利益的需要,征收必须遵循正当程序,征收必须给予相对人以合理补偿。例如,美国宪法第五修正案规定:“若未经公正补偿,私有财产不得为了公共用途而被征收。”德国《基本法》第14条第3款规定,剥夺所有权只有为公共福利的目的才能被允许。剥夺所有权只有依照法律或者根据法律的原因进行,而且该法对损害赔偿的方式和措施也有所规定,损害赔偿必须在对公共利益和当事人的利益进行公平的衡量之后确定。对损害赔偿额的高低有争议时可以向地方法院提起诉讼。

(一)土地“管理”的立法权约束

征收本质上是对私人财产权的剥夺,具有较强的侵益性(损益性),无论采取等价交换还是其他何种补偿原则,展现的都是强权与私力之间的利益角逐,①所形成的是一种行政法律关系,而非平等主体间的民事法律关系。② 本次修法试图清晰全面地对公共利益予以界定,以弥补我国《宪法》《物权法》等对于公共利益规定的不足,进而在一定程度上实现城乡一体化进程中公共利益与私人利益之间理性的平衡。因此,一审稿和二审稿在立法方法上均采取肯定式的不完全列举法,增加了对于依法征收农民集体所有土地的法定情形的列举,明确公共利益的外延。但是无论是一审稿对于“在土地利用总体规划确定的城市建设用地范围内,由政府为实施城市规划而进行开发建设的需要”,还是二审稿对于“由政府在土地利用总体规划确定的城镇建设用地范围内组织实施成片开发建设的需要”的规定,都令人忧虑于此举可能为地方政府滥用规划权、利用土地利用总体规划变向扩大征收权力创设了制度路径。众所周知,根据我国《土地管理法》等规定,各级人民政府享有土地利用总体规划权。此次二审稿,对于该法第三章土地利用总体规划未作改动。而既有我国《土地管理法》所突显的正是政府编制、执行、变更及废止规划的绝对权力,受规划行为影响的土地权利人的合法权利及公众参与则被忽视遗忘。③

正如英美法谚所云,“正义不仅应得到实现,而且要以人们看得见的方式加以实现”。笔者认为,除通过立法尽可能明确依法征收土地的法定情形外,

① 参见程洁:《土地征收征用中的程序失范与重构》,载《法学研究》2006年第1期。

② 参见朱广新:《物权法不宜规定征收、征用制度》,载《云南大学学报》(法学版)2006年第3期。

③ 参见张千帆、杨世建:《如何修改〈土地管理法〉——中国土地制度改革的原则、理念与建议》,载《学习与探索》2012年第6期。

当下完备征地制度的肯綮更在于土地征收程序之完善。"公共利益的需要"只能通过在程序上的交互性和正当性来确定,公权必须恪守"法无授权即禁止"的原则。应当设计一个由公众、利益被限制者、公共机关共同参与的法律适用程序,通过公共利益审查、专家论证、共同调查、决策听证、被征收人利益代表等机制的设置,充分保障被征收人在内的广大公众的知情权、参与权和监督权。

实际上,公共利益的判断过程就是一个在利益权衡的基础上,对于众多特殊的私人利益、具体公共利益或者局部公共利益的提炼过程。就立法而言,公共利益绝不是一个纸面上的法律条文、一部单行法律可以解决的,它在法律中的体现要受整个法律规范外部结构和外部因素的制约,需要在相关的法律规范体系内进行完整而系统的约束。[①] 目前,对于公共利益的认定,域外主要有法院主导型和议会主导型两种模式。在以法国、德国为代表的法院主导型模式下,征收权始终处于法院的约束和监督之下。从公共利益的审查到征收程序的设计,再到征收纠纷的解决,都离不开法院的参与。而在以英美为代表的议会主导型模式中,议会不仅进行征收立法,而且有权对征收的法定要件如公共利益等直接加以审查,从而对征收权施以进一步规制,以最大限度地避免违法征收行为,进而达至保护被征收人利益之目的。[②] 我国土地管理中主要由政府判别公共利益,政府在土地征收中既是裁判员(公共利益的判断者),也是运动员(征收行为的执行者)。这不仅引致政府在土地征收中面临信任危机,而且成为诱致"官民"矛盾冲突勃发的一个原因所在。考虑到我国司法改革的实际及立法、行政、司法权力配置状况,暂不宜由法院作为公共利益的裁判者。建议借鉴美国议会主导型征收模式之经验,赋予代议机关在征收制度中的核心地位,将公共利益的裁判权交由人民利益的代表机关——人民代表大会行使。人民代表大会及其常委会作为公共利益判定和征收的决定者,政府作为征收行为的具体实施者。在征收前,由同级人民代表大会或者常委会决定某一行为是否属于基于公共利益,从而实现立法机关对行政征收权行使的有效监督。

---

① 参见高圣平、刘守英:《〈物权法〉视野下的〈土地管理法〉修改》,载《中国土地科学》2008年第7期。

② 参见丁文:《土地征收救济机制之比较研究》,《法学评论》(双月刊)2008年第1期。

(二)土地"管理"的司法权制衡

着眼于权力制衡的基本原理,还要约束土地行政机关的终局裁量权。目前,我国对于土地征收争议的协调或裁决都是由行政机关进行,行政机关在争议解决中扮演征收执行者和征收争议裁判者的双重角色。我国《行政复议法》第30条第2款规定:"根据国务院或者省、自治区、直辖市人民政府对行政区划的勘定、调整或者征收土地的决定,省、自治区、直辖市人民政府确认土地、矿藏、水流、森林、山岭、草原、荒地、滩涂、海域等自然资源的所有权或者使用权的行政复议决定为最终裁决。"我国《土地管理法实施条例》第25条第3款也规定,"对补偿标准有争议的,由县级以上人民政府协调;协调不成的,由批准征用土地的人民政府裁决"。被征收人诉权的缺失导致征收实体权利纠纷无法按照法律的途径解决。

在征收决定和征收补偿两个环节赋予被征收人司法救济权,有利于以私权和司法权制约行政权。德国《基本法》第14条第3款规定,征收当事人对损害赔偿额有争议时可以向地方法院提起诉讼,从而确立了法院介入土地征收的合宪性。[①] 在法国,被征收人及其利害关系人可以就行政程序的"批准公用目的"和"可以转让的决定"向法院提起越权之诉,法院有权管辖并且进行合法性审查,倘若审查认定违法,则有权撤销不合法的命令。此外,在征收程序的司法阶段,在征收土地所有权的移转和补偿金的确定方面,亦由普通法院管辖。[②]《俄罗斯联邦民法典》第282条规定,"如土地所有人不同意征地机关作出的征地决议,则作出征地决议的机关可以向法院提起关于赎买土地的诉讼。如双方就征地赎买价格或其他赎买条件无法达成协议,也可以通过司法程序解决"。[③] 显然,该法赋予在征收决定环节由征收机关提起强制征收诉权,相较于被征收人提起抵制征收诉讼亦能突显对私权利的维护。

我国《行政诉讼法》已明确将征收决定、补偿决定以及行政机关不依法履行、未按约定履行、违法变更、解除土地房屋征收补偿协议等引起的争议纠纷,纳入行政诉讼的受案范围。在理论上,凡有可能对被征收人权利产生影响的

---

① 参见陈新民:《德国公法学基础理论》,山东人民出版社2001年版,第479~482页。

② 参见王名扬:《法国行政法》,中国政法大学出版社1988年版,第374~396页。

③ 参见王春梅:《俄罗斯土地征收制度与私权保护》,载《俄罗斯中亚东欧研究》2007年第5期。

行政行为以及相关的行为都应当赋予被征收人以救济权。[①] 但在行政机关积极主张不通过行政诉讼处理征收纠纷和部分法院强调客观困难而消极不受理的实然状况之下，如何将我国《行政诉讼法》规定落实于土地征收实践、我国《土地管理法》等如何与之协调等问题，都亟待研究。[②]

制度是一个社会的博弈规则，或者更规范一点说，它们是一些人为设计的、形塑人们互动关系的约束，进而构建了人们在政治、社会以及经济领域中交换的激励。[③] 互联网、云计算等现代信息技术的迅猛发展，重新解构了既有的信息传播方式、舆论运行规律和社会的治理模式。大数据时代，土地管理结构呈现扁平化、网络化、虚拟化、个性化和一体化发展趋向。立足于对工具理性和价值理性之耦合，不仅为土地管理制度改革创设了崭新的实现路径，而且为《土地管理法》修改提出了新的挑战。未来在《土地管理法》之修订过程中要着眼于"让数据发声"，依托数据共享和数据决策，推动实现土地管理扁平化、一体化和智能化。[④]

农村土地制度改革攸关农村社会的稳定，牵一发而动全身，在我国《土地管理法》修改中还必须坚守"道路自信"与"制度自信"，注意回应当下土地权利分层设立及分层管理之需求，注意与我国《物权法》《城市房地产管理法》《农村土地承包法》以及未来民法典物权编等有效耦合与衔接。中国土地制度改革还在路上，《土地管理法》修改才刚刚起步。

---

① 参见王克稳：《我国集体土地征收制度的构建》，载《法学研究》2016 年第 1 期。

② 2011 年最高人民法院制定《关于审理涉及农村集体土地行政案件若干问题的规定》时，对于集体土地征收决定的争议问题，国务院法制办和全国人大法工委均向最高人民法院建议不将其纳入行政诉讼的受案范围；很多法院也从支持地方建设和服务大局，强调维护社会稳定，以及法院直接给予因集体土地征收而失去土地的农民予实质性救济比较困难，案结事不了的情况将非常普遍等理由出发，不赞成将关于集体土地征收决定的争议纳入行政诉讼的受案范围。参见肖建国：《民事诉讼程序价值论》，中国人民大学出版社 2000 年版，第 5～6 页；高飞：《集体土地征收程序的法理反思与制度重构》，载《云南社会科学》2018 年第 1 期。

③ 参见[美]道格拉斯·诺思：《制度、制度变迁与经济绩效》，杭行译，上海人民出版社 2008 年版，第 3 页。

④ 参见陈潭、杨孟：《"互联网＋"与"大数据×"驱动下国家治理的权力嬗变》，载《新疆师范大学学报》（哲学社会科学版）2016 年第 37 期。

补记：在市场与管制之间农地融资制度将何去何从

——写在《农村土地承包法》修改之后

2018年12月第十三届全国人大常委会第七次会议表决通过了《关于修改〈中华人民共和国农村土地承包法〉的决定》，此次修法一大亮点在于明定土地经营权的可融资属性，允许土地承包方以其承包地的土地经营权、土地经营权受让方以其流转取得的土地经营权向金融机构融资担保。尽管囿于篇幅所限，修法对于土地经营权融资的表达只有寥寥数语（第47条），对于土地经营权融资担保法律关系以及具体融资条件、程序等则付之阙如。但是，立法对于国务院有关部门出台下位立法的授权性规定，恰恰增添了我们在具象层面对于未来土地经营权融资立法实践和制度的完备给予无限期许。

立法者的使命在于，将立法空白或冲突所引发的不确定性，限制在立法技术绝对必要的标准上。在农村土地承包法已然首肯土地经营权融资的前置要件下，当务之急是尽快出台土地经营权融资的实体与程序规则，通过法律制度创新和供给，守住耕地红线不突破、农民利益不受损的底线。在防范农地金融多元风险、维护金融稳定的前提下，有效满足现代农业经营产业化和乡村振兴对于农地金融之需求。着眼于土地经营权融资的公私双重属性，必须系统研判考量管制与市场在这一领域的作用发挥及边界厘定。

土地经营权融资牵涉土地资源的利用、社会资金的融通乃至农业产业发展，具有准公共物品属性，本身具有极强的正外部性。其良性有序的发展不仅关系农业稳定发展和金融安全，更关系农民福祉以及粮食安全、生态文明等多层次社会公共利益之实现。这是土地经营权融资管制的价值基础和逻辑起点。要言之，土地经营权融资的公共性使通过公共规则对其管理提上日程，但是这一目标注定是个体私力所难以实现的，对于公共性的恪守离不开公共机构介入，这种介入主要是通过实施管制来实现的。政府管制是政府对市场采取的干预行动，是"衡量政府和市场之间相互作用的一个尺度"。①

适应城乡一体化建设、农业产业发展和乡村振兴需求，我国政府对于农村金融领域的管制技术、理念也在不断改革鼎新。具体到农地融资领域，已经初步实现了从融资需求管制向融资供给管制之转变。修订后的《农村土地承包法》在首肯土地经营权融资的同时，主要是立足于交易主体市场准入管制层面，将土地经营权融资业务的经营主体限定于金融机构，使一般自然人、法人和社会组织等非金融机构所开展的民间金融活动被排除于合法范畴之外。毋庸讳言，这一制度设计必将有利于将城市资金引入农村，以市场资本弥补农业现代化发展所面临的资金"瓶颈"。这在一定程度上将会纾解我国农村金融中正规金融支农不力、非正规金融无序发展之困局，也必将裨益于农村金融秩序的稳定以及风险的防范化解。

当然，转型经济中的放松规制与强化规制或再规制总是相伴而生的。新的管制总会伴随着旧有管制的松动而出现。当下农地融资制度发展面对的关键问题不是去管制、脱离管制，而是如何改进管制、进行何种管制的问题，即走向公共导向，提升管制治理的透明度。基于土地经营权融资体制的构建尤其是防范土地经营权融资风险传导和社会稳定，未来政府还要出台具体的规则，在资本充足率、信息披露、担保物处置方式程序等诸多层面对于金融机构参与土地经营权融资的市场行为施以约束。当然，在政府农地金融管制亦要通过精细化的制度设计不断降低管制成本、提高管制效率并防范管制俘获在实践

① [美]小贾尔斯·伯吉斯：《管制和反垄断经济学》，冯金华译，上海财经大学出版社2003年，第4页。

中不断被具象化等问题。

着眼于联通城市与农村、平衡农民与市民、协调农业产业与金融产业等广阔视角之考量,土地经营权融资制度构建还必须遵循农地金融发展规律,动态地调整政府、市场的角色定位和作用边界。在制度初创阶段,政府应主要担任“哺育人”的角色。前已述及,当前我国农村金融市场还不具完全竞争性,着眼于理性经济人的考量,正规金融机构市场进入激励机制不足。配合有序、有度、有效的土地和金融管制措施的实施,政府还需要通过设置土地经营权融资担保基金以及农业保险基金、提供必要的低息信贷资金和财政补贴、给予相应的税收优惠等管制辅助性手段,推促土地经营权融资实践的发展成长,彰显土地经营权融资的政策性属性。待土地经营权融资市场发育进入稳定成熟期,便应主要发挥市场调节机制的作用,政府则转为“守夜人”的角色,对其施以基础性管制并提供基本的服务。

附　录

附录1:关于《中华人民共和国农村土地承包法修正案(草案)》的修改意见

一、关于第4条第2款(土地承包关系稳定问题)

(一)修改理由

1. 基于汉语语法,"关系稳定"不宜作为"保护"的宾语。使用"维护"作为"关系稳定"的动词更为妥帖。建议将"保护农村土地承包关系稳定",修改为"维护农村土地承包关系稳定"。

2. 农村土地承包关系的确立法律后果在于承包人取得土地承包经营权,土地承包经营权也是三权分置的基础。但是在《中华人民共和国农村土地承包法修正案(草案)》中却没有关于保护土地承包经营权的表述,建议在此款中增加"国家依法保护农村土地承包经营权"。

3. "长久不变"的表述与《中华人民共和国农村土地承包法修正案(草案)》第20条关于土地承包期限的规定相冲突,建议删除"长久不变"的表述。

(二)修改建议

建议将此款修改为:"国家依法**保护农村土地承包经营权,维护土地承包关系稳定**。"

二、关于第5条第3款(土地经营权取得问题)

(一)修改理由

1. 着眼于土地经营权流转法律关系,流转的客体乃是土地经营权而非土地。

2.《中华人民共和国农村土地承包法修正案(草案)》第6条第1款明确规定"以家庭承包方式取得的土地承包经营权在流转中分为土地承包权和土地经营权"。并且《中华人民共和国农村土地承包法修正案(草案)》第二章第五节的标题表述也为"土地经营权的保护和流转"而不是土地的流转。

(二)修改建议

建议将此款修改为:"非本集体经济组织的成员,除本法第三章规定的情形外,不得承包由本集体经济组织发包的土地,不享有土地承包经营权,但是可以通过**土地经营权流转**依法获得土地经营权。"

三、关于第6条第1款(三权分置问题)

(一)修改理由

1. 该款单纯规定"以家庭承包方式取得的土地承包经营权在流转中分为土地承包权和土地经营权"。则据此可以推定以家庭承包方式取得土地承包经营权但是未流转的承包方,其土地承包经营权不能分为土地承包权和土地经营权。这可能造成以家庭承包方式取得土地承包经营权但未流转的承包方难以依据《中华人民共和国农村土地承包法修正案(草案)》第42条的规定用所承包土地的经营权向金融机构融资担保。而流转后的土地经营权则由土地经营权流转受让方取得。这不仅使第42条关于承包方用所承包土地的经营权融资担保的规定成为一纸具文,更不利于解决承包方农地融资困境的解决。

2. 为了使第10条"国家保护集体土地所有权、土地承包权和土地经营权"的规定更加周严。

(二)修改建议

建议将此款修改为:"以家庭承包方式取得的**土地承包经营权分为土地承包权和土地经营权**。"

四、关于第16条第1项(承包方权利问题)

(一)修改理由

1.着眼于土地经营权流转法律关系,流转的客体是土地经营权而非土地。

2.《中华人民共和国农村土地承包法修正案(草案)》第6条第1款明确规定“以家庭承包方式取得的土地承包经营权在流转中分为土地承包权和土地经营权”。并且《中华人民共和国农村土地承包法修正案(草案)》第二章第五节的标题表述也为“土地经营权的保护和流转”而不是土地的流转。

(二)修改建议

建议将此项修改为:“承包方享有下列权利:(一)依法享有使用、收益承包地和**流转土地经营权的权利**,有权自主组织生产经营和处置产品……”

五、关于第20条第2款(承包期延长问题)

(一)修改理由

1.《中华人民共和国农村土地承包法修正案(草案)》在本条增加耕地承包期届满后再延长30年的规定,主要是基于第二轮土地承包即将到期,维护农村土地承包关系稳定的考虑。但是实践中一些地方的草地、林地承包期限也是30年,同样面临承包即将到期的问题,建议删除“耕地”的表述,对草地和林地承包期届满后的延长期限也作出相应规定。

2.《中华人民共和国农村土地承包法》已然考虑到林地特殊性,在第20条规定“特殊林木的承包期,经国务院林业行政主管部门批准可以延长”。在建议法律修订中也要予以相应考虑。

(二)修改建议

建议将此款修改为:“前款规定的**承包期届满后**再延长三十年。”

六、关于第23条第1款(登记客体问题)

(一)修改理由

土地登记的客体不是土地而是权利。作为依自然性质不可移动的财产,土地属于典型的不动产。我国《不动产登记暂行条例》第2条明确规定“本条例所称不动产登记,是指不动产登记机构依法将不动产权利归属和其他法定事项记载于不动产登记簿的行为”。

(二)修改建议

建议将此款修改为:“**国家对耕地、林地和草地等承包经营权实行统一登记**,具体由行政法规规定。”

七、关于第23条第2款(登记主体问题)

(一)修改理由

1. 若土地承包经营权证或者林权证等证书将具有土地承包权的全部家庭成员列入,在操作层面就需要考虑实施初始登记和变更登记。除初始登记外,家庭成员出生、死亡和婚嫁等都将导致家庭成员变动必然导致变更登记,这无疑将增加登记成本。

2. 家庭共有不动产一般属于共同共有。以城市房屋权属登记为例,个人登记产权并不能说明房屋产权由个人独占。家庭成员在共同生活期间购置或所建造的房产,房产证上填写的购房人或者户主是经家庭成员协商后或者依据法律规定才确定的并予以登记,应视为登记人代表共有人登记产权,其产权归家庭成员共有。土地承包权登记也是同理。

(二)修改建议

建议将此款删除。

八、关于第26条第2款(承包地收回问题)

(一)修改理由

1. 土地承包经营权具有一定的社会保障功能。若承包方全家迁入城镇落户,纳入城镇住房和社会保障体系,则可以在城镇获得相对稳定的社会保障,本着维护社会公平和追求实质正义的原则,其不应再享有土地承包经营权。

2. 对于承包方全家迁入城镇落户,丧失农村集体经济组织成员身份的,收回其承包地也契合《中华人民共和国农村土地承包法修正案(草案)》第5条第3款“非本集体经济组织的成员,除本法第三章规定的情形外,不得承包由本集体经济组织发包的土地,不享有土地承包经营权”之规定。

3. 对于承包方全家迁入城镇落户,纳入城镇住房和社会保障体系,丧失农村集体经济组织成员身份的,收回其承包地可以与《中华人民共和国农村土地承包法》第26条第3款“承包期内,承包方全家迁入设区的市,转为非农业户口的,应当将承包的耕地和草地交回发包方。承包方不交回的,发包方可以收回承包的耕地和草地”的规定相衔接，避免由于法律变动引发社会矛盾纠纷。

（二）修改建议

建议将此条（款）修改为：“对承包方全家迁入城镇落户，纳入城镇住房和社会保障体系，丧失农村集体经济组织成员身份的，**应当将承包的耕地和草地交回发包方。承包方不交回的，发包方可以收回承包的耕地和草地。**”

九、关于第27条第2款（承包地调整问题）

（一）修改理由

1.“对个别农户之间承包的耕地和草地适当调整”的法意基础在于着眼于公平原则，削减因为人口增减、承包地减少造成的矛盾冲突。实践中，引致承包地减少主要是自然灾害严重毁损和土地征收。一些地方遇到交通设施建设等线性工程征地时，也会出现家庭部分承包地被征收的情况。

2. 本条第3款已经对于省、自治区、直辖市进行授权性立法规定。明确几类具有普遍性、代表性导致矛盾突出的特殊情况，不仅便于省、自治区、直辖市制定地方性法规，而且也便于基层在实践中把握。

（二）修改建议

建议将此款修改为：“承包期内，**因土地损毁、土地征收、家庭人口变动非常明显等特殊情形**导致矛盾突出，需要对个别农户之间承包的耕地和草地适当调整的，必须坚持土地承包关系稳定、不得打乱重分的原则，必须经本集体经济组织成员的村民会议三分之二以上成员或者三分之二以上村民代表的同意，并报乡（镇）人民政府和县级人民政府农业等行政主管部门批准。承包合同中约定不得调整的，按照其约定。”

十、关于第35条（土地经营权流转方式问题）

（一）修改理由

1. 与我国《物权法》第128条规定的转包、互换、转让等法定流转方式相衔接。

2. 依据我国《农村土地承包经营权流转管理办法》规定转包与出租是两个截然不同的概念。其中，转包是指承包方将部分或全部土地承包经营权以一定期限转给同一集体经济组织的其他农户从事农业生产经营。转包后原土地承包关系不变，原承包方继续履行原土地承包合同规定的权利和义务。出租是指承包方将部分或全部土地承包经营权以一定期限租赁给他人从事农业生产经营。出租后原土地承包关系不变,原承包方继续履行原土地承包合同规定的权利和义务。承租方按出租时约定的条件对承包方负责。

3. 发展现代农业、土地适度规模经营的关键在于土地经营权流转关系长期稳定,但是若将出租作为法定流转方式,以出租方式流转土地经营权的期限将受到我国《合同法》规定的"租赁合同的期限不得超过二十年"之限制。

4. 实践中一般对于承包方将土地经营权以一定期限转给他人从事农业生产经营,流转后原土地承包关系不变,原承包方继续履行原土地承包合同规定的权利和义务的情形表述为转包。本着尊重实践、表述精炼的原则,建议删除"出租",修改为"可以依法采取转包、入股或者其他方式流转"。未来在出台农村土地承包法实施细则或者修改《农村土地承包经营权流转管理办法》时对于转包进行扩大解释,规定"转包是指承包方将土地经营权以一定期限转给他人从事农业生产经营,转包后原土地承包关系不变,原承包方继续履行原土地承包合同规定的权利和义务"。

(二)修改建议

建议将此条修改为:"承包方将部分或全部土地经营权可以依法采取**转包、入股或者其他方式流转**。"

同时,相应删除后文第 38 条关于土地经营权流转的"**租金**"的表述,第 39 条、第 48 条关于土地经营权采取"**出租**"的流转方式的表述。

十一、关于第 36 条第 2 款(土地经营权流转原则问题)

(一)修改理由

1. 作为土地经营权流转合同当事人,"第三方"的表述不够严谨,由于《中华人民共和国农村土地承包法修正案(草案)》第 37 条第 2 款允许流转后的土地经营权再流转。"第三方"不能囊括再流转土地经营权的受让方。建议将本条及《中华人民共和国农村土地承包法修正案(草案)》第 37 条、第 40 条、第 42 条、第 52 条涉及的"第三方"表述改为"土地经营权受让方"。

2. 与本条第 4 项规定相契合。第 4 项明确规定"受让方须有农业经营能力"。

(二)修改建议

建议将此款修改为:"发包方、承包方应当依法履行流转合同约定,尊重**土地经营权受让方**依法依合同取得的权利。"

十二、关于第37条第2款(土地经营权再流转问题)

(一)修改理由

根据前款规定,土地经营权受让方取得土地经营权的根据在经营权流转,而不在于土地承包。建议将“承包土地的经营权可以再流转”修改为“所流转的土地经营权可以再流转。”

(二)修改建议

建议将此款修改为:“为提高农业生产效益,第三方经承包方或其委托代理人书面同意,并向本集体经济组织备案,**所流转的土地经营权**可以再流转。”

十三、关于第37条第4款(社会资本流转土地经营权问题)

(一)修改理由

1. 为有效防范和化解工商企业等社会资本流转取得土地经营权可能造成的风险,地方人民政府必须建立健全相应的资格审查、项目审核和风险防范制度,这需要以法定义务的形式加以规定。

2. 本款关于“工商企业等社会资本流转取得土地经营权的,本集体经济组织可以收取适量管理费用”的规定缺乏依据。这一规定影响工商企业等社会资本流转取得土地经营权的积极性,同时集体经济组织作为理性经济人基于收取适量管理费用的激励,可能实施不尊重承包方意愿,强制其向工商企业等社会资本流转土地经营权的行为,这显然违反本条第1款“承包方有权依法自主决定土地经营权是否流转和流转的方式”之规定。

(二)修改建议

建议将此款修改为:“县级以上地方人民政府**应当**建立工商企业等社会资本流转土地经营权的资格审查、项目审核和风险防范制度。工商企业等社会资本流转取得土地经营权的,**本集体经济组织在土地经营权流转和土地经营过程中提供相应服务的**可以收取适量管理费用。具体由国务院农业、林业行政主管部门规定。”

十四、关于第40条第2款(土地经营权受让方赔偿责任问题)

(一)修改理由

1. 此款中“发包方或者承包方有权要求终止土地经营权流转合同,收回土地经营权”的规定表述不够清晰,容易对实践问题处理造成障碍。建议明确发包方或者承包方终止土地经营权流转合同,收回土地经营权的具体程序。一方面,《中华人民共和国农村土地承包法修正案(草案)》第17条明确规定了承包方“维持土地的农业用途,不得用于非农建设;依法保护和合理利用土地,不得给土地造成永久性损害”的义务;另一方面,作为土地经营权流转合同当事人,承包方有权对于土地经营权受让方的土地经营行为进行监督。而依据《中华人民共和国农村土地承包法修正案(草案)》第13条规定发包方的监督对象为承包方,“有权利监督承包方依照承包合同约定的用途合理利用和保护土地;制止承包方损害承包地和农业资源的行为”。因此,建议明确承包方与发包方对于土地经营权受让方的监督程序,修改为“土地经营权受让方擅自改变承包地的农业用途、弃耕抛荒连续两年以上、给承包地造成严重损害或者严重破坏承包地生态环境的,承包方有权要求终止土地经营权流转合同,收回土地经营权。承包方放弃或怠于行使前述权利的,发包方有权要求终止土地经营权流转合同,收回土地经营权”。

2. 承包地损害赔偿与生态环境损害赔偿性质迥异,此款中“第三方对承包地和生态环境造成的损害应当予以赔偿”的表述不够准确。基于土地经营权流转合同关系,土地经营权受让方对承包地造成损害的赔偿的对象首先是承包方。承包方再依据《中华人民共和国农村土地承包法修正案(草案)》第59条之规定向发包方予以赔偿。而土地经营权受让方对生态环境造成损害的赔偿,则需要依据生态环境损害赔偿的相关规定处理。建议修改为“土地经营权受让方对承包地造成损害的应当予以赔偿。土地经营权受让方对生态环境造成的损害应当依有关法律规定处理”。

(二)修改建议

建议将此款修改为:“土地经营权受让方擅自改变承包地的农业用途、弃耕抛荒连续两年以上、给承包地造成严重损害或者严重破坏承包地生态环境的,承包方有权要求终止土地经营权流转合同,收回土地经营权。承包方放弃或怠于行使前述权利,发包方有权要求终止土地经营权流转合同,收回土地经营权。土地经营权受让方对承包地造成损害的应当予以赔偿。土地经营权受让方对生态环境造成的损害应当依有关法律规定处理。”

附录2:我国农地流转融资现状调查问卷

尊敬的农民朋友:

您好!

目前,本项目组正在开展国家法治与法学理论研究项目“我国农地融资法律问题研究”的研究工作。本次调查的目的,是希望能够向您了解有关农村居民农地流转融资现况,为政府完善农地流转融资立法、发展农业生产、提高农民生活水平提供参考。希望能够得到您的支持和协助。您的填答资料将作为农村土地流转融资中农民群众的代表性意见被郑重对待,因此请您务必根据自己的真实情况如实填答。在填答问卷时,直接填写答案,答案无对错之分。请您在符合您的选项处划“√”,无须署名。所有资料将按国家《统计法》严格保密,因此不会对您造成任何不利影响。

真诚感谢您的支持和配合!

问卷采集人____________

调查地区:____________省__________市__________县(________)____________乡镇(________)____________村

调查时间:________年____月____日

被调查人性别:男(　　)　　女(　　)

您的年龄(岁):18~30(　　)　　30~40(　　)　　40~50(　　)　　50~60(　　)　　60及以上(　　)

文化程度:小学及以下(　　)　　中学(　　)　　高中(　　)　　大专(　　)　　本科及以上(　　)

您的职业:农业劳动者(　　)　　个体工商户(　　)　　私营企业主(　　)　　外出务工人员(　　)　　在当地打工人员(　　)　　其他________

第一部分　农户基本情况

1. 您家家庭成员数量________人,其中劳动力(18~60周岁身体健康)数量________人。

2. 您家承包土地数量________亩。

3. 您的家庭年收入为__________。

A. 1 万元以下　　B. 1 万 ~3 万元

C. 3 万 ~5 万元　　D. 5 万 ~10 万元

E. 10 万元以上

4. 您家庭收入的主要来源为________。(可多选,请按重要程度由大到小排序)

A. 土地耕作　　B. 自己经营小本生意

C. 企事业单位　　D. 在本地打工

E. 外出务工　　F. 自己创办企业

G. 土地、房屋租金　　H. 补贴、救济

I. 养殖　　J. 其他

5. 家庭的主要支出有哪些方面__________。(可多选,请按重要程度由大到小排序)

A. 子女上学　　B. 修建房屋

C. 医疗支出　　D. 子女婚嫁

E. 人情往来　　F. 购买生产资料

G. 生活支出　　H. 其他

6. 您对国家土地相关法律政策了解吗? __________。

A. 非常清楚

B. 了解

C. 略知一二

D. 从未听说(如选 D 项,请直接回答第二部分)

7. 以下关于农业的法律政策您了解的有__________。(可多选,请按重要程度由大到小排序)

A.《中华人民共和国农业法》

B.《中华人民共和国土地管理法》

C.《中华人民共和国农村土地承包法》

D.《土地承包经营权流转管理办法》

E.《土地登记办法》

F.《中华人民共和国农业保险条例》

G. 农业补贴

H. 退耕还林

I. 其他

8. 您所在省市是否出台农村土地流转融资地方法规政策＿＿＿＿＿＿。(可多选)

A. 没有　　B. 不知道

C. 农地抵押政策　　D. 农地入股政策

E. 农地存贷政策　　F. 农地信托政策

G. 其他

9. 您对国家农村土地流转融资法律政策满意程度＿＿＿＿＿＿。

A. 非常满意　　B. 比较满意

C. 不太满意　　D. 非常不满

E. 不知道

10、对农村土地流转融资法律政策希望做以哪些下改进? ＿＿＿＿＿＿

A. 立法允许土地承包经营权抵押

B. 切实保障农民在土地承包经营权流转中的权益

C. 有效约束村委会的权力

D. 其他

第二部分　土地流转基本信息

11. 您家是否进行过土地流转? ＿＿＿＿＿＿

A. 是

B. 没有(如选择 B 则跳到第三部分回答)

12. 您家农地流转后的主要用途是＿＿＿＿＿＿。(可多选)

A. 工程建设

B. 种植农作物

C. 果园苗圃

D. 场地(砖厂、堆料场、停车场、间歇性集市等)

E. 畜禽等养殖

F. 其他

13. 您家土地流转的方向＿＿＿＿＿＿。

A. 转出
B. 转入(选 B 项请跳到第 20 个问题继续回答)
14. 您家转出土地的原因是＿＿＿＿＿＿。
A. 无力耕种
B. 不愿耕种,收入太低
C. 急需一笔收入
D. 村委会引导
E. 村委会强制
F. 流转对象上门洽谈
G. 其他
15. 您家转出土地采取的流转形式＿＿＿＿＿＿。
A. 转包
B. 转让
C. 出租
D. 互换
E. 反租倒包
F. 入股
G. 无偿借用给他人
H. 其他
16. 您家转出土地的对象是＿＿＿＿＿＿。(可多选)
A. 其他农户
B. 企业
C. 村集体
D. 合作社等合作组织
E. 其他
17. 您家转出土地的期限为＿＿＿＿＿。(如多次转出土地,请取平均值)
A. 1 年
B. 1 ~ 5 年
C. 5 ~ 10 年
D. 10 年以上
18. 您家转出土地的数量＿＿＿＿＿＿亩/年。
19. 您家通过耕地流转每亩每年获得的收益是＿＿＿＿＿＿元/亩。(如多次转出土地,请取平均值)
A. 0 ~ 200
B. 200 ~ 600
C. 600 ~ 800
D. 800 ~ 1000
E. 1000 以上
20. 您希望得到的合理收益是＿＿＿＿＿＿元/亩。
21. 您家转入土地的期限为＿＿＿＿。(如多次转出土地,请取平均值)
A. 1 年
B. 1 ~ 5 年
C. 5 ~ 10 年
D. 10 年以上
22. 您家转入土地的原因为＿＿＿＿＿＿。
A. 劳动力过剩
B. 经营农地效益高

C. 受亲朋好友的托付　　D. 其他

第三部分　农村融资基本信息

23. 您家近 5 年是否有借贷资金的需求？＿＿＿＿＿

A. 是(选 A 项请继续回答问题)

B. 否(选 B 项请跳转至第四部分政府行为部分回答问题)

24. 您家近 5 年是否有借贷资金行为？＿＿＿＿＿

A. 是(选 A 项请继续回答本部分问题第 24 ~ 32 问题及第四部分问题)

B. 否(选 B 项请跳转至第 33 问题及第四部分问题)

25. 您家借贷资金的主要用途是＿＿＿＿＿。

A. 子女教育　　B. 就医治病

C. 建房　　D. 生产

E. 婚丧嫁娶　　F. 其他

26. 您家获得借贷资金的方式＿＿＿＿＿。(可多选,请按便捷程度由易到难排序)

A. 从亲戚朋友处借款

B. 从商业银行、信用社等金融机构借款

C. 民间放贷者

D. 资金互助社、村镇银行、贷款公司

E. 政府项目

F. 非政府组织

27. 您家借贷资金担保的方式＿＿＿＿＿。

A. 第三人保证　　B. 抵押、质押

C. 无担保　　D. 其他

28. 您家借贷资金的期限＿＿＿＿＿。

A. 6 个月以下　　B. 6 个月 ~ 1 年

C. 1 ~ 5 年　　D. 5 年以上

29. 目前您家借贷资金的金额＿＿＿＿元;累计借款数目＿＿＿＿元。

A. 1 万以下　　B. 1 万 ~ 3 万

C. 3 万 ~ 5 万　　D. 5 万 ~ 10 万

E. 10 万以上

30. 您家借贷资金的利息是____________%。

31. 您家获得借贷资金的难易程度为____________。

A. 非常容易　　B. 容易

C. 一般　　D. 困难

E. 非常困难

32. 您认为在借款过程中遇到的主要困难是____________________（可多选，请按困难程度由大到小排序）

A. 银行贷款额度不足

B. 抵押不足

C. 找不到担保人

D. 银行和担保机构服务意识差

E. 贷款利率和费用高，无法承受

F. 手续烦琐

G. 其他

33. 您家是否采用土地融资？____________（可多选）

A. 否　　B. 土地承包经营权入股

C. 土地承包经营权抵押　　D. 土地承包经营权信托

E. 其他

34. 造成您有需求但没有对外融资的原因是____________。（如在 24 题选 B 项的请回答此问题）

A. 不知道去哪里借款　　B. 借款对象不同意借

C. 利息难以负担　　D. 其他

第四部分　政府在土地流转融资中的作用

35. 您认为在土地流转融资中，政府发挥了何种作用____________。（可多选，请按重要程度由大到小排序）

A. 土地流转融资政策宣传

B. 提供土地流转融资信息

C. 建立土地流转市场

D. 推进土地流转融资机构平台建立（如土地合作社、土地银行）

E. 规范土地流转合同

F. 监督与管理

G. 完善农村社会保障体系

H. 健全农业保险

I. 其他

36. 您认为政府目前就土地流转融资提供的服务完善吗？＿＿＿＿＿＿

A. 很完善　　　　　　　　　　B. 比较完善

C. 一般　　　　　　　　　　　D. 不完善

E. 很不完善

37. 您认为在土地流转融资中，政府在哪些方面应该改进？＿＿＿＿＿＿（可多选，请按重要程度由大到小排序）

A. 出台土地流转融资法律政策

B. 相关法律政策宣传

C. 土地流转融资信息提供

D. 土地流转融资市场建立

E. 推进土地流转融资机构平台建立（如土地合作社、土地银行）

F. 强化监管

G. 完善社会保障体系

H. 就业安置

I. 健全农业保险

J. 其他

38. 目前，您都享有哪些社会保障？＿＿＿＿＿＿（可多选）

A. 新农村合作医疗

B. 养老保险

C. 商业医疗保险（从保险公司购买）

D. 最低生活保障、五保供养、特困户救助、扶贫救助等农村社会救助

E. 其他

39. 您认为在改善农地流转融资环境方面，哪些主体起决定性作用？＿＿＿＿＿＿（可多选，请按作用大小排序）

A. 农户

B. 中央政府

C. 地方政府

D. 银行等金融机构
E. 农业企业和农业经营大户
F. 村委会
G. 农民专业合作社
H. 专门的农地流转融资平台机构(如土地合作社、土地银行)
40. 关于农村土地流转融资方面,您最希望政府部门做的一件事是

____

衷心感谢您的大力支持与配合!

"我国农地融资法律问题研究"项目组

附录3:安徽、山东、湖北、贵州、河南等省份农地流转融资问卷主要数据统计

(采用SPSS"统计产品与服务解决方案"软件)

第一部分　农户基本情况

3. 家庭年收入

		频率	百分比(%)	有效百分比(%)	累积百分比(%)
有效	1万元以下	89	11.4	11.5	11.5
	1万~3万元	300	38.4	38.7	50.1
	3万~5万元	285	36.4	36.7	86.9
	5万~10万元	80	10.2	10.3	97.2
	10万元以上	22	2.8	2.8	100.0
	合计	776	99.2	100.0	
缺失	系统	6	0.8		
合计		782	100.0		

4. 收入主要来源

		响应		个案百分比（%）
		N	百分比（%）	
收入来源[a]	土地耕作	695	38.7	71.4
	经营小本生意	133	7.4	13.7
	企事业单位	52	2.9	5.3
	本地打工	378	21.1	38.8
	外出务工	273	15.2	28.0
	创办企业	17	0.9	1.7
	土地或房屋租金	40	2.2	4.1
	补贴救济	58	3.2	6.0
	养殖	149	8.3	15.3
总计		1795	100.0	184.3

5. 主要支出

		响应		个案百分比（%）
		N	百分比（%）	
主要支出[a]	子女上学	578	24.7	73.9
	修建房屋	272	11.6	34.8
	医疗支出	236	10.1	30.2
	子女婚嫁	154	6.6	19.7
	人情往来	279	11.9	35.7
	购买生产资料	343	14.6	43.9
	生活支出	478	20.4	61.1
	其他	4	0.2	0.5
总计		2344	100.0	299.7

6. 是否了解国家土地法律政策

		频率	百分比(%)	有效百分比(%)	累积百分比(%)
有效	非常清楚	4	0.5	0.5	0.5
	了解	34	4.3	4.4	4.9
	略知一二	398	50.9	51.2	56.1
	从未听说	341	43.6	43.9	100.0
	合计	777	99.4	100.0	
缺失	系统	5	0.6		
合计		782	100.0		

7. 是否了解农业法律

		响应		个案百分比(%)
		N	百分比(%)	
了解[a]	中华人民共和国农业法	83	8.6	18.9
	中华人民共和国土地管理法	140	14.6	31.8
	中华人民共和国农村土地承包法	211	22.0	48.0
	土地承包经营权流转管理办法	50	5.2	11.4
	土地登记办法	55	5.7	12.5
	中华人民共和国农业保险条例	28	2.9	6.4
	农业补贴政策	309	32.2	70.2
	退耕还林政策	79	8.2	18.0
	其他	6	0.6	1.4
总计		961	100.0	218.4

8. 所在地土地流转融资政策

		响应		个案百分比(%)
		N	百分比(%)	
当地政策[a]	没有	150	31.7	34.4
	不知道	244	51.6	56.0
	农地抵押政策	31	6.6	7.1
	农地入股政策	14	3.0	3.2
	农地存贷政策	25	5.3	5.7
	农地信托政策	9	1.9	2.1
总计		473	100.0	108.5

9. 对法律政策满意程度

		频率	百分比(%)	有效百分比(%)	累积百分比(%)
有效	非常满意	6	0.8	1.4	1.4
	比较满意	131	16.8	30.1	31.5
	不太满意	117	15.0	26.9	58.4
	非常满意	60	7.7	13.8	72.2
	不知道	121	15.5	27.8	100.0
	合计	435	55.6	100.0	
缺失	系统	347	44.4		
合计		782	100.0		

10. 希望土地流转融资法律政策的改进

		频率	百分比(%)	有效百分比(%)	累积百分比(%)
有效	允许土地承包经营权抵押	94	12.0	21.9	21.9
	保证农民在土地承包经营权流转中的权益	253	32.4	58.8	80.7
	有效约束村委会的权力	77	9.8	17.9	98.6
	其他	6	0.8	1.4	100.0
	合计	430	55.0	100.0	
缺失	系统	352	45.0		
合计		782	100.0		

第二部分　土地流转基本信息

11. 是否进行过流转

		频率	百分比(%)	有效百分比(%)	累积百分比(%)
有效	是	377	38.5	38.5	38.5
	没有	602	61.5	61.5	100.0
	合计	979	100.0	100.0	

12. 流转后用途

		响应		个案百分比(%)
		N	百分比(%)	
流转后用途[a]	工程建设	50	15.3	16.8
	种植农作物	195	59.8	65.4
	果园苗圃	29	8.9	9.7
	畜禽等养殖	34	10.4	11.4
	场地	18	5.5	6.0
总计		326	100.0	109.4

13. 流转方向

		频率	百分比(%)	有效百分比(%)	累积百分比(%)
有效	转出	278	28.4	74.7	74.7
	转入	94	9.6	25.3	100.0
	合计	372	38.0	100.0	
缺失	系统	607	62.0		
合计		979	100.0		

14. 转出原因

		频率	百分比(%)	有效百分比(%)	累积百分比(%)
有效	无力耕种	46	4.7	16.3	16.3
	不愿耕种,收入太低	133	13.6	47.0	63.3
	急需一笔收入	3	0.3	1.1	64.3
	村委会引导	26	2.7	9.2	73.5
	村委会强制	40	4.1	14.1	87.6
	流转对象上门洽谈	31	3.2	11.0	98.6
	其他	4	0.4	1.4	100.0
	合计	283	28.9	100.0	
缺失	系统	696	71.1		
合计		979	100.0		

15. 转出方式

		频率	百分比(%)	有效百分比(%)	累积百分比(%)
有效	转包	104	10.6	37.5	37.5
	转让	85	8.7	30.7	68.2
	出租	42	4.3	15.2	83.4
	呼唤	3	0.3	1.1	84.5
	反租倒包	3	0.3	1.1	85.6
	入股	5	0.5	1.8	87.4
	无偿借用给他人	33	3.4	11.9	99.3
	其他	2	0.2	0.7	100.0
	合计	277	28.3	100.0	
缺失	系统	702	71.7		
合计		979	100.0		

16. 转出对象

		响应		个案百分比(%)
		N	百分比(%)	
转出对象[a]	其他农户	169	53.5	60.4
	企业	55	17.4	19.6
	村集体	36	11.4	12.9
	合作社等合作组织	19	6.0	6.8
	其他	37	11.7	13.2
总计		316	100.0	112.9

17. 转出期限

		频率	百分比(%)	有效百分比(%)	累积百分比(%)
有效	1年	9	1.2	4.2	4.2
	1~5年	123	15.7	57.5	61.7
	5~10年	39	5.0	18.2	79.9
	10年以上	43	5.5	20.1	100.0
	合计	214	27.4	100.0	
缺失	系统	568	72.6		
合计		782	100.0		

19. 流转收益

		频率	百分比(%)	有效百分比(%)	累积百分比(%)
有效	0	4	0.5	1.9	1.9
	0~200元	27	3.5	12.6	14.5
	200~600元	79	10.1	36.9	51.4
	600~800元	48	6.1	22.4	73.8
	800~1000元	50	6.4	23.4	97.2
	1000元以上	5	0.6	2.3	99.5
	2000元	1	0.1	0.5	100.0
	合计	214	27.4	100.0	
缺失	系统	568	72.6		
合计		782	100.0		

21. 转入土地期限

		频率	百分比(%)	有效百分比(%)	累积百分比(%)
有效	1年	3	0.4	3.2	3.2
	1~5年	66	8.4	70.2	73.4
	5~10年	17	2.2	18.1	91.5
	10年以上	8	1.0	8.5	100.0
	合计	94	12.0	100.0	
缺失	系统	688	88.0		
合计		782	100.0		

22. 转入土地的原因

		频率	百分比(%)	有效百分比(%)	累积百分比(%)
有效	劳动力过剩	9	0.9	8.7	8.7
	经营农地效益高	53	5.4	51.5	60.2
	受亲朋好友的托付	21	2.1	20.4	80.6
	其他	20	2.0	19.4	100.0
	合计	103	10.5	100.0	
缺失	系统	876	89.5		
合计		979	100.0		

第三部分 农村融资基本信息

23. 近5年是否有借贷需求

		频率	百分比(%)	有效百分比(%)	累积百分比(%)
有效	是	373	38.1	38.3	38.3
	否	601	61.4	61.7	100.0
	合计	974	99.5	100.0	
缺失	系统	5	0.5		
合计		979	100.0		

24. 近5年是否有借贷行为

		频率	百分比(%)	有效百分比(%)	累积百分比(%)
有效	是	266	27.2	69.8	69.8
	否	115	11.7	30.2	100.0
	合计	381	38.9	100.0	
缺失	系统	598	61.1		
合计		979	100.0		

25. 借贷资金的用途

		响应		个案百分比(%)
		N	百分比(%)	
借款用途[a]	子女教育	12	26.7	80.0
	就医治病	14	31.1	93.3
	建房	9	20.0	60.0
	生产	3	6.7	20.0
	婚丧嫁娶	5	11.1	33.3
	其他	2	4.4	13.3
总计		45	100.0	300.0

26. 借贷方式

		响应		个案百分比(%)
		N	百分比(%)	
借贷方式[a]	从亲戚朋友处借款	205	60.1	75.4
	从金融机构借款	84	24.6	30.9
	民间放贷者	22	6.5	8.1
	资金互助社	18	5.3	6.6
	政府项目	12	3.5	4.4
总计		341	100.0	125.4

27. 借贷担保方式

		频率	百分比(%)	有效百分比(%)	累积百分比(%)
有效	第三人保证	81	8.3	30.6	30.6
	抵押质押	35	3.6	13.2	43.8
	无担保	136	13.9	51.3	95.1
	其他	13	1.3	4.9	100.0
	合计	265	27.1	100.0	
缺失	系统	714	72.9		
合计		979	100.0		

28. 借贷资金的期限

		频率	百分比(%)	有效百分比(%)	累积百分比(%)
有效	6 个月以下	10	1.0	3.7	3.7
	6 个月 ~1 年	89	9.1	33.2	36.9
	1 ~5 年	150	15.3	56.0	92.9
	5 年以上	19	1.9	7.1	100.0
	合计	268	27.4	100.0	
缺失	系统	711	72.6		
合计		979	100.0		

29. 借贷金额

		频率	百分比(%)	有效百分比(%)	累积百分比(%)
有效	1万元以下	37	3.8	13.7	13.7
	1万~3万元	102	10.4	37.8	51.5
	3万~5万元	93	9.5	34.4	85.9
	5万~10万元	26	2.7	9.6	95.6
	10万元以上	12	1.2	4.4	100.0
	合计	270	27.6	100.0	
缺失	系统	709	72.4		
合计		979	100.0		

累计借款金额

		频率	百分比(%)	有效百分比(%)	累积百分比(%)
有效	1万元以下	11	1.4	7.6	7.6
	1万~3万元	32	4.1	22.1	29.7
	3万~5万元	44	5.6	30.3	60.0
	5万~10万元	38	4.9	26.2	86.2
	10万元以上	20	2.6	13.8	100.0
	合计	145	18.5	100.0	
缺失	系统	637	81.5		
合计		782	100.0		

31. 借款难易程度

		频率	百分比(%)	有效百分比(%)	累积百分比(%)
有效	非常容易	6	0.6	2.2	2.2
	容易	58	5.9	21.4	23.6
	一般	144	14.7	53.1	76.8
	困难	54	5.5	19.9	96.7
	非常困难	9	0.9	3.3	100.0
	合计	271	27.7	100.0	
缺失	系统	708	72.3		
合计		979	100.0		

32. 借贷主要困难

		响应		个案百分比(%)
		N	百分比(%)	
借贷困难[a]	银行贷款额度不足	24	6.7	10.1
	抵押不足	72	20.1	30.4
	找不到担保人	85	23.7	35.9
	银行和担保机构服务意识差	29	8.1	12.2
	贷款利率和费用高,无法承受	51	14.2	21.5
	手续烦琐	55	15.3	23.2
	其他	43	12.0	18.1
总计		359	100.0	151.5

33. 是否采用土地融资

		响应		个案百分比（%）
		N	百分比（%）	
是否采用土地融资[a]	否	188	82.5	83.9
	入股	24	10.5	10.7
	抵押	13	5.7	5.8
	信托	3	1.3	1.3
总计		228	100.0	101.8

34. 有需求没融资的原因

		频率	百分比（%）	有效百分比（%）	累积百分比（%）
有效	不知道去哪里借款	40	5.1	51.9	51.9
	借款对象不同意借	17	2.2	22.1	74.0
	利息难以负担	13	1.7	16.9	90.9
	其他	7	0.9	9.1	100.0
	合计	77	9.8	100.0	
缺失	系统	705	90.2		
合计		782	100.0		

第四部分 政府在土地流转融资中的作用

35. 政府作用内容

		响应		个案百分比(%)
		N	百分比(%)	
政府作用[a]	政策宣传	353	21.0	45.8
	提供信息	394	23.5	51.2
	建立市场	178	10.6	23.1
	推进平台建立	147	8.8	19.1
	规范合同	88	5.2	11.4
	监督与管理	202	12.0	26.2
	完善社保体系	159	9.5	20.6
	健全农业保险	106	6.3	13.8
	其他	50	3.0	6.5
总计		1677	100.0	217.8

36. 政府服务是否完善

		频率	百分比(%)	有效百分比(%)	累积百分比(%)
有效	很完善	43	5.5	5.7	5.7
	比较完善	139	17.8	18.6	24.3
	一般	211	27.0	28.2	52.5
	不完善	229	29.3	30.6	83.0
	很不完善	127	16.2	17.0	100.0
	合计	749	95.8	100.0	
缺失	系统	33	4.2		
合计		782	100.0		

37. 政府改进

		响应		个案百分比（%）
		N	百分比（%）	
政府改进[a]	出台土地流转融资政策	420	18.7	54.8
	政策宣传	296	13.1	38.6
	提供土地流转信息	217	9.6	28.3
	建立流转市场	194	8.6	25.3
	推进流转融资平台建立	244	10.8	31.9
	强化监督与管理	382	17.0	49.9
	完善社保体系	271	12.0	35.4
	就业安置	167	7.4	21.8
	健全农业保险	61	2.7	8.0
总计		2252	100.0	294.0

38. 享受社会保障情况

		响应		个案百分比（%）
		N	百分比（%）	
享有保障[a]	新农合	734	62.9	94.5
	养老保险	294	25.2	37.8
	商业保险	76	6.5	9.8
	低保/五保供养/特困救助	60	5.1	7.7
	其他	3	0.3	0.4
总计		1167	100.0	150.2

39. 农地流转融资中决定性主体

		响应		个案百分比(%)
		N	百分比(%)	
决定性主体[a]	农户	135	9.2	17.7
	中央政府	350	23.8	46.0
	地方政府	494	33.6	64.9
	金融机构	85	5.8	11.2
	农业企业和经营大户	66	4.5	8.7
	村委会	236	16.1	31.0
	农民专业合作社	71	4.8	9.3
	专门的流转融资平台	32	2.2	4.2
总计		1469	100.0	193.0

附录4:北京地区农地流转融资问卷主要数据统计

(采用SPSS“统计产品与服务解决方案”软件)

第一部分 农户基本情况

3. 家庭收入

		频率	百分比(%)	有效百分比(%)	累积百分比(%)
有效	1万元以下	39	19.8	19.8	19.8
	1万~3万元	56	28.4	28.4	48.2
	3万~5万元	47	23.9	23.9	72.1
	5万~10万元	36	18.3	18.3	90.4
	10万~20万元	17	8.6	8.6	99.0
	20万元以上	2	1.0	1.0	100.0
	合计	197	100.0	100.0	

4. 收入主要来源

		响应		个案百分比（%）
		N	百分比（%）	
收入来源[a]	土地耕作	88	27.2	44.9
	经营小本生意	26	8.0	13.3
	企事业单位	19	5.9	9.7
	本地打工	111	34.3	56.6
	外出务工	19	5.9	9.7
	创办企业	2	0.6	1.0
	土地或房屋租金	22	6.8	11.2
	补贴救济	21	6.5	10.7
	养殖	16	4.9	8.2
总计		324	100.0	165.3

5. 主要支出

		响应		个案百分比（%）
		N	百分比（%）	
主要支出[a]	子女上学	93	17.4	47.2
	修建房屋	38	7.1	19.3
	医疗支出	136	25.4	69.0
	子女婚嫁	13	2.4	6.6
	人情往来	73	13.6	37.1
	购买生产资料	24	4.5	12.2
	生活支出	159	29.7	80.7
总计		536	100.0	272.1

6. 是否了解国家土地法律政策

		频率	百分比(%)	有效百分比(%)	累积百分比(%)
有效	了解	10	5.1	5.1	5.1
	略知一二	104	52.8	53.1	58.2
	从未听说	82	41.6	41.8	100.0
	合计	196	99.5	100.0	
缺失	系统	1	0.5		
合计		197	100.0		

7. 是否了解农业法律

		响应		个案百分比(%)
		N	百分比(%)	
了解的法律政策[a]	中华人民共和国农业法	15	5.6	12.9
	中华人民共和国土地管理法	17	6.3	14.7
	中华人民共和国农村土地承包法	45	16.8	38.8
	土地承包经营权流转管理办法	17	6.3	14.7
	土地登记办法	19	7.1	16.4
	中华人民共和国农业保险条例	6	2.2	5.2
	农业补贴政策	82	30.6	70.7
	退耕还林政策	67	25.0	57.8
总计		268	100.0	231.0

8. 所在地土地流转融资政策

		响应		个案百分比(%)
		N	百分比(%)	
当地是否出台相关政策[a]	没有	6	4.7	5.1
	不知道	85	65.9	72.6
	农地抵押政策	18	14.0	15.4
	农地入股政策	13	10.1	11.1
	农地存贷政策	4	3.1	3.4
	农地信托政策	3	2.3	2.6
总计		129	100.0	110.3

9. 对法律政策满意程度

		频率	百分比(%)	有效百分比(%)	累积百分比(%)
有效	非常满意	2	1.0	1.7	1.7
	比较满意	42	21.3	35.6	37.3
	不太满意	20	10.2	16.9	54.2
	非常满意	3	1.5	2.5	56.8
	不知道	51	25.9	43.2	100.0
	合计	118	59.9	100.0	
缺失	系统	79	40.1		
合计		197	100.0		

10. 土地流转融资法律政策的改进

		频率	百分比(%)	有效百分比(%)	累积百分比(%)
有效	允许土地承包经营权抵押	33	16.8	28.4	28.4
	保证农民在土地承包经营权流转中的权益	55	27.9	47.4	75.9
	有效约束村委会的权力	21	10.7	18.1	94.0
	其他	7	3.6	6.0	100.0
	合计	116	58.9	100.0	
缺失	系统	81	41.1		
合计		197	100.0		

第二部分　土地流转基本信息

11. 是否进行过流转

		频率	百分比(%)	有效百分比(%)	累积百分比(%)
有效	是	79	40.1	40.1	40.1
	没有	118	59.9	59.9	100.0
	合计	197	100.0	100.0	

12. 流转后用途

		响应		个案百分比(%)
		N	百分比(%)	
土地转出用途[a]	工程建设	3	3.4	3.8
	种植农作物	47	54.0	60.3
	果园苗圃	16	18.4	20.5
	畜禽等养殖	10	11.5	12.8
	场地	1	1.1	1.3
	其他	10	11.5	12.8
总计		87	100.0	111.5

13. 流转方向

		频率	百分比(%)	有效百分比(%)	累积百分比(%)
有效	转出	68	34.5	87.2	87.2
	转入	10	5.1	12.8	100.0
	合计	78	39.6	100.0	
缺失	系统	119	60.4		
合计		197	100.0		

14. 转出原因

		频率	百分比(%)	有效百分比(%)	累积百分比(%)
有效	无力耕种	14	7.1	20.3	20.3
	不愿耕种,收入太低	15	7.6	21.7	42.0
	急需一笔收入	1	0.5	1.4	43.5
	村委会引导	14	7.1	20.3	63.8
	村委会强制	10	5.1	14.5	78.3
	流转对象上门洽谈	15	7.6	21.7	100.0
	合计	69	35.0	100.0	
缺失	系统	128	65.0		
合计		197	100.0		

15. 转出方式

		频率	百分比(%)	有效百分比(%)	累积百分比(%)
有效	转包	16	8.1	23.5	23.5
	转让	15	7.6	22.1	45.6
	出租	16	8.1	23.5	69.1
	反租倒包	1	0.5	1.5	70.6
	入股	4	2.0	5.9	76.5
	无偿借用给他人	15	7.6	22.1	98.5
	其他	1	0.5	1.5	100.0
	合计	68	34.5	100.0	
缺失	系统	129	65.5		
合计		197	100.0		

16. 转出对象

		响应		个案百分比(%)
		N	百分比(%)	
转出对象[a]	其他农户	25	36.2	37.3
	企业	7	10.1	10.4
	村集体	31	44.9	46.3
	合作社等合作组织	1	1.4	1.5
	其他	5	7.2	7.5
总计		69	100.0	103.0

17. 转出期限

		频率	百分比(%)	有效百分比(%)	累积百分比(%)
有效	1 年	9	4.6	14.1	14.1
	1～5 年	18	9.1	28.1	42.2
	5～10 年	12	6.1	18.8	60.9
	10 年以上	25	12.7	39.1	100.0
	合计	64	32.5	100.0	
缺失	系统	133	67.5		
合计		197	100.0		

19. 流转收益

		频率	百分比(%)	有效百分比(%)	累积百分比(%)
有效	0～200 元	15	7.6	22.4	22.4
	200～600 元	5	2.5	7.5	29.9
	600～800 元	23	11.7	34.3	64.2
	800～1000 元	11	5.6	16.4	80.6
	1000～1500 元	12	6.1	17.9	98.5
	1500 元以上	1	0.5	1.5	100.0
	合计	67	34.0	100.0	
缺失	系统	130	66.0		
合计		197	100.0		

21. 转入土地期限

		频率	百分比(%)	有效百分比(%)	累积百分比(%)
有效	1 年	2	1.0	15.4	15.4
	1~5 年	6	3.0	46.2	61.5
	5~10 年	2	1.0	15.4	76.9
	10 年以上	3	1.5	23.1	100.0
	合计	13	6.6	100.0	
缺失	系统	184	93.4		
合计		197	100.0		

22. 转入土地的原因

		频率	百分比(%)	有效百分比(%)	累积百分比(%)
有效	经营农地效益高	5	2.5	38.5	38.5
	受亲朋好友的托付	2	1.0	15.4	53.8
	其他	6	3.0	46.2	100.0
	合计	13	6.6	100.0	
缺失	系统	184	93.4		
合计		197	100.0		

第三部分 农村融资基本信息

23. 近 5 年是否有借贷需求

		频率	百分比(%)	有效百分比(%)	累积百分比(%)
有效	是	66	33.5	33.5	33.5
	否	131	66.5	66.5	100.0
	合计	197	100.0	100.0	

24. 近5年是否有借贷行为

		频率	百分比(%)	有效百分比(%)	累积百分比(%)
有效	是	42	21.3	61.8	61.8
	否	26	13.2	38.2	100.0
	合计	68	34.5	100.0	
缺失	系统	129	65.5		
合计		197	100.0		

25. 借贷资金的用途

		响应		个案百分比(%)
		N	百分比(%)	
借贷资金用途[a]	子女教育	6	10.9	14.0
	就医治病	14	25.5	32.6
	建房	13	23.6	30.2
	生产	7	12.7	16.3
	婚丧嫁娶	3	5.5	7.0
	买房买车	9	16.4	20.9
	其他	3	5.5	7.0
总计		55	100.0	127.9

26. 借贷方式

		响应		个案百分比(%)
		N	百分比(%)	
借贷方式[a]	从亲戚朋友处借款	33	60.0	76.7
	从金融机构借款	16	29.1	37.2
	民间放贷者	1	1.8	2.3
	资金互助社	3	5.5	7.0
	政府项目	2	3.6	4.7
总计		55	100.0	127.9

27. 借贷担保方式

		频率	百分比(%)	有效百分比(%)	累积百分比(%)
有效	第三人保证	8	4.1	19.0	19.0
	抵押质押	11	5.6	26.2	45.2
	无担保	22	11.2	52.4	97.6
	其他	1	0.5	2.4	100.0
	合计	42	21.3	100.0	
缺失	系统	155	78.7		
合计		197	100.0		

28. 借贷资金的期限

		频率	百分比(%)	有效百分比(%)	累积百分比(%)
有效	6个月以下	3	1.5	7.5	7.5
	6个月~1年	11	5.6	27.5	35.0
	1~5年	18	9.1	45.0	80.0
	5年以上	8	4.1	20.0	100.0
	合计	40	20.3	100.0	
缺失	系统	157	79.7		
合计		197	100.0		

29. 借贷金额

		频率	百分比(%)	有效百分比(%)	累积百分比(%)
有效	1万元以下	8	4.1	18.6	18.6
	1万~3万元	12	6.1	27.9	46.5
	3万~5万元	16	8.1	37.2	83.7
	5万~10万元	3	1.5	7.0	90.7
	10万~30万元	4	2.0	9.3	100.0
	合计	43	21.8	100.0	
缺失	系统	154	78.2		
合计		197	100.0		

累计借贷金额

		频率	百分比(%)	有效百分比(%)	累积百分比(%)
有效	1万元以下	1	0.5	3.2	3.2
	1万~3万元	8	4.1	25.8	29.0
	3万~5万元	9	4.6	29.0	58.1
	5万~10万元	8	4.1	25.8	83.9
	10万~30万元	3	1.5	9.7	93.5
	50万元以上	2	1.0	6.5	100.0
	合计	31	15.7	100.0	
缺失	系统	166	84.3		
合计		197	100.0		

31.借款难易程度

		频率	百分比(%)	有效百分比(%)	累积百分比(%)
有效	非常容易	1	0.5	2.3	2.3
	容易	11	5.6	25.6	27.9
	一般	20	10.2	46.5	74.4
	困难	9	4.6	20.9	95.3
	非常困难	2	1.0	4.7	100.0
	合计	43	21.8	100.0	
缺失	系统	154	78.2		
合计		197	100.0		

32. 借贷主要困难

		响应		个案百分比（%）
		N	百分比（%）	
借贷主要困难[a]	银行贷款额度不足	2	3.2	5.6
	抵押不足	9	14.3	25.0
	找不到担保人	14	22.2	38.9
	银行和担保机构服务意识差	4	6.3	11.1
	贷款利率和费用高，无法承受	17	27.0	47.2
	手续烦琐	13	20.6	36.1
	其他	4	6.3	11.1
总计		63	100.0	175.0

33. 是否采用土地融资

		频率	百分比（%）	有效百分比（%）	累积百分比（%）
有效	否	31	15.7	77.5	77.5
	入股	6	3.0	15.0	92.5
	抵押	2	1.0	5.0	97.5
	信托	1	0.5	2.5	100.0
	合计	40	20.3	100.0	
缺失	系统	157	79.7		
合计		197	100.0		

34. 有需求没融资的原因

		频率	百分比(%)	有效百分比(%)	累积百分比(%)
有效	不知道去哪里借款	6	3.0	23.1	23.1
	借款对象不同意借	3	1.5	11.5	34.6
	利息难以负担	9	4.6	34.6	69.2
	其他	8	4.1	30.8	100.0
	合计	26	13.2	100.0	
缺失	系统	171	86.8		
合计		197	100.0		

第四部分 政府在土地流转融资中的作用

35. 政府作用内容

		响应		个案百分比(%)
		N	百分比(%)	
政府作用[a]	政策宣传	67	15.8	37.2
	提供信息	75	17.7	41.7
	建立市场	53	12.5	29.4
	推进平台建立	28	6.6	15.6
	规范合同	8	1.9	4.4
	监督与管理	82	19.3	45.6
	完善社保体系	59	13.9	32.8
	健全农业保险	43	10.1	23.9
	其他	9	2.1	5.0
总计		424	100.0	235.6

36. 政府服务是否完善

		频率	百分比(%)	有效百分比(%)	累积百分比(%)
有效	很完善	1	0.5	0.6	0.6
	比较完善	30	15.2	16.7	17.2
	一般	112	56.9	62.2	79.4
	不完善	37	18.8	20.6	100.0
	合计	180	91.4	100.0	
缺失	系统	17	8.6		
合计		197	100.0		

37. 政府改进

		响应		个案百分比(%)
		N	百分比(%)	
政府改进[a]	政策宣传	39	8.3	22.0
	提供信息	97	20.7	54.8
	建立市场	32	6.8	18.1
	推进平台建立	13	2.8	7.3
	规范合同	24	5.1	13.6
	监督与管理	83	17.7	46.9
	完善社保体系	72	15.4	40.7
	健全农业保险	60	12.8	33.9
	其他	49	10.4	27.7
总计		469	100.0	265.0

38. 享受社会保障情况

		响应		个案百分比（%）
		N	百分比（%）	
享有保障[a]	新农合	188	52.2	95.4
	养老保险	118	32.8	59.9
	商业保险	36	10.0	18.3
	低保/五保供养/特困救助	15	4.2	7.6
	其他	3	0.8	1.5
总计		360	100.0	182.7

附录5：农地信托试点成效调查问卷

尊敬的农民朋友：

您好！

本项目组目前正在开展国家法治与法学理论研究项目“我国农地融资法律问题研究”的研究工作。

本次调查的目的是希望能够向您了解土地信托试点的进展、成效等情况，以便客观开展项目评估，并总结项目经验推动北京农村土地信托改革。希望能够得到您的支持和协助。您的填答资料将作为水漳村土地信托试点中农民群众的代表性意见被郑重对待，因此请您务必根据自己的真实情况如实填答。在填答问卷时，直接填写答案，答案无对错之分。请您在符合您的选项处划“√”，无须署名。所有资料将按国家《统计法》严格保密，因此不会对您造成任何不利影响。

真诚感谢您的支持和配合！

问卷采集人：

调查地点：

调查时间：2015 年　月　日

被调查人性别：男（　）　女（　）

您的年龄（岁）：18～30（　）　30～40（　）　40～50（　）
50～60（　）　60 及以上（　）

文化程度：小学及以下（　）　中学（　）　高中（　）
大专（　）　本科及以上（　）

第一部分　农户基本情况

1. 您家家庭成员共____人，其中有劳动能力（18～60 周岁且身体健康）的____人，在樱桃专业合作社就业的____人。

2. 您家承包土地数量____亩。

第二部分　农地信托流转情况

3. 您是否了解您家土地流转的去向？

A. 是　B. 否

4. 您认为 2014 年以前水漳村农业经营面临的问题是____________。（可多选，按照重要程度排序）

A. 资金　B. 销售

C. 管理　D. 技术

E. 信息　F. 没有

5. 您认为目前圣水樱桃专业合作社农业经营面临的问题是____________。（可多选，按照重要程度排序）

A. 没有　B. 资金

C. 销售　D. 管理

E. 技术　F. 信息

G. 其他

6. 您认为信托公司在水漳土地信托流转中发挥的作用是____________。

A. 很大　B. 一般

C. 没作用　D. 不知道

7. 与 2013 年相比,2014 年您的家庭收入增加了____________。

A. 0 ~ 500 元　　B. 501 ~ 1000 元

C. 1001 ~ 2000 元　　D. 2001 ~ 3000 元

E. 3001 元以上

8. 2014 年您家收入增加的主要来源是____________。(可多选,按照重要程度排序)

A. 外出务工　　B. 樱桃合作社打工

C. 土地流转费　　D. 合作社分红

E. 政府补贴　　F. 工商业经营

G. 其他收入

9. 您是否了解圣水樱桃合作社和北京信托之间存在借款关系?

A. 是　　B. 否

10. 您对圣水樱桃合作社经营是否有信心?

A. 是　　B. 否

11. 您对土地信托流转的满意度是____________。(最高 10 分)?

A. 0 ~ 2 分　　B. 3 ~ 5 分

C. 6 ~ 7 分　　D. 8 ~ 9 分

E. 10 分

12. 十三年流转期满后您是否愿意继续选择土地信托流转方式?

A. 是　　B. 否

衷心感谢您的大力支持与配合!

"我国农地融资法律问题研究"项目组

附录6:农地信托试点成效调查问卷数据统计分析

(采用SPSS"统计产品与服务解决方案"软件)

1.家庭人数

		频率	百分比(%)	有效百分比(%)	累积百分比(%)
有效	1	3	5.9	5.9	5.9
	2	5	9.8	9.8	15.7
	3	13	25.5	25.5	41.2
	4	8	15.7	15.7	56.9
	5	15	29.4	29.4	86.3
	6	5	9.8	9.8	96.1
	7	1	2.0	2.0	98.0
	8	1	2.0	2.0	100.0
	合计	51	100.0	100.0	

2.家庭劳动力人数

		频率	百分比(%)	有效百分比(%)	累积百分比(%)
有效	0	5	9.8	12.5	12.5
	1	5	9.8	12.5	25.0
	2	10	19.6	25.0	50.0
	3	8	15.7	20.0	70.0
	4	10	19.6	25.0	95.0
	5	1	2.0	2.5	97.5
	6	1	2.0	2.5	100.0
	合计	40	78.4	100.0	
缺失	系统	11	21.6		
合计		51	100.0		

3. 家庭在圣水樱桃农民专业合作社就业人数

		频率	百分比（%）	有效百分比（%）	累积百分比（%）
有效	0	21	41.2	41.2	41.2
	1	23	45.1	45.1	86.3
	2	5	9.8	9.8	96.1
	3	2	3.9	3.9	100.0
	合计	51	100.0	100.0	

4. 家庭承包土地数

		频率	百分比（%）	有效百分比（%）	累积百分比（%）
有效	0	3	5.9	5.9	5.9
	0.50	3	5.9	5.9	11.8
	0.80	2	3.9	3.9	15.7
	1.00	8	15.7	15.7	31.4
	1.20	2	3.9	3.9	35.3
	1.50	4	7.8	7.8	43.1
	1.60	1	2.0	2.0	45.1
	1.70	1	2.0	2.0	47.1
	1.80	1	2.0	2.0	49.0
	2.00	4	7.8	7.8	56.9
	2.20	1	2.0	2.0	58.8
	2.50	2	3.9	3.9	62.7
	2.70	1	2.0	2.0	64.7
	3.00	8	15.7	15.7	80.4
	4.00	4	7.8	7.8	88.2
	5.00	5	9.8	9.8	98.0
	6.00	1	2.0	2.0	100.0
	合计	51	100.0	100.0	

5. 是否了解家庭承包土地流转去向

		频率	百分比(%)	有效百分比(%)	累积百分比(%)
有效	是	44	86.3	86.3	86.3
	否	7	13.7	13.7	100.0
	合计	51	100.0	100.0	

6. 您认为2014年以前水漳村农业经营面临的问题

		响应		个案百分比(%)
		N	百分比(%)	
\$ A[a]	资金	37	40.7	72.5
	销售	11	12.1	21.6
	管理	11	12.1	21.6
	技术	12	13.2	23.5
	信息	10	11.0	19.6
	没有	10	11.0	19.6
总计		91	100.0	178.4

7. 目前圣水樱桃专业合作社农业经营面临的问题

		响应		个案百分比(%)
		N	百分比(%)	
\$ B[a]	没有	6	8.8	14.6
	资金	31	45.6	75.6
	销售	7	10.3	17.1
	管理	13	19.1	31.7
	技术	10	14.7	24.4
	信息	1	1.5	2.4
总计		68	100.0	165.9

8. 您认为信托公司在流转中发挥的作用

		频率	百分比(%)	有效百分比(%)	累积百分比(%)
有效	很大	18	35.3	35.3	35.3
	一般	11	21.6	21.6	56.9
	没作用	1	2.0	2.0	58.8
	不知道	21	41.2	41.2	100.0
	合计	51	100.0	100.0	

9. 2014 年与 2013 年相比家庭收入增加金额

		频率	百分比(%)	有效百分比(%)	累积百分比(%)
有效	0~500 元	10	19.6	19.6	19.6
	501~1000 元	15	29.4	29.4	49.0
	1001~2000 元	10	19.6	19.6	68.6
	2001~3000 元	3	5.9	5.9	74.5
	3001 元以上	13	25.5	25.5	100.0
	合计	51	100.0	100.0	

10. 2014 年您家收入增加的主要来源

		响应		个案百分比(%)
		N	百分比(%)	
$ C[a]	外出务工	15	19.2	30.6
	樱桃合作社打工	24	30.8	49.0
	土地流转费	35	44.9	71.4
	合作社分红	4	5.1	8.2
总计		78	100.0	159.2

11. 是否了解樱桃合作社与北京信托之间的借款关系

		频率	百分比(%)	有效百分比(%)	累积百分比(%)
有效	是	24	47.1	47.1	47.1
	否	27	52.9	52.9	100.0
	合计	51	100.0	100.0	

12. 对圣水樱桃合作社经营是否有信心

		频率	百分比(%)	有效百分比(%)	累积百分比(%)
有效	是	41	80.4	80.4	80.4
	否	10	19.6	19.6	100.0
	合计	51	100.0	100.0	

13. 对土地信托流转满意度

		频率	百分比(%)	有效百分比(%)	累积百分比(%)
有效	0~2分	2	3.9	3.9	3.9
	3~5分	2	3.9	3.9	7.8
	6~7分	10	19.6	19.6	27.5
	8~9分	17	33.3	33.3	60.8
	10分	20	39.2	39.2	100.0
	合计	51	100.0	100.0	

14. 13年期满后是否愿意继续选择土地信托流转

		频率	百分比(%)	有效百分比(%)	累积百分比(%)
有效	是	47	92.2	92.2	92.2
	否	4	7.8	7.8	100.0
	合计	51	100.0	100.0	

附录7:北京水漳土地信托融资现状及法律障碍调研报告

一、引言

我国农村发展面临两大现实困境:一是作为农村经济血液的农村金融资源供给严重不足,二是作为农民最大财富源泉的农地资源利用不充分。就资金资源而言,“三农”问题一直受困于农村金融供给不足这一“瓶颈”;就农地资源配置而言,以家庭为单位的小规模细碎化的农地经营方式引致农业生产的低效,滞碍农业现代化实现。党的十八届三中全会和2015年中共中央一号文件提出“加快构建新型农业经营体系”,关键在于农业经营体制机制创新,创新基础在于农地顺畅流转和融资。

农地信托是基于信托原理以实现农地流转融资为目的,将农地经营权作为信托财产委托给信托机构经营管理,实现农地受益权标准化和凭证化的行为,促进了我国农村土地、资金、劳动力资源合理配置。

为维护农民的土地财产权和集体资产收益权,推动“土地流转起来”,解决农民市场能力不足的问题,我国借助金融机制,增强农民资源配置能力,提高农村土地经营管理效率。自安徽省宿州市“中国首单土地信托”落地以来,我国已有中信信托、北京信托等多家信托公司投入农村土地信托的实践。北京市农经办(市农研中心)经过3年的研究论证,于2014年2月促成华北地区首单土地信托“金色田野2014008号”正式落地,北京信托与密云区穆家峪镇水漳村土地股份经济合作社签署协议,将水漳村1680余亩土地统一流转给北京信托经营。

二、实践项目概述

伴随着新一轮土地制度改革,自2013年10月以来,北京、安徽、江苏、河南、山东、湖北、贵州、黑龙江等地陆续与北京信托、中信信托、中粮信托等信托公司携手合作,对于农地信托流转融资进行了有益的尝试和探索。

北京水漳土地信托试点项目基于信托原理探索农地信托流转融资,创新“土地股份合作社+信托公司+农民专业合作社”“财产信托+资金信托”的农地信托流转融资方式,探索了政府放权、信托主导、农民自治的农地流转融资机制,构建了多维农民权益保障体系,促进了农村土地、资金、劳动力资源合理配置。水漳村位于密云区穆家峪镇,从 2010 年开始探索农地流转,1680 余亩农用地全部由本村圣水樱桃专业合作社种植高附加值果品。由于果品种植投入大、生产周期长,导致资金严重短缺,经营陷入困境,影响到村集体经济发展和农民收入增加。2014 年在北京市农经办推动下,水漳村与北京信托合作探索农地信托经营。农民自愿组建土地股份合作社集中土地承包经营权,合作社作为委托人将农地集中委托给北京信托,由北京信托进行市场化运作并承担风险。由当地农民自发成立的农民专业合作社——圣水樱桃专业合作社作为土地接转方负责农地经营。

三、项目进展情况

(一)信托资金已经全部到位,突破了农业经营资金"瓶颈"

密云水漳土地信托方案的突出特点在于"双信托",为了解决土地经营中的资金困局,按照信托设计,在土地信托的基础上配套设有资金信托计划,北京信托向作为信托土地的承接方圣水樱桃专业合作社提供 1000 万元的信托资金用于农业经营。2014 年 6 月 17 日双方正式签订资金信托合同。同年 9 月经银监会批准,并由北京市农业融资担保公司担保,1000 万元信托资金分两期全部到账。这迅速给作为土地承接经营方的水漳村圣水樱桃合作社带来了活力,有效缓解了其升级转型面临的资金"瓶颈"问题。

(二)农业设施和作物品种得到显著改善,现代农业经营已初具规模

目前,合作社将信托资金主要用于扩大生产、完善设施、改善经营管理等,相关项目落实进展十分顺利。(1)升级完善和新建农业设施。对原有大棚设施进行完善升级,更新了部分覆膜、棚架、照明及保温设施,并新配备了除虫、滴灌等设备,同时计划对现有大棚进行信息化改造。同时又投资新建大棚 2 万余栋,截至 2015 年 8 月建成大棚共 22,500 栋。(2)改良农作物品种。截至 2015 年 8 月实地调查为止,该村引进新型樱桃苗木 2 万余株,总计种植樱桃苗木 4 万余株,种植蓝莓苗木 1 万余株。(3)农业种植规模进一步扩大。增加樱桃种植面积 1000 亩(达到 1200 余亩)。新增蓝莓、草莓、葡萄等其他经济作物 200 余亩(达到 450 余亩,其中蓝莓种植 100 余亩、草莓 70 余亩、葡萄 280 余亩)。(4)配备了相关的灭虫、滴灌以及部分农业专业器械。(5)加强了农业基础设施建设。完善了棚间道路,并对靠近公路两旁的设施环境进行了整治,

为农业休闲采摘创造了良好环境条件。

(三)引进先进的农业生产技术和农资,实现土地改良和产出提高

为突破农业技术“瓶颈”,圣水樱桃专业合作社积极与多家从事农业技术研发的机构合作。不仅与生物制剂研究生产企业合作,改进农药、肥料的施用和管理,还与农业部下属的农业研究机构合作,对土地实施改良,并多次邀请相关农业专家来村为合作社提供技术指导和支持。根据专家指导,在蓝莓、樱桃种植时引进施用新型肥料,并计划逐步推广到草莓等作物的全面种植中,预计推广后草莓亩产可以提高至3000公斤。

(四)借助“农超对接”和“网络销售”,解决农产品销售难题

按照水漳村土地信托方案设计,北京信托除配套资金信托外,还充分利用自身渠道资源优势,帮助圣水樱桃专业合作社对接华联超市,华联超市为水漳村农产品提供免费绿色通道。经过实际考察,由双方协商,决定先期将通过绿色通道将水漳村蓝莓直接打入华联超市卖场,并为水漳村加挂“华联超市蓝莓基地”牌子。2014年蓝莓直接销售收入约20余万元。而且华联超市基地挂牌产生了品牌效应,带动了蓝莓和草莓采摘的发展。截至2015年8月,圣水樱桃专业合作社收入突破百万元,预计2015年全年收入将突破200万元。

为突破时空阻隔,扩大销售途径,在与华联超市对接的同时,圣水樱桃专业合作社积极开拓网络销售渠道,截至2015年9月,网络销售蓝莓数量5000多公斤,销售额40余万元。目前,圣水樱桃专业合作社正在建立自己的网上店铺,借助地缘优势以及华联超市基地的品牌效应,利用互联网建立稳定的蓝莓、樱桃销售平台。一方面,通过互联网实现生产和消费直接对接,减少中间流通环节,降低成本,提高经济效益。另一方面,产销结合,有利于供需信息沟通,使合作社随时了解市场需求情况,有利于及时调整生产计划。预计其果品销售以及农业采摘收入有望实现爆发式的增长。

(五)依托农业经营多元化融合发展,建设现代农业产业

水漳村三面环山,耕地数量稀少,山地面积大。圣水樱桃专业合作社因地制宜,种植樱桃树、蓝莓树等经济附加值高的经济作物,同时又在政府补贴支持下发展“林下经济”,种植红薯。为解决红薯销路问题,借助信托资金支持合作社扩建红薯粉加工厂,每天可以加工红薯6万公斤,在解决销路问题的同时,又延长产业链增加了产品附加值,提高了经济效益。

根据合作社规划,后续合作社将重点发展反季节水果,结合休闲采摘、超市配送以及农产品加工,全面提升合作社盈利能力。未来将着力打造“圣水樱桃”的农业品牌,依托现有农业设施,逐步建立集休闲采摘、农业体验、餐饮娱乐为一体的现代农业产业园,使水漳成为北京知名的农业休闲胜地,带动村庄发展和农民致富。

四、项目成果评价

(一)依据充分性分析

密云水漳土地信托试点方案经历了长达近3年的研究设计,严格遵守了各项法律法规,充分贯彻了中央有关精神。近年来,党和政府始终关注农村土地流转和融资制度改革创新,为农地信托创新实践提供了政策上的依据。2013年中共中央一号文件提出“要引导农村土地承包经营权有序流转,发展多种形式的适度规模经营。”党的十八届三中全会通过《中共中央关于全面深化改革若干重大问题的决定》确立了新一轮土地制度改革的基调,要求加速推进土地流转,赋予农民更多的财产权利,首次提出“鼓励和引导工商资本到农村发展适合企业化经营的现代种养业,向农业输入现代生产要素和经营模式”,为工商资本进入农村、参与农村土地流转融资提供了政策依据。2014年中央一号文件指出,“要全面深化农村改革,鼓励探索创新,在明确底线的前提下支持地方先行先试,尊重农民群众实践创造”。2015年中共中央一号文件再次强调“稳步推进农村土地制度改革”,“推进农村金融体制改革”。

2013年北京市委、市政府《关于坚持改革创新深入推进城乡发展一体化的意见》明确要求实现农村“土地流转起来、资产经营起来、农民组织起来”,密云水漳土地信托试点正是基于信托原理,创新“土地股份合作社 + 信托公司 + 农民专业合作社”“财产信托 + 资金信托”的农地信托流转融资方式,运用市场化手段推进农地信托流转融资。2014年中共中央办公厅、国务院办公厅《关于引导农村土地经营权有序流转发展农业适度规模经营的意见》将土地确权颁证正式提上了日程,再次明确提出“土地所有权、承包权、经营权三权分置”,“推进家庭经营、集体经营、合作经营、企业经营等多种经营方式共同发展”。农地信托流转融资在坚持集体所有权和土地承包权不变的情形下,将农地经营权信托给受托人的做法与中央的“三权分置”的政策要求不谋而合。2014年中央农村工作会议强调“要把产业链、价值链等现代产业组织方式引入农业”。而整合农业资源、促进农业的规模化、延长农业产业链正是农地信托流转融资较转包、抵押等其他传统流转、融资方式的优势所在。

(二)目标明确性、可行性分析

总体而言,密云水漳土地信托试点项目目标较为明确,方案设计具有较强的合规性和可操作性。开展土地信托的根本目的在于分离农村土地的所有权、承包权和经营权,实现农村土地资源与外部市场资源的要求对接,让市场发现农村土地的资源价值。同时,坚持土地公有制性质不改变、耕地红线不突破、农民利益不受损3条底线,让农民成为土地流转和规模经营的积极参与者和真正受益者,维护和实现农民的土地权利。

我国《信托法》第7条要求"设立信托必须有确定的信托财产,并且该信托财产必须是委托人合法所有的财产,包括合法的财产权利。"考究当下我国《农村土地承包法》《农村土地承包经营权流转管理办法》《信托法》等相关立法,对于农地信托这一创新制度尚无明确规定。但是既有的《物权法》《土地管理法》《农村土地承包法》《农村承包经营权流转管理办法》等已确认农村土地承包经营权的用益物权属性,作为从土地承包经营权中衍生分离出来的新型土地权利,经营权显然契合《信托法》关于信托设置对"合法的财产权利"的要求。毋庸置疑,农地信托流转融资成功剥离了土地所有权、承包权、经营权,保持农地所有权与承包权主体稳定不变,只将经营权纳入信托范畴,亦符合现行立法对于农地集体所有、家庭承包责任制度不变的基本要求。

(三)项目实施成效评价

根据对密云水漳土地信托试点项目的实际考察,并结合走访调查获取的材料数据分析,水漳村土地信托制度已经初步达到了预先设定的目标,取得了较好的社会效益和经济效益。

1. 方案设计基本得到落实,预设目标得到初步实现

在市农经办(市农研中心)的指导下,经过各方不断沟通努力,水漳村的土地信托得以基本按照预先的方案进行推进。从土地股份合作社的组建、土地信托合同的协商议定、土地信托签约方式的确定,到土地信托的签约、对接华联销售渠道的意向达成,再到资金信托担保、签约等一系列步骤流程的执行,基本都遵照了方案的设计。整体上看,土地信托的基本要点得到全面贯彻,原有的方案基本得到落实。

从目前实施效果看,预设目标得到初步实现:农村土地的所有权留给了村集体,承包权留给了农户,而经营权放活给了市场。水漳村土地经营获得了来

自外部金融市场的1000万元信托资金以及华联超市的渠道,原本经营陷入困境的圣水樱桃专业合作社重新焕发了活力,市场经营局面逐渐打开,经营前景看好。这些都进一步带动了土地经营价值预期的提高,不仅给农民吃了定心丸,也有望在不久的将来给农民带来更多的收益。

2. 项目运行充分尊重农民意愿,得到农民认可和拥护

由农民自发成立的土地股份合作社和农民专业合作社作为土地的委托方和经营方,使农民在产权流转、土地经营、收益分配全过程始终处于绝对主导地位。水漳村土地信托的核心价值在于"政府放权,农民自主",在运行过程中充分考虑并尊重农民意愿。在整个信托流转融资过程中,主要发挥市场在农地、资金和劳动力资源配置中的作用,各方主体主要依靠合同规范彼此权利义务关系。地方政府协助搭建与信托公司合作的平台,既没有强迫农民实施流转融资,也没有"亲力亲为"干预整个运行过程。

在水漳土地信托过程中,由村民自主成立、自我管理的土地股份合作社和农民专业合作社分别扮演了土地流转机构和土地承接经营者的角色。在充分尊重农民的自主选择的基础上,通过农民合作经济组织,组织农民与信托公司、担保公司自主订立信托协议,构建整个信托流转融资机制。农民在整个土地信托流转过程中始终占据主导地位,本着"农民土地农民种"的基本设计理念,土地最终流转至以本村村民自主成立、自我管理的圣水樱桃专业合作社,开展农业产业化经营,并由40名村民代表组成理事会负责对合作社运营进行监督,确保了农地农用,有效规避了农民流转土地后的失地风险,防范了土地流转后的"非农化"和"非粮化"倾向。

调查显示,村民对于这一经营模式普遍表示认可并对未来合作社农业经营充满信心。92.2%的受访农户对于农地信托经营表示满意或非常满意,同时表示在13年土地信托合同期满后,愿意继续选择土地信托流转方式。80.4%的受访农户对于圣水樱桃合作社经营充满信心。在实地考察过程中,可以明显感受到合作社较强的凝聚力和向心力,社员对于合作社具有较强的归属感和主人翁意识,参与合作社经营管理的积极性高涨,一些社员甚至不计报酬加班加点参与项目建设。

附表 1 土地信托流转满意度统计

		频率	百分比(%)	有效百分比(%)	累积百分比(%)
有效	0~2分	2	3.9	3.9	3.9
	3~5分	2	3.9	3.9	7.8
	6~7分	10	19.6	19.6	27.5
	8~9分	17	33.3	33.3	60.8
	10分	20	39.2	39.2	100.0
	合计	51	100.0	100.0	

附表 2 13 年期满后是否愿意继续选择土地信托流转

		频率	百分比(%)	有效百分比(%)	累积百分比(%)
有效	是	47	92.2	92.2	92.2
	否	4	7.8	7.8	100.0
	合计	51	100.0	100.0	

附表 3 对圣水樱桃专业合作社经营是否有信心

		频率	百分比(%)	有效百分比(%)	累积百分比(%)
有效	是	41	80.4	80.4	80.4
	否	10	19.6	19.6	100.0
	合计	51	100.0	100.0	

3. 专业合作社经济效益稳步增加，经营前景广阔，信托资金偿付按计划推进

项目实施1年来，圣水樱桃专业合作社从购买优质苗木扩大种植规模到加强农业设施建设扩建大棚，基本实现了对信托资金的充分利用。农业种植品种由玉米等农作物转型到以樱桃等经济性作物为主，基本完成了种植结构和品种的转型和提升。此外，因地制宜地发展林下红薯种植，并建立红薯粉加工厂，增加产品附加值。

在农超对接的基础上，借助互联网技术搭建农产品销售平台，开设水果销售网店开拓产销结合的运营模式。而且依托现有的农业设施，逐步形成集休

闲采摘、生态观光、农业体验、餐饮娱乐为一体的现代农业生产园。

截至2015年8月，圣水樱桃专业合作社收入突破百万元，其中蓝莓收入70余万元，草莓收入30余万元，樱桃收入20余万元，预计2015年全年收入将突破200万元。由于蓝莓、樱桃挂果需要一定周期，目前产量还不高，待进入盛果期经济效益将会更加可观。

按照合同约定，圣水樱桃专业合作社采用了等额本息还款法，每年分两次偿还信托资金，已于2015年3月连本带息偿还20万元贷款，预计于2015年9月还会连本带息偿还50万元。

4. 农民利益获得市场化保障，切实分享到了现代农业增值收益

密云水漳农地信托试点项目利用市场的方式集中流转土地，不仅尊重农民选择权，而且保障了农民土地经营权，实现了农民本土就业权。同时，兼顾了效率与公平，解决了市场化过程中农民利益最大化的问题，构建了科学的信托收益分配机制，使农民成为最大受益者。农民不仅拥有了土地承包权人、土地合作社社员、专业合作社社员、专业合作社工人四重身份，而且可以取得四重收益——除获得每亩1000元的流转费且每3年递增外，还将获得专业合作社和土地股份合作社分红。此外，从土地上解放的劳动力不仅可以选择异地打工增加收入，还可以选择在专业合作社就业获得工资。合作社积极吸引本村村民来合作社工作，现已解决了70余人的工作问题，特别是为年龄在45岁以上、失去外出打工能力的中老年农民提供了稳定的就业机会。调查数据显示，有近60%的农户有家庭成员在合作社就业，有80.4%的受访农户2014年家庭收入比2013年增加了500元以上，有25.5%的受访农户2014年家庭收入比2013年增加了3000元以上。

附表4　农户家庭在樱桃合作社就业人数

		频率	百分比(%)	有效百分比(%)	累积百分比(%)
有效	0	21	41.2	41.2	41.2
	1	23	45.1	45.1	86.3
	2	5	9.8	9.8	96.1
	3	2	3.9	3.9	100.0
	合计	51	100.0	100.0	

附表 5 农户家庭收入增加情况

		频率	百分比(%)	有效百分比(%)	累积百分比(%)
有效	0~500 元	10	19.6	19.6	19.6
	501~1000 元	15	29.4	29.4	49.0
	1001~2000 元	10	19.6	19.6	68.6
	2001~3000 元	3	5.9	5.9	74.5
	3001 元以上	13	25.5	25.5	100.0
	合计	51	100.0	100.0	

五、水漳土地信托实践优势与创新点评价

密云水漳农地信托实践坚持政府放权、农民自主,充分发挥市场在资源配置中的决定作用,探索创建了"土地合作社"和"专业合作社"耦合发展的"双合作社"模式以及"财产权信托"和"资金权信托"复合关联的"双信托"结构。水漳土地信托以农地信托为载体,以信托公司为平台整合对接城乡资金、市场、农地等要素资源在尊重市场运行规律和农民意愿的基础上促进了农业产业化经营,实现了农民土地权益市场化、资本化。评估组认为水漳土地信托较为成功地解决了以下问题:

第一,以信托机制采用市场手段实现农地"三权"分离,既盘活了土地资源,又严守了农地集体性质不变和流转后农业用途不变的底线。

密云水漳土地信托试点项目的创新价值在于:一方面,用市场的方式,通过土地股份制改革理清内部产权关系,借助信托权能分离机制实现了土地集体所有权、农民承包权与农地经营权分离。在推动农地流转的同时稳定了土地承包关系,全面放活了经营权,同时依托信托公司的专业优势开展更加高效的市场运作,有效应对风险,维护农民权益,为盘活农村土地资源探索一种新的模式。另一方面,以信托公司为中介,农地经营权最终流转到农民自主成立、自我管理的专业合作社,确保农地农用,有效防范了土地流转后的"非农化"和"非粮化"倾向。

该项目运行中充分贯彻中央和农业部有关精神,严格遵守土地用途管制的要求,将"确保土地用于农业经营"和"禁止违法建设"要求明确写入信托再

委托合同,这在全国土地信托实践中尚属首创。

第二,兼顾效率与公平,构建了科学的利益分配机制和"多维"农民权益保障体系,解决了市场化过程中农民利益最大化的问题。

维护和保障农民的权益,是我国农村土地制度改革的核心。农地流转融资机制创新的第一要务在于关注保障农民利益。密云水漳农地信托试点项目平衡协调各主体利益诉求,有效维护了农民权益,为土地信托的稳定运行提供了根本保障。

按照北京信托与圣水樱桃专业合作社的土地流转合同,合作社在获得经营收益后,除按照合同支付土地流转费和定期支付信托资金利息外,如实现盈利则需按照合同约定的期限,向信托公司定期支付超额收益,超额收益按照1:3:6的比例向信托公司、土地股份合作社和农民股东分配。这种收益分配方案平衡了各方利益,尤其兼顾了农民的长远利益和短期利益,有效维护了农民权益。

该项目的一大亮点在于实现了对农民权益"全方位、多层次"的动态保护。(1)尊重农民选择权。自愿原则是我国农村土地承包经营权流转的核心原则。只有对农民的利益给予有效保障,农民才会产生流转意愿。水漳农地信托流转中充分尊重农民意愿,对于个别不愿流转的农户,村委会通过村民代表积极与之沟通,采取承包地置换的方式来解决土地"成片开发"和部分农户自主经营权之间的矛盾,最终实现农地整体流转。(2)"保留"农民的土地经营权。相较其他农地信托流转融资实践而言,水漳"双合作社"模式创新之处在于:以信托公司为中介,土地经营权最终不是流转到外部农业经营组织,而是保留到由农民自主成立、自我管理的樱桃合作社。(3)保障农民收益权。密云水漳信托流转成功塑造了"三金"型农民,即合作社社员流转农地有租金、在合作社劳动有薪金、年终利润分红得股金,同时订立了更为规范的流转合同,充分保障农民收益权。①土地租金。农地租金源于两种途径,即"固定收益"和"浮动收益"。其中,"固定收益"为每亩每年1000元的农地流转费。"浮动收益"即流转费每3年增加一定比例的资金。水漳设置"浮动收益"的方式适应了经济发展的变化,有利于保持农民收入的动态平衡。②入股分红。樱桃合作社超额收益的30%归股份经济合作社,股份经济合作社按照土地股和人头股9:1的比例进行分红。创新按"人头股"的分红方式,使户口在当地而没有分得土地的外嫁女和新出生的人口,也有相应的股金收入。③工作薪金。当地实现了农民本土就业,农民在自主成立的樱桃合作社从事日常园区林木的养护、除草等工作,每月能取得1000多元的薪金收入。(4)实现农民本土就业权。水漳村现有具有劳动能力的村民400多人,年轻力壮的都外出打工,留在村里的多是外出就业困难的年长村民。而樱桃合作社吸收了70多名40岁以上的村民就业,解决了农地流转后农民尤其是中老年的就业问题。就地转移从土地上解放出来的农村剩余劳动力,有利于农民在兼顾家庭的同时获得薪金收入。吸纳中老年村民在本地就业,避免其赋闲在家无所事事,有利于增强农民的满足感,在农村形成一种积极向上的氛围,有利于农村的稳定和繁荣。

第三,政府放权、农民自主,探索市场化运作机制,依合同规范各方主体权利义务。

水漳实践的核心价值在于"政府放权、农民自主"。

众所周知,政府主导土地流转的方式简便易行且效率较高,因此,国内多数土地信托项目在土地流转环节一般都采取由政府或者政府组建的中介机构来负责土地的归集和流转。然而,政府主导往往忽视农民的意愿,容易发展为强迫农民流转,与中央倡导的尊重农民意愿和市场化的导向相悖。在水漳信托流转融资过程中,主要发挥市场尤其是信托公司在农地、资金和劳动力资源配置中的整合作用,地方政府只是协助农民搭建与信托公司合作的平台,在充分尊重农民自主选择的基础上,鼓励农民通过两个合作经济组织——土地股份合作社和樱桃合作社与信托公司自主订立结构化的农地信托流转融资协议,并最终由村民自我组织管理的专业合作社实施产业化经营,基于市场选择成功实现了"农民土地农民种"。

以信托公司为平台将城市中的资金、技术、管理、服务等要素信息引入水漳村的农地经营过程中,促进适度规模经营和农业现代化,带动了全村整体发展和农民增收致富。考虑到水漳农业经营的特点和实际需求,北京信托除为其配套1000万元资金信托外,为帮助解决其农产品销售难题还专门为合作社对接了华联超市,实现了生产向销售的延伸。

此外,经过各方不懈努力,该项目最终采用市场化担保的方式,变既有农地融资由政府平台公司甚至乡镇政府财政直接担保为北京市农业融资担保公司担保,成为全国首个由农业专业化担保机构以市场化方式增信的农地信托实践。

第四，以市场机制驱动城乡要素资源对接，为农业经营提供新的融资渠道，促进产业融合多元化发展。

信托公司将城市中的资金、技术、管理、服务乃至人员等要素引入水漳农地经营过程中来，为农业经营提供新的融资渠道，促进了农业现代化和产业化转型。传统的农地流转方式如入股、互换、出租等，一般组织性较低，难以实现规模经营，更难以实现产业融合。水漳土地信托以信托公司为平台进行规模流转的同时，创造性地打通了农产品生产、加工和销售环节，并积极挖掘了农业产业的乡村生态休闲、旅游观光以及文化教育价值。

北京信托不仅受托管理农地，还设立信托产品向投资人募集资金，并注入樱桃专业合作社，为农业经营提供了新的融资渠道选择。过去农业经营融资主要通过农村小额信贷、农民互助金融或者民间借贷等，基于风险考量对于担保物以及经营者要求较高，农民往往难以满足，造成融资无门。引入土地信托模式后，借助信托公司平台，为相应的农业项目对接资本市场进行融资，解决了农业经营困局。

北京信托更凭借其资源整合能力促进专业合作社与北京华联综合超市对接，使合作社成为华联供应基地，延长产业链条，实现产业融合，解决销售难题。

第五，构建了较为规范的资金监管机制和科学的资金偿付方案，保障资金使用效益。

农地信托流转融资可持续发展的关键在于如何保证注入的资金发挥应有的效用。以往是由乡镇政府农村信贷资金实施行政监管，或是由银监会进行金融行业监管，然而，前者不符合金融监管的要求，后者不适合农村实际和专业合作社资金监管的体制规定。密云水漳土地信托在信托资金的监管上进行了创新，探索构建了较为规范的监管机制。在资金流动方面，北京银监局对1000万元信托资金的流出方向进行宏观监管；在日常运营方面，由密云县当地的农业合作中心及农研中心下属的经管科对其日常经营进行微观监管，保障信托资金发挥其应有的效用。以上措施既符合金融监管法规，又符合农村实际和专业合作社资金监管的体制规定。

水漳农地信托试点项目借款期限为8年，采用等额本息还款法，将本金与利息总额相加，每年按上下半年分两次偿还，且顺应果树挂果周期还款数额逐步递增，不仅有利于保障信托资金的按期偿付，而且有利于减轻合作社还款压力。

六、水漳土地信托项目面临问题与障碍

虽然，目前密云水漳土地信托项目进展较为顺利，但毕竟起步只有一年多的时间，评估小组研究发现在开展试点的过程中还存在一些问题、面临一些障碍滞碍其发展，亟待解决：

第一，土地股份合作社的登记问题。

水漳农地信托试点项目采用的是双合作社模式，即“土地股份合作社＋信托公司＋农民专业合作社”。农民将土地以入股的形式，将土地经营权交给土地股份合作社，土地股份合作社将土地以信托的方式交予信托公司，信托公司将土地租给农民专业合作社，由农民专业合作社进行种植和管理。但是针对土地股份合作社的主体资格取得，现行法律法规未予以明确。又由于性质差异，既有农民专业合作社法不能直接迁移适用于土地股份合作社。而地方目前也没有针对此类合作社的登记和运营制定具体规定，造成土地股份合作社登记困难。

调研发现，水漳土地股份合作社一直处于无合法身份、无标准规范、无运营资质的尴尬境地。由于法律地位不明确，引致其不具有与北京信托公司签订财产权信托合同的主体资格，只能委托当地村委代为签约，增加了合同订立以及未来纠纷解决的复杂性和不确定性。

第二，信托公司在土地信托中的适应能力和资源整合作用发挥问题。

土地信托最大的创新在于将信托理念和机制融入土地流转融资中去，实现信托融资和土地流转的有机结合。然而，由于信托公司生于城市长于城市，在其走向农村的过程中传统的商业金融模式与农村制度现实碰撞中必然衍生出一些矛盾和冲突。例如，信托公司对于还款期限的严格要求与农业经营尤其是经济林木经营周期较长、收效慢的现实冲突等。再如，信托公司基于风控考量而对于担保的严格要求与圣水樱桃专业合作社本身几乎没有任何合法的可抵押财产的矛盾所导致的项目风险归集成为难题。虽然最终通过北京市农担公司担保补齐了资金使用链条，但农担公司自身的反担保制度要求又引发新的障碍，最终不得不由合作社理事长本人以个人资产承担了部分抵押担保，信托资金才得以发放。尽管按照合同约定信托公司已注入1000万元的信托资金，但因为农业生产本身就具有周期长、收效慢的特点，再加上后续生产技术的引进和销路的开拓中资金的投入也必不可少，这些因素都导致了未来项

目的运行仍面临不小的资金缺口。此外,樱桃生产合作社还要在每年的利润中分出一部分用于定期支付信托资金利息,这种资金“两难”的困境将成为未来制约水漳村发展的一大阻碍。

毋庸讳言,信托公司作为以信任委托为基础、以货币资金和实物财产的经营管理为形式的金融机构,具有利用其资源平台优势和资产管理服务的功能整合提升农业生产资料、技术、经营、销售等环节,促进农业产业化、现代化的能力。例如,目前黑龙江省兰西县正在开展的中信兰西项目,就由中信信托公司牵头携手黑龙江省农科院、哈尔滨谷物交易所共同出资成立的兰西中信公司现代农业服务公司,整合发挥中信信托、农科院和谷交所在融资、科技创新和开拓农产品市场的优势,为兰西农业生产经营主体提供土地流转资金支持、种肥等生产物资代购及资金垫付、农机农技等生产性服务以及玉米收储及订单收购。现代农业服务公司还为生产经营主体制订玉米生产种植标准化操作规程,实现农业生产标准化。

调研发现在密云水漳项目实践中,信托公司的作用基本还是停留在土地流转和资金信托层面,除帮助合作社对接华联超市外,对于农资、技术、市场等资源的整合平台作用没有得到充分发挥。在农资、技术和销售等农业生产前后端主要依靠农民专业合作社自身力量,只有 35.3% 的受访农户认可信托公司在水漳信托项目中发挥了很大作用。

附表 6　信托公司在水漳土地信托中发挥的作用

		频率	百分比(%)	有效百分比(%)	累积百分比(%)
有效	很大	18	35.3	35.3	35.3
	一般	11	21.6	21.6	56.9
	没作用	1	2.0	2.0	58.8
	不知道	21	41.2	41.2	100.0
	合计	51	100.0	100.0	

第三,农地信托监管问题。

能否对其实施有效监管,事关整个农地信托流转融资框架的稳固与发展。然而,目前我国尚无对于农地信托流转融资监管机构的专门规定。我国《信托公司管理办法》规定,中国银行业监督管理委员会对信托公司及其业务活动实施监督管理。而《农村土地承包经营权流转管理办法》明确由县级以上的土地管理部门对农地流转进行监督和管理。但是既有立法对于聚合兼容农地流转和信托双重因素的农地信托的监管机构、程序、权责等却“集体失声”。以信托资金监管为例,由于信托公司自身根本无力在远郊区县开展符合要求的日常监管,而经管部门作为政府机构本着“法无授权不作为”的原则又不便插手,使资金使用监管成为一大难题。无奈之下,信托公司只得委托密云县农合中心代为履行日常监管职能。

七、对策和建议

在新一轮土地制度改革背景下,为推动密云水漳土地信托试点项目开展以及条件成熟后扩大试点范围,评估小组提出以下建议。

(一)土地信托体制层面

从土地信托体制改革的现状看,法律制度不健全和相关风险管控以及保障机制的缺失,是现在水漳村面临的主要问题。为了能更好地破解体制困境,政府必须重新定位其在土地信托中的角色,积极由管理型政府向服务型政府转变,在尊重市场导向的基础上,发挥政府的辅助作用。政府应该着手于几方面的体制推动工作。

1. 建立农村土地流转风险基金制度,防范土地信托流转中的风险,引导构建完善的农业保险体系。水漳村土地流转信托中面临着多重风险,通过设立土地流转风险基金,一方面,可以与农村社会保障相结合,为部分流转了土地又失去就业能力,且无法仅依靠土地流转收入获得养老保障的老年人解决了基本生活保障问题。另一方面,将农业生产合作社纳入风险保障体系中去,降低它们在农地流转融资过程中的经营风险和系统性风险。政府可以根据政策性法规,通过在土地交易收入中提取一定数目的风险管控资金构建土地流转风险保障体系,以弥补商业类农业保险的不足,逐步构建完善的政策性和商业性资金相结合的农地流转融资风险保障体系。

2. 地方政府出台有关股份合作社地方立法,建构一体化农业信托协同监管机制,破解法律障碍。水漳村土地信托中的委托方本应是土地股份合作社,但由于立法缺位不能依法登记,无法取得信托合同主体资格,只能委托村委会及其他组织代签合同,影响交易安全。建议出台土地股份合作社地方立法。此外,农地信托融合土地和金融双重属性,更暗合产业、金融、法律等多重风险，建议厘定银监部门农地管理部门监管职权，构建信托监管协同机制。

3. 实现土地收益权凭证化，在土地确权和信托登记制度完善的前提下，实现土地收益凭证化是未来土地信托发展的重点。一方面，信托公司可以将土地收益权证券化后，向农民发放，同时确定这部分权益所对应的固定收益以及增值收益，使农民淡化其对土地的依赖，有利于农民摆脱土地的约束，从而充分发挥信托保障农民长期收益的作用。另一方面，由于土地收益权凭证本身具有有价债券的性质且具有流通性，因此，可以通过收益权凭证的流通来募集社会资金，以支撑农业发展。收益权凭证化的方式为农村经济发展提供了新的融资渠道，通过收益凭证在市场上的流通，实现土地价值的市场化，盘活了土地，同时也分散了融资风险，有利于优化农业产业结构，实现农业规模化经营。

4. 筹划建立农地信托登记制度，防范信托风险，保障交易安全。信托登记具有社会公示作用，不仅利于保障交易安全，而且利于实现信托财产独立性和破产隔离作用。现行信托法对信托登记语焉不详。为明晰产权关系、防范信托风险，建议建立农地信托登记制度，与既有农地登记制度衔接，在运作上可考虑将农地流转登记和信托登记合二为一，允许在办理农地流转登记同时申请办理信托财产登记。

5. 建立信息公开机制，保障农民对土地的知情权，防范土地信托中的道德风险。土地信托中道德风险在很大程度上是由于信息不对称所导致的。在水漳村模式中，农民土地由股份合作社流转集中后，再由村委会代表农民与信托公司签订合同，而农民自身与信托公司基本绝缘。因此，在农村土地承包经营权信托之中，应建立起信息公开制度，受托人应当定期将信托财产的管理运用、处分及收支情况报告给委托人与受益人；委托人与受益人有权查阅、抄录或者复制与其信托财产有关的信托账目及处理信托事务的其他文件，并要求受托人作出说明。经由这样的信息公开体制，可以防范与控制信息不对称的风险。

（二）土地信托政策层面

北京市农委作为土地信托模式的实际设计者，通过政策调整为土地信托提供更多援助，其作用主要体现在以下两个方面。

1. 依托现有的乡镇农技站和经管站，发挥其在技术和监督两个环节的作用。农委依靠现有的乡镇农技站，委派具有专业农业技术和农业种植经验的农技人员为水漳村提供充分的技术支持。此外，充分发挥农经站的职责，与银监会合作，对信托资金的实际运用和信托工作的开展进行监督。

2. 建立农地信托补贴政策，为进入农地流转的信托公司提供政策性支持，促进土地信托发展。就水漳村的情况而言，因为信托公司盈利空间有限，经营风险大，使北京信托失去了进一步推动土地信托发展的动力。建议通过政府政策性补贴支持，减轻信托公司的负担，其补贴政策可以包括财税优惠政策、农业生产补贴金等。通过这些政策的实施，为信托公司创造良好的政策环境，鼓励信托公司加快水漳村土地信托的推进速度，实现水漳村土地信托模式的进一步完善。

（三）土地信托的操作层面

在土地信托的实际操作层面，信托公司和农业合作社职能和作用的发挥是不容忽视的。

对于信托公司而言，充分发挥其在土地信托中的优势，促进土地信托各环节的整合提升，实现和维护农民的土地权益。依托信托公司作为金融机构的优势，促进农村土地资源与城市技术、管理、销售等要素的对接，实现城乡要素市场的有效联通。

（1）在农业生产环节上，信托公司引进专业的农资企业、农机合作社以及农业科研机构，将各自优势充分与农业生产合作社的经营结合起来，实现种子、肥料、农机等各种生产要素的有机结合，优势互补。同时，结合水漳村实际情况引进具有专业农业知识的技术人员实际参与到农业生产的各个环节中去，使农业技术可以深入农业生产的实践中。理论结合实践，优化农业生产结构，实现农业规模化、产业化。

（2）在销售环节上，利用信托公司掌握的丰富的市场资源和信息，通过信托公司的市场运营能力将这条产业链打通，使产业链上端的农业生产合作社和下端的消费者群体直接对接，实现产融结合，缩短农产品交易环节，节约交易成本，打造独具农业特色的农产品销售链条，完善城乡农产品消费市场。

（3）在土地信托机制上将消费信托与土地信托结合，创新农产品营销模式。消费信托是一种“消费 + 理财”的新型信托模式，具体到土地信托中而言，由信托公司以消费者的需求出发，推出消费理财产品，由消费者购买信托产品获得农产品的消费权，到期后消费者可以以最优价格获得自己认购的农产品。消费信托不仅帮助农业生产者解决了农产品销路问题，同时实现了产融结合，以销定产，避免出现农产品滞销的情况。就信托公司而言，消费信托为其创建了新的盈利模式：第一，减少了农产品中间流通环节，极大地节约了交易成本，使信托公司在兼顾生产者和消费者利益的同时，仍具有很大的盈利空间。第二，消费者向信托公司交纳一定数量的消费保证金，经过这部分资金的沉淀、投资、到期分配三个阶段，为信托公司创造了无限的盈利空间。第三，信托公司利用其议价权，为消费者获得最优质的消费服务同时，也可以通过中间的差价获得一定的资金盈利。

对于农业专业合作社而言，其作为"双信托模式"中实际的农业经营者，其经营和管理能力的提升对于土地信托未来发展尤为重要。一方面，规范合作社内部机制，设立股东大会，定期对农业生产情况进行内部公示，加强对信托资金的内部管理；另一方面，对实际农业种植人员进行统一的农机培训，提高农业经营水平，促进农业专业合作社向专业化、规范化方向发展。

附录8：黑龙江兰西土地信托融资现状及法律障碍调研报告

一、引言

农地信托是基于信托原理，以实现农地流转融资为目的，将农地经营权作为信托财产委托给信托机构经营管理，实现农地受益权标准化和凭证化，促进我国农村土地、资金、劳动力资源合理配置。

为维护农民的土地财产权和集体资产收益权，推动"土地流转起来"，解决农民市场能力不足的问题，我们应借助金融机制，增强农民资源配置能力，提高农村土地经营管理效率。自安徽省宿州市"中国首单土地信托"落地以来，已有中信信托、北京信托等多家信托公司投入农村土地信托的实践。经过对黑龙江省兰西县的实地考察，在中信公司的牵头下，2015年2月7日中信信托有限责任公司、黑龙江省农科院、哈尔滨市谷物交易所与兰西县政府四方签订《战略合作框架协议》，使土地信托落地在兰西县。

为检验项目实施效果，2015年8月北京农学院土地流转融资调研小组对兰西县土地信托试点项目开展调查。本次调查的主要任务为：(1)针对兰西县土地信托的基本做法、土地信托方案落实情况以及半年多来试点工作的进展情况等进行系统全面的考察；(2)结合兰西县农业生产的实际情况，分析兰西县开展土地信托的优势和特点;(3)研判兰西县项目实施半年来对当地农村的经济、社会发展、农民生活质量影响的方式、程度;(4)对项目运行过程中出现的和可能出现的问题进行客观分析并提出建设性意见。

二、兰西农地信托概述

伴随着新一轮的土地信托制度改革,自2013年10月以来,北京、安徽、江苏、河南、山东等地陆续与北京信托、中信信托、中粮信托等信托公司携手合作,对农业信托融资进行了有益的探索。

(一)信托模式

兰西县土地信托自实行以来就备受关注,在坚持土地集体所有制不变的前提下,兰西中信公司引导农民自愿将承包的集体土地委托给合作社经营;合作社受托农民承包地后,经过整理,再二次信托给中信信托公司,由中信信托公司向合作社农民发放信托凭证。作为农民获得土地收益权的一种法律证明,农民收益体现为土地固定收益(基本地租)和浮动收益(土地经营收入)。下面我们通过对比的方式,客观展现兰西县土地信托的特点。

(二)与全国其他土地信托试点地区比较

与之前考察的土地信托试点地区不同,兰西县土地信托有其特殊之处。一方面,使我们的调研工作必须做出一些调整;另一方面,也增加了我们考察样本的多样性,为未来农村土地信托制度的推广和改革提供有益经验。兰西县土地信托的特殊性可以归结为以下几点:

1. 兰西县农业生产状况。一方面,兰西县一直是黑龙江省的农业生产大县,兰西县面积2499平方千米,耕地面积2,165,000亩,占总面积57.7%。这使兰西县与其他试点地区相比,耕地面积更为广阔,土地连片化程度高,更易开展耕地机械化运作和农业规模化生产。另一方面,与其他土地信托项目多以经济作物为主要种植作物不同,兰西县以玉米、水稻、杂粮等粮食作物为主要种植作物。以上两方面的差异也直接造成农作物的耕作方式以及营销模式上的不同。

2. 人地关系更为密切。在之前考察的土地信托项目中,该试点地区的人均耕地占有量都很低,农民的收入主要来源于外出打工等其他方式,耕地收入只占很小一部分,农民对土地的依赖性相对较低。但兰西县人均耕地占有量达到十几亩,耕地收入为农户主要收入来源,这使村民对耕地的依赖性更强,人地关系显得更为微妙。

3. 土地信托运行状况。综观兰西县土地信托到目前为止的运行情况,其土地信托中后期配套机制已相当完备,已建立起相关的农业生产和销售机制,但前端的土地流转信托等环节尚处于规划阶段,并未实际运行。因为信托运行环节的缺失,使我们在调查时无法对兰西县土地信托项目的实际运行情况有一个整体、全面的评估。

三、调研基本情况

针对该项目的特殊性,我们在调查时做了一些调整,在侧重对项目运行的事中评价的同时,兼顾对项目尚未实际运行环节的预测评价以及探索。就内容而言,兰西县项目调查报告包括四个方面:第一,客观分析兰西县开展土地信托项目的优势;第二,准确描述项目的实际运行情况;第三,分析项目运行中已经以及可能出现的主要问题,以及面临的困境和障碍;第四,为未来兰西县土地信托的发展提出可行性规划以及改进建议。

为了实现上述调研目标,调研小组在对兰西县农地信托试点项目进行评价时,严格遵循以下基本原则:第一,客观性原则,即坚持以客观事实为依据,基于掌握与项目有关信息进行理性判断。第二,中立原则,即为求对所要评价的项目保持中立态度,对与项目相关的组织与个人保持中立态度。第三,综合性原则,鉴于项目涉及范围广,实施主体众多,关系农民切身利益,采用文献研究方法梳理既有的10个农地信托项目,并与之前所调查的全国土地信托数据进行比较,尽可能全面反映项目的绩效情况。

四、进展情况

结合实地调研考察和理论分析研判,对兰西县土地信托目前的实施效果进行初步评价,调研组认为自签约以来,项目如期开展,进展顺利。具体进展如下:

(一)初期信托资金到位,利用金融优势实现经营模式升级

兰西县依托中信集团突出的资金优势和强大的支撑作用,积极动员引导农民组建合作社,推进家庭农场、种植大户等经营主体向合作社转型升级,构建"连乡、整村、整屯"推进土地规模经营新模式,力争到年末,合作社达到1380个,流转土地170万亩以上,规模经营土地200万亩。

（二）以点带面，逐步实现土地信托化

开展信托试点工作。经过严格筛选，信托公司从1000多家农业合作社选出了15家合作社（耕地面积1000亩以上且连片375亩以上），开展试点工作。（1）为合作社发放资金，突破资金"瓶颈"。与信托公司签订农业订单，信托公司为合作社发放贷款428万元。（2）推广新型化肥，提高农业产量。中信公司与化肥生产厂合作，直接投资生产优质化肥并向15家合作社赊销化肥819吨。（3）提供先进生产技术。中信公司与农科院合作，在耕地上开辟实验田，由专业农技人员提供技术保障，推广种植改良农作物。（4）实现农业机械化生产。与农机合作社联系，计划在土地上开展大机械化作业，以实现农业的机械化、规模化生产。以农业合同关系为依托，通过"资金+化肥+技术+农机"的方式逐步与15家合作社建立更加密切的联系，并通过试点工作初步取得其他合作社的信任，为土地信托推广打下良好的基础。

（三）建立土地信托服务平台，实现农业资源优化整合

中信兰西土地信托公司设有专门农业服务部门，利用自己渠道资源优势，与相关的肥料公司、农机合作社合作，负责提供资金、农资、农机等服务工作。充分发挥信托公司的中介作用，搭建农业生产服务平台，统筹整合资源力量，创新农业服务机制，为合作社农业生产提供全方位的农业生产服务。

（四）信托公司与农研中心合作，为农业生产提供农业生产技术服务

信托公司主要提供两个方面的农业技术服务：一方面，为农户提供测土配方，改良土壤，提高土地肥力；另一方面，为村民农业生产提供技术指导，包括与黑龙江省农科院合作，引进专业的农技人员提供技术服务，以及邀请无土栽培方面的专家为其提供技术支持。通过科技带动农业转型，从而提高农业产量。

（五）实现与谷物交易所合作，提供销售渠道支持

信托公司将谷物交易所引入兰西县信托项目中来。谷物交易所可以通过农产品期货的方式将农产品销售出去，通过谷物交易所实现了市场要素和农业生产的有效结合，创建完善的农产品销售链条，为农业生产提供销售保障。

（六）建立农技培训机构，全面提高农民自身素质

中信公司通过与农科院合作，组织流转土地的农民进行专业农业技术培训，由有丰富农业实践经验的专业技术人员向农民传授科学的种植知识，以此提高农业合作社的专业化水平，提高农业生产效率。同时，为农户提供一技之长，提高农户综合素质，切实保障农户发展权。

（七）成立中信兰西信托公司，为兰西县土地信托引入市场化的管理机制

中信信托为了更好地保障兰西县土地信托项目的运行，与兰西县政府合作，在兰西县成立中信兰西信托公司，负责兰西县土地信托项目的日常运营。中信公司通过设立公司，为兰西县土地信托引入市场化的企业管理模式，在提高土地信托管理效率的同时，也推进兰西县农村经济朝市场化方向发展。

五、土地经营权抵押贷款实践

土地经营权抵押是兰西县试行的另一种土地流转融资模式，经过几年的推行其已经在兰西县获得一定成效，通过对土地经营权抵押模式成功经验的研究可以为土地信托模式的推行提供有益的指导。

（一）土地经营权抵押贷款概况

兰西县土地经营权抵押贷款主要经过“农民申请—土地使用证抵押经管站—县经管站开具抵押证明—农民凭抵押证明向银行申请贷款”几个环节，银行通过对土地审核后即可向农户贷款。另外，农民也可以凭身份证明和土地使用证直接到农村信用社进行贷款，贷款金额一般在3万~5万元。目前，兰西县农民办理的此项贷款的金额已达到8000多万元。通过土地经营权抵押的方式，一方面，帮助农户突破资金“瓶颈”；另一方面，也拓宽了融资渠道，实现了农业金融化发展。综观土地经营权抵押的全过程，其成功主要应归功于以下几点。

1. 合作社等新型经营主体的建立，即将原本零散的土地集中一起形成规模，又提高了抵御农业经营风险的能力。在政府的积极推动下，兰西县各类农业合作社规模逐步扩大，流转土地面积达到235万亩，通过这种集中流转实现土地集中，有利于实现土地规模化生产。此外，以农业合作社作为贷款主体，提高了信用度，也降低了银行的贷款风险，提高了银行的贷款积极性。

2. 政府在土地抵押权贷款中起到了积极的促进作用。其作用主要体现在以下几个方面。

（1）引进多家融资机构丰富了金融主体多样性。在政府的不懈努力下，兰西县先后引进了哈尔滨银行等10余家银行，在为农户提供多样化的贷款选择同时，也使他们彼此之间形成了良性竞争，提高其金融服务质量。通过银行等金融机构的参与，实现了金融要素和农业市场的有效对接，拓宽了融资渠道。

(2)政府充当农民的隐形担保第三人。一方面,银行以盈利为目的,存在债务风险,银行就不能放心放贷;另一方面,无人进行担保农民就得不到贷款。在这种两难的困境下,由政府介入充当担保人的角色,就有效减轻了贷款风险。政府在整个土地经营权抵押过程中,承担土地数量审核、盖章、出示证明、收取土地使用证件等多种职责,并向银行承诺到期农民如不能还清贷款,政府会将土地优先流转,以偿还农民贷款,并会配合银行讨回欠款,这使银行减少了一部分后顾之忧。

(二)与土地信托模式比较

虽然土地经营权抵押贷款的方式有诸多优点,但与之相比,土地信托仍具有其独特的优势,具体归纳为以下几点。

1. 土地信托资金发放及时,资金利用率高。在土地经营权抵押贷款中,银行出于自身利益风险的考虑,准入门槛相对较高,程序审核相对复杂,他们贷款更多倾向于"锦上添花",而非"雪中送炭"。这样直接带来两方面的问题:(1)准入门槛过高,信用度低的个体农户很难获得贷款资格,资金投放普及率相对较低。(2)审核流程过于烦琐,贷款周期长。而农业耕作周期相对固定,一旦贷款发放不及时,可能就错过农忙期,无法发挥资金全部的效用。相比而言,土地信托资金准入门槛低,流程简便,贷款周期短,资金发放及时有效,提高了资金的利用效率。

2. 土地信托风险管控机制相对健全,整体风险较低。在土地经营权抵押中,农业贷款风险系数大,风险管控机制不健全,导致农户、银行甚至政府三方都承担极大的风险。土地信托制度风险管控模式则相对健全,对于三方的利益都有一定的保障:(1)对农户而言,构建"固定收益 + 浮动收益"的收益模式,对农户的收益权有了更加全面的保障。(2)对信托公司而言,信托公司为主要的风险承担者,但信托公司依靠其强大的金融实力和完善的风险管控机制,也在一定程度上有效规避了风险。(3)就政府而言,在有了明晰的风险划分和承担机制后,政府可以及时从中抽离出来,实现政府角色的重新定位和职能划分。

3. 在实现资金服务的同时,为农民生产提供技术服务援助。土地经营权抵押中,主要为农户提供的是资金上的援助,而土地信托则采用"资金 + 管理"双信托的模式,提供资金和生产技术双方面的服务和援助,促进资金和技术共同推动兰西县农业生产发展。

六、兰西县开展土地信托的几点优势

（一）创新农业生产经营主体，农地集约化程度高

兰西县通过开展干部联乡搞宣传工作，以及出台相应的政策支持，积极组织创立新型经营主体。在县政府以及村民的共同努力之下，兰西县农业经营主体规模逐步增大，现兰西县各类农业合作社发展到1230个，其中包括种植合作社892个，而种植面积在200亩以上的种植大户有1147户，联合经营体有167个，家庭农场有643个。兰西县通过加快农业经营主体创新发展，以农业生产的组织化、规模化、集约化推动农业现代化。同时，这些新型农业经营主体也为未来土地信托实现规模化经营、获得规模化效益打下了良好的基础。

（二）农地确权化程度高，土地权利明晰，有利于土地信托制度的开展

在土地确权方面，兰西县是黑龙江省土地确权试点县，仅至2008年左右就已经发放了90%左右的土地使用证。发放土地使用证主要是依据土地台账，确保农民土地权利明晰，在为兰西县土地经营权抵押提供凭证的同时，也为未来信托登记提供了方便。除此以外，农地确权也是土地凭证化的基础。

（三）政府创新农业支持保护政策，为土地信托开展创造了良好的政策环境

从土地确权到土地经营权抵押贷款，兰西县政府一直致力于农地流转融资制度的改革。同时，县政府还采取一系列的农业支持保护政策来促进农业规模化生产，包括设立专项资金扶持生产主体以及建立奖励机制，引导社会资金投资农业等政策。政府的支持和保护也使土地信托的推行避免了政策风险。

（四）建立土地经营权流转平台，形成由县到村完整的土地流转体系

利用农业服务电子网络，建立并运营农村土地经营权流转电子交易平台，兰西县成立土地流转办公室，乡镇成立土地流转服务站，实现土地流转信息与规模经营主体需求衔接，仅2015年，便已成功流转43.8万亩土地。公平公正、合理合法、完善的制度设计，为土地信托提供了便捷的土地流转渠道，也解决了土地流转中信息不对称的问题。

七、兰西县土地信托面临的问题与困境

（一）土地确权有疏漏，土地权利并不明晰

兰西县虽然开展了土地确权工作，土地确权率已超过90%，但土地确权

工作仍有些细节工作需要完善:(1)确权过程中缺少对相关收益人的登记。兰西县现在只对土地承包经营人进行确权登记,而并没有对相关收益人进行登记,土地权利人的不明晰,会对未来土地凭证化造成困难。(2)土地确权缺少明确的坐标指示。目前,我国对土地确权工作的政策要求是土地要确权到地,但因为现在兰西县土地确权没有明显的坐标,导致在实际工作中,很难能对各家各户的土地做出十分明晰的划分,这也为土地信托中土地价值评估、土地凭证化等工作造成不便。

(二)兰西县土地信托面临一定的法律问题

兰西县土地信托仍处于起步阶段,而且项目的前端设计还不健全。兰西县目前计划借鉴安徽宿州模式,但其中有几个法律障碍需要克服:(1)安徽省宿州市在土地流转时采取了由村到乡再到镇的政府层层流转的方式,根据我国《农村土地承包法》规定,土地流转的对象必须是具有农业经营能力的主体,政府作为行政主体是否有资格成为土地流转的对象?(2)按照政府承诺,一旦出现欠款需要追偿时,政府会动用刑侦部门进行追偿。但贷款担保本质上是一种民事财产关系,公权力的公然介入违反民法上的私法自治原则。(3)政府以什么财产进行担保?政府承担担保职责,那么要以什么财产进行担保,政府有没有资格以政府资产进行抵押,这样是否会造成政府资产流失呢?

(三)资金投入大,资金到位率低

兰西县农地面积大,也决定了中信信托公司的前期必须有大量资金投入,以带动土地生产规模化,同时,农业生产特点也决定了这部分资金投入必须是长期性的。此外,这也延长了资金链条,使信托公司面临资金链断裂、陷入资金困境的风险。正是因为这些顾虑和风险,使兰西县土地信托项目资金到位率差,没有大笔资金投入就无法开启整个土地信托项目链条,这也是导致目前兰西县土地信托项目进展缓慢的主要因素。

(四)信托公司面临信任问题

正如笔者前文所述,兰西县超过半数的村民都是以耕种收入作为家庭主要收入来源,人地关系十分紧密。信托公司一旦进入,两者思想观念上的差异,会不会令人地关系陷入紧张,激化人地矛盾。如何打破信托公司和村民之间的信任坚冰,确保土地信托稳步推行,是信托公司面临的另一大难题。

八、对兰西县土地信托项目的建议

（一）改革政府土地确权工作，实现土地确权不确地

目前，农村耕作更多是凭借经验和习惯对土地进行划分，这使各户之间耕地界限十分模糊，使政府在土地确权到地过程中引发很多民事纠纷。笔者认为，“确权确股不确地”应该成为未来兰西县土地确权工作的发展方向。确定本村村民人数，然后将本村全部土地均分到个人，以土地入股形式入股合作社。有效保障确权公正，降低确权难度，同时实现土地确权与土地凭证化的有效衔接，为土地凭证化提供便捷。

（二）实现农业合作社等农业经营主体股份制改革，合理实现农地“三权分置”，保障收益的科学分配

现兰西县土地流转多采用转包形式，农民仅能获得每亩最高700元的转包费，根本无法满足农户的生活需求。通过农业合作社股份制改革，允许农民以土地经营权入股合作社，这带来的好处有：（1）促进实现农业经营主体的优化升级，成功将市场机制以及运作模式引入农业生产经营中去，推动了农业生产的市场化。（2）科学实现农地“三权分置”，盘活了土地资源。土地经营权入股合作社，在保证土地用途和农地集体性质不变的基础上，实现土地所有权、承包权、经营权的分离，促进土地资源的优化配置，提高土地资源的利用率。（3）充分保障农民收益权，农户可以按股份获得农业收益，通过设立浮动收益，提升农户的收益空间，提高农户的生活水平。

（三）进行土地信托试点，提供政策支持

鉴于现在土地信托难以在兰西县全面展开，可以选择部分耕地进行土地信托试点，一方面探索更加适合兰西县发展的土地信托模式，另一方面是通过试点工作的开展起到一定的宣传作用。此外，为进行土地信托的农户提供政策支持，为进行土地信托的合作社提供政策补贴和相关的农业生产服务，为进行土地信托流转的农户优先提供就业生产安置。

（四）各方协同，共同建立统一完善的土地信托监督机制

土地信托的有效运行离不开完善的信托监督机制。针对兰西县实际情况，一方面，建立自治性的监督机制；另一方面，尽量集中统一行使监督职权，避免出现政出多门的现象。完善的监督机制需要政府、信托公司以及农业合作社三方协作：（1）依托现有农业合作社网络，建立协会性质的自治机构。兰

西县有1230余个农业合作社，已初步形成了农业合作社网络，可以通过政府组织合作社成立一个行业协会性质的机构，再通过合作社之间相互监督，充分发挥行业自治的作用。(2)政府适度行使公权力，充分履行信托监督的作用。政府通过对土地流转、信托等环节的把控和监督，对土地信托的运行状况进行监督。(3)建立信托信息公开制度，农业合作社通过土地流转网络平台，将土地和资金使用状况定期公布。

(五)建立消费信托平台，将农资企业纳入到消费信托框架中去

现中信公司为开展全面农业社会化服务，与肥料厂合作投资生产优质化肥，但笔者认为，这样的方式并不利于信托公司的发展。一方面，农资服务与信托工作的金融职能并不匹配；另一方面，投资农资领域增加其物力财力投入。所以笔者认为，信托公司更应该发挥其信托平台的作用，通过消费信托的模式，将农资公司提供的农业资源，像化肥、种子等，设计成为消费信托产品，由农业合作社作为消费者，利用信托公司作为中介。这样既实现了为农业生产提供服务的初衷，又实现了自己的金融服务职能，在完善农业生产社会化服务同时，扩展融资渠道，实现农业生产与农业金融的有机结合。

(六)政府指导成立合作社协会，协助开展农业生产经营以及信托服务

为适应兰西县目前多家农业合作社并存的现状，兰西县政府可以指导成立农业合作社协会，这对于未来兰西县土地信托的发展有很大的帮助，其优势有以下几点：(1)有利于协会内部对农业合作社的管理。建立农业合作社，一方面，可以充分发挥协会内部自治的作用；另一方面，更加有利于政府对农业合作社整体监管，形成有效的内部管理机制。(2)改变了农民在土地信托合作关系中的弱势地位。原来的农业合作社较为分散，当单个的合作社直接与信托公司对接洽谈时，两者在自身实力和信息流通等方面都处于不对称的位置。建立合作社协会可以提高农民地位，增强农户谈判中的话语权，切实保障了农户权利。(3)依托合作社协会，建立土地流转机制。由合作社协会建立土地流转股份合作社对土地进行流转，更有利于对土地的管理以及农民在土地流转中利益的保障，同时还可以提高信托服务质量。

九、对未来兰西县土地信托发展模式的思考

现今兰西县土地信托在制度层面面临的最大困境就是制度前端设计尚未成型，导致土地信托迟迟无法推进。到底什么样的土地信托模式最为合适，一

直是困扰兰西县的问题。在此,我们为兰西县政府提供一种制度设计,希望以此帮助兰西县突破制度"瓶颈"。通过对在全国开展的几十单土地信托项目的调查,我们发现其中的土地流转模式也是多种多样,但比较而言,其中较为完善的两种模式分别是政府主导模式和双合作社模式。两种模式各有利弊:政府主导模式依托政府强制力保障,确保土地流转的良性运行,但此种模式下会产生一定的法律问题和冲突。与政府主导模式相比,双合作社模式避免了政府的介入,完全依靠市场运行,由建立的土地股份合作社对土地进行集结流转,但农民自身力量毕竟有限,仅仅依靠他们的力量能否进行兰西县如此大规模的土地流转还有待考察。

结合兰西县农业耕地规模大、集成化程度高的实际情况,采用政府指导模式更有利于土地流转的实际运行,但如何避免出现政府干预过多,滥用职权的现象呢?笔者认为,可以采用"农业合作社协会+政府指导"的模式,由农业合作社组成农业合作社协会,在政府指导下成立土地流转机构,其优势有以下几点:(1)先由农民将土地流转给农业合作社,再由农业合作社流转到农业合作社协会,最后进入农业合作社协会成立的土地流转机构。通过这种层层推进的土地流转方式解决了耕地面积大,且较为分散的问题,在一定程度上减轻了实际操作难度。(2)农业生产合作社代表农民的利益,在推行过程中可以充分尊重农民的意愿,保护农民权益。(3)政府公权力的适度介入,确保了土地流转的正常运行,同时土地有效的集中也在一定程度上方便了政府对土地进行监管。

附录9:成果要报(一) 推广农地信托创新经验促进京津冀农业产业升级及一体化发展

2014年北京市密云区穆家峪镇水漳村借助信托机制开展高效市场化运作,实现了农村土地所有权、承包权与经营权有效分离,成为华北地区首单农地信托创新实践。本文建议探索信托公司准入制度,推广水漳经验,促进城乡需求与资源对接,同时推动京津冀三地协同出台土地股份合作社地方立法,构建一体化农地信托监管协调机制,筹设统一的农地信托登记制度,发挥首都资金、技术、管理以及产业链供应等优势对接津冀,引领京津冀农业产业转型升级及一体化发展。

水漳村位于密云区穆家峪镇,从2010年开始探索农地流转,1680余亩农用地全部由本村圣水樱桃专业合作社种植高附加值果品。由于果品种植投入大、生产周期长,导致资金严重短缺,经营陷入困境,影响到村集体经济发展和农民收入增加。2014年在北京市农经办推动下,水漳村与北京信托合作探索农地信托经营。农民自愿组建土地股份合作社集中土地承包经营权,合作社作为委托人将农地集中委托给北京信托,由北京信托进行市场化运作并承担风险。由当地农民自发成立的农民专业合作社——圣水樱桃专业合作社作为土地接转方,负责农地经营。调查显示村民对于这一经营模式普遍表示满意,并对未来农业经营充满信心。承担北京社科基金项目“北京农地融资法律问题研究”的李蕊教授认为,尽管这一创新实践尚待完善,但是较为成功地解决了以下问题。

第一,以信托机制市场手段实现农地“三权分置”,严守了农地集体性质不变和流转后农业用途不变两个底线。这一创新的价值在于,用市场的方式借助信托权能分离机制,实现了土地集体所有权、农民承包权与农地经营权分离,在推动农地流转的同时稳定了土地承包关系。此外,以信托公司为中介,农地经营权最终流转到农民自主成立、自我管理的专业合作社,确保农地农用,有效防范了土地流转后的“非农化”和“非粮化”倾向。

第二,兼顾效率与公平,构建了科学的利益分配机制,解决了市场化过程中农民利益最大化的问题。利用市场的方式集中流转土地,由农民自发成立的土地股份合作社和农民专业合作社作为土地的委托方和经营方,使农民在产权流转、土地经营、收益分配全过程始终处于绝对主导地位。科学的信托收益分配机制使农民成为最大受益者,农民除获得每亩1000元的流转费且每3年递增5%外,还可获得专业合作社和土地股份合作社收益分红,此外村民还可以在专业合作社就业获得工资。而信托公司实际上成为整个土地经营过程中的风险承担主体,其作为受托人只获得较少管理服务费和10%的农地经营收益分成,但要承担对农民的土地收益刚性兑付义务以及土地财产的损害赔偿责任。建议未来考虑通过保险机制等分散信托公司风险。

第三,以市场机制驱动城乡要素资源对接,促进了产业融合发展,延长了农业产业链。信托公司将城市中的资金、技术、管理、服务、信息乃至人员等要素引入水漳农地经营过程中来,促进了农业现代化和产业化转型。北京信托不仅受托管理农地,还设立信托产品向投资人募集资金,并注入樱桃专业合作社解决农业经营困局，更凭借其资源整合能力促进专业合作社与北京华联综合超市对接，使合作社成为华联供应基地，实现产业融合，解决销售难题。

为有效发挥这一农村金融和农地经营创新的驱动作用，推进京津冀农业产业升级及一体化发展，建议政府可以着眼于以下三个方面推进工作：

第一，三地协同出台土地股份合作社地方立法，建构一体化农地信托协同监管机制，破解法律制度障碍。农地信托流转的委托方是土地股份合作社。京津冀土地股份合作社总量不少，但由于立法缺位不能依法登记无法取得信托合同主体资格，只能委托村其他集体组织代签合同，影响交易安全。建议在上位法未予规定前，出台三地统一的土地股份合作社地方立法。此外，农地信托融合土地和金融双重属性，更暗含产业、金融、法律等多重风险，建议厘定银监部门、土地管理部门对于农地信托的监管权责，建构跨地区、跨部门农地信托监管协同机制。

第二，筹设统一的农地信托登记制度，防范信托风险、保障交易安全。信托登记具有社会公示作用，不仅利于保障交易安全，而且利于实现信托财产独立性和破产隔离作用。现行《信托法》对信托登记语焉不详。为明晰产权关系、防范信托风险，建议参考上海自贸区信托登记立法，推动出台京津冀统一农地信托登记制度。为与既有农地登记制度衔接，在运作上可考虑将农地流转登记和信托登记合二为一，允许在办理农地流转登记同时申请办理信托财产登记。

第三，在京津冀地区试点农地信托准入制度，发挥信托公司平台作用，推动城乡需求与资源双向对接对流。京津冀农业产业协同发展的前提是城乡双向需求与资源对接对流，对接对流的关键在于资源整合配置。信托公司以货币资金和实物财产的受托经营管理为形式，业务对象广泛、方式灵活多样，具备作为资源整合配置平台的潜质。建议遴选几家条件成熟的信托公司，推动其参与农地信托实践，将京津农业技术、资金、管理以及农产品市场需求与河北地区农地资源和农产品生产对接互联，打造完整的一体化农业产业链条。通过跨区域农业产业协作，促进农业产业升级和规模经营，保障农产品可追溯和质量安全。

附录10:成果要报(二) 建构农地信托制度推动城乡要素资源对接对流

当下滞碍我国城乡一体化发展和农村改革的关键问题在于农村要素市场的扭曲,突出表象在于农地资源利用效率低下和农村资金资源供给严重不足。城乡一体化的核心是资源配置,现实矛盾问题必然倒逼制度改革,当务之急是依托制度创新统筹配置城乡要素资源,发挥城市在资金、技术、管理以及产业链等方面的优势对接农村土地、劳动力等资源,推动农业产业转型升级及城乡协同发展。

一、农地信托是一种市场化的要素资源配置机制

发端于新一轮土地制度改革的农地信托基于信托原理,以促动农地流转融资矫治农村要素市场扭曲为宗旨,将农地经营权作为信托财产委托信托公司管理并复合资金信托融入社会资本,实现土地收益权的标准化和凭证化,促进了城乡要素资源合理配置。

这一创新的要旨理念在于运用市场的方式,借助信托权能分离机制顺应农地产权多元化发展趋势,实现了土地集体所有权、农民承包权与农地经营权分离,在“土地流转起来”的同时稳定了土地承包关系,严守了农地集体性质不变和流转后农业用途不变两个底线,为盘活农村土地资源提高农业要素效率探索出新的路径。信托公司根据市场和现代农业发展需求,借助信托机制将分散的农地集中进行统筹、配置,流转给适格的农业经营者,并通过集合资金信托计划为农业经营融入社会资本,促进农地资源的合理利用和农业资源的优化组合。不仅如此,信托公司还利用其金融服务平台功能,牵头整合农资供应、农业技术、农业生产、市场销售等各个环节,为农业经营提供社会化服务,促进农业的规模化、产业化发展。

二、农地信托的核心价值

相较于转让、入股、抵押等传统农地流转融资方式,农地信托制度的内生优势在于:充分发掘信托财产之独立品性和信托公司的资源整合潜质,借助市场张力实现了农村土地所有权、承包权、经营权分离,不仅稳定了土地承包关

系,而且全面放活了经营权,也为农民土地权益资本化创设了制度性通道。它以信托公司资源整合机能驱动城乡要素资源对接,有效矫治了农村要素市场扭曲,盘活了农村资金、农地和劳动力资源,促进了农业产业化现代化图景实现。

1. 以市场机制驱动城乡要素资源对接,促进了产业融合发展,延长了农业产业链

过往农村融资的主要路径在于民间借贷、金融机构小额贷款、农民互助金融等。一方面,对于担保要求甚高,而农民恰恰缺乏有效担保物引致融资需求无法得到有效满足;另一方面,融资期限较短,无法契合农业生产周期长收益慢的内在发展逻辑。农地信托实践借助信托公司平台对接资本市场实施市场化融资,基于信托公司资金信托业务延展为农业经营引入社会资本构筑了新的制度通道,从而将金融体制机制创新与农村土地制度改革有机结合,不仅促进了农村土地、资金和劳动力资源的有效配置,而且为社会资本创制添附了新的投资路径和渠道。同时,信托公司凭借其资源整合优势,将城市中技术、管理、服务、信息等要素引入农地经营,有效弥补了农村发展中要素资源配置失当、农民市场驾驭技能不足之短板,促进了农业现代化和产业化转型。

2. 兼顾效率与公平,构建了科学的利益分配机制,解决了市场化过程中农民利益最大化的问题

我国农村土地制度改革的圭臬在于维护和保障农民土地权益。农地信托实践充分尊重市场运行规律和农民意愿,在平衡协调不同主体利益诉求的基础上,实现了农民土地权益市场化、资本化,增加了农民财产性收入。科学的信托收益分配机制充分保障农民收益权,成功塑造了“三金”型农民,即流转农地有租金、在农业经营组织劳动有薪金、年终分红得股金。作为土地承包经营权人的农户并未丧失农地承包权,同时其作为农地信托法律关系中的受益人,不仅享有信托受益权,而且保有对受托人管理处分信托财产状况的知情权、受托人违背信托职责造成信托财产损失的救济权和受托人解任权等。信托期限届满或者出现合同约定终止信托的情形时,拥有信托财产取回权的设置亦有效化解了农民失地风险。

三、构建农地信托制度的政策建议

农地信托在保持农地所有权与承包权主体稳定不变的前置条件下,将经营权纳入信托范畴,成功剥离了土地所有权、承包权、经营权,符合现行立法对

于农地集体所有、家庭承包责任制度不变的基本要求。近年来,党和政府始终关注农村土地流转和融资制度改革创新,一系列政策文件的颁行也为农地信托机制构建提供了政策依托。但是由于我国《物权法》《农村土地承包法》《信托法》等现行立法对于农地信托尚没有明确规定,农地信托创新实践面临委托人主体资格缺乏、信托机构保障和激励机制不足、信托登记制度缺失、监管处境窘困等诸多法律障碍。

1. 厘定土地股份合作社法律地位

双合作社模式是农地信托的典型运作模式,即农民入股土地股份合作社,土地股份合作社归集农地后以信托的方式交予信托公司管理。由于缺乏立法规范,作为委托人的土地股份合作社处于无合法身份、无标准规范、无运行资质的尴尬境地,徒增了合同订立以及未来纠纷解决的复杂性和不确定性。实践中,一些地方依《农民专业合作社法》《农民专业合作社登记管理条例》对土地股份合作社予以登记。笔者认为,土地股份合作社在性质、利益分配、成员义务负担等方面与农民专业合作社相去甚远,不宜适用《农民专业合作社法》登记。建议尽快明确土地股份合作社性质,赋予其法人地位,并对其设立、运营、监管、终止、当事人权责等予以规定,以避免实践操作中的混乱无序和随之衍生的诸种不必要的各种土地纠纷。

2. 构建信托公司风险保障和激励机制

城乡协同发展的前提是城乡双向需求与资源对接对流,对接对流的关键在于资源整合配置。信托公司以货币资金和实物财产的受托经营管理为形式,业务对象广泛、方式灵活多样,具备作为资源整合配置平台的潜质。但是,农业经营不仅面临巨大的自然风险,还面临市场风险、安全风险以及政策、体制和社会等风险,再加之目前相较于其他行业收益偏低的特性,决定了以营利为目的、注重风险控制的信托公司市场进入的动力不足。除完善农业保险外,建议针对信托公司农地信托风险进行特异化责任保险设计,以受托人——信托公司为被保险人,构建双重保障机制。此外,农地信托目的在于驱动城乡要素对接对流,具有一定的外部性和公益性。建议出台农地信托财税优惠政策,减轻信托公司成本负担。同时,建议政府牵头建立土地信托风险保障基金制度,在农地信托收益中提取一定数目的资金构建农地信托风险保障体系。

3. 筹设信托财产登记制度保障交易安全

影响我国财产信托发展的要因正在于财产信托登记制度缺位,信托登记具有社会公示作用，不仅利于保障交易安全，而且利于实现信托财产独立性和破产隔离作用。为明晰产权关系，防范信托风险，建议吸取上海自贸区信托登记立法经验，在呼应现行财产登记制度的基础上推促信托登记制度尽快出台，依法对登记主体、登记范围、登记事项、登记效力等诸种要素予以明晰厘定。为与既有农地登记制度相契合衔接，在运作上建议考虑将农地流转登记机构和信托登记机构合二为一，规定土地管理部门为登记机关，允许在办理农地流转登记同时申请办理信托财产登记。

4. 型构农地信托协同监管机制

农地信托融合土地和金融双重属性，更暗含产业、金融、法律等多重风险，由原银监会或土地管理部门单独监管均可能陷入顾此失彼之窘途。建议在承认并秉持现有土地管理和银监两部门监管职能划分的先置条件下，通过充分调研探索置备农地信托监管协同机制，强化监管过程中的公众参与。一方面，要强化土地所有权人监督职能；另一方面，鉴于农地信托受益人（土地承包经营权人）在组织能力、信息获取和利益维护能力等方面的弱势地位，大陆法系信托法中普遍设置的信托监察人制度亦值得借鉴。笔者建议，在设立农地信托时在合同中约定设立信托的监察人（选聘会计师事务所担任），并对信托监察人的权利及义务作出明确具体的规定。

参考文献

一、中文参考文献

(一)著作

[1]潘静成、刘文华主编:《经济法》(第3版),中国人民大学出版2008年版。

[2]史际春主编:《经济法》(第2版),中国人民大学出版社2010年版。

[3]徐孟洲:《耦合经济法论》,中国人民大学出版2010年版。

[4]朱大旗:《金融法》(第2版),中国人民大学出版社2007年版。

[5]朱景文主编:《法理学》,中国人民大学出版社2008年版。

[6]李曙光:《转型法律学》,中国政法大学出版社2004年版。

[7]朱崇实主编:《金融法教程》(第2版),法律出版社2005年版。

[8]漆多俊:《经济法基础理论》(第4版),法律出版社2008年版。

[9]左平良:《农地抵押与农村金融》,湖南师范大学出版社2012年版。

[10]曾庆芬:《土地承包经营权流转新趋势下农地金融问题研究》,中国农业大学出版社2011年版。

[11]《外国农业金融》编写组:《外国农业金融》,中国金融出版社 1988 年版。

[12]闫永夫编著:《中国农村金融业——现象剖析与走向探索》,北京金融出版社 2004 年版。

[13]毕宝德主编:《土地经济学》,人民大学出版社 1991 年版。

[14]黄宝奎主编:《比较金融制度》,厦门大学出版社 1989 年版。

[15]祝健:《中国农村金融体系重构研究》,社会科学文献出版社 2008 年版。

[16]盛雷鸣主编:《土地储备法律问题研究》,法律出版社 2007 年版。

[17]吴越:《经济宪法学导论——转型中国经济权利与权力的博弈》,法律出版社 2007 年版。

[18]杨栋梁:《日本近现代经济史》,世界知识出版社 2010 年版。

[19]周枏:《罗马法原论》,商务印书馆 1994 年版。

[20]刘少杰主编:《当代国外社会学理论》,中国人民大学出版社 2009 年版。

[21]刘少杰主编:《国外社会学理论》,高等教育出版社 2006 年版。

[22]刘得宽:《民法诸问题与新展望》,台北,三民书局股份有限公司 1979 年版。

[23]罗必良主编:《新制度经济学》,山西经济出版社 2005 年版。

[24]陈犟:《土地银行学》,三联书店上海分店 1996 年版。

[25]房绍坤:《物权法·用益物权编》,中国人民大学出版社 2007 年版。

[26]孙宪忠:《争议与思考——物权立法笔记》,中国人民大学出版社 2006 年版。

[27]王泽鉴:《民法物权》,中国政法大学出版社 2001 年版。

[28]董慧凝:《信托财产法律问题研究》,法律出版社 2001 年版。

[29]徐卫:《信托受益人利益保障机制研究》,上海交通大学出版社 2001 年版。

[30]周小明:《信托制度:法理与实务》,中国法制出版社 2012 年版。

[31]方嘉麟:《信托法之理论与实务》,中国政法大学出版社 2004 年版。

[32]赵磊:《公益信托法律制度研究》,法律出版社 2008 年版。

[33]王利明:《物权法研究》(下卷),中国人民大学出版社 2002 年版。

[34]常鹏翱:《不动产登记法》,社会科学文献出版社 2011 年版。

[35]周小明:《信托制度比较法研究》,法律出版社 1996 年版。

[36]李蕊:《中国土地银行法律制度构建研究》,法律出版社 2014 年版。

[37][美]W. 阿瑟·刘易斯:《经济增长理论》,梁小民译,上海人民出版社、上海三联书店 1994 年版。

[38][英]弗里德利希·冯·哈耶克:《自由秩序原理》(上册),邓正来译,生活·读书·新知三联书店 1997 年版。

[39][英]沃克(Walker,D. M.)编辑:《牛津法律大辞典》,北京社会与科技发展研究所译,光明日报出版社 1989 年版。

[40][美]理查德·T. 伊利、爱德华·W. 莫尔豪斯:《土地经济学原理》,滕维藻译,商务印书馆 1982 年版。

[41][美]罗斯科·庞德:《普通法的精神》,唐前宏、廖湘文、高雪原译,法律出版社 2001 年版。

[42][荷]尼尔斯·赫米斯、罗伯特·伦辛克:《金融发展与经济增长》,余昌淼译,经济科学出版社 2001 年版。

[43][美]道格拉斯·C. 诺思:《制度、制度变迁与经济绩效》,杭行译,格致出版社、人民出版社 2008 年版。

[44][日]我妻荣:《债权在近代法中的优越地位》,王书江、张雷译,中国大百科全书出版社 1999 年版。

[45][日]中野正俊、张军建:《信托法》,中国方正出版社 2004 年版。

[46][美]E. 博登海默:《法理学:法律哲学与法律方法》,邓正来译,中国政法大学出版社 1999 年版。

[47][德]罗尔夫·克尼佩尔:《法律与历史》,朱岩译,法律出版社 2003 年版。

(二)期刊文献

[1]高圣平:《从完善土地承包经营权权能的视角看土地承包经营权的抵押》,载《南昌大学学报》(人文社会科学版)2009 年第 1 期。

[2]高圣平:《农地金融化的法律困境及出路》,载《中国社会科学》2014 年第 8 期。

[3]陈少强、孙艳丽:《农村土地银行的中外比较与借鉴》,载《中国发展观察》2010 年第 3 期。

[4]刘红、高海:《农地金融、合作金融与政策性金融的立法嫁接——基于“三位一体化”的分析框架》,载《南京农业大学学报》(社会科学版)2012 年第 1 期。

[5]李爱喜:《农地金融制度构建与农村信用社业务拓展——我国农地金融业务承担主体的可行解研究》,载《农业经济问题》2005 年第 5 期。

[6]李瑞红:《我国农村的改革发展与金融支持》,载《贵州农村金融》2012 年第 2 期。

[7]李剑阁等:《面向“三农”研究之中国农村现状观察——2749 个村庄调查》,载《农村金融研究》2007 年第 8 期。

[8]徐祖林:《农地融资的法律经济学分析》,载《广西民族大学学报》(哲学社会科学版)2011 年第 6 期。

[9]曾庆芬:《农业的弱质性与弱势性辨析》,载《云南社会科学》2007 年第 6 期。

[10]罗大钧:《农村家庭土地承包经营权流转中的法律关系辨析——以对〈中华人民共和国农村土地承包法〉的分析为视角》,载《河南省政法管理干部学院学报》2006 年第 6 期。

[11]李波:《土地银行:新农村建设的新生力军》,载《金融与经济》2007 年第 1 期。

[12]陈家泽、周灵:《成都探索土地银行》,载《决策》2009 年第 9 期。

[13]田广星:《基于国外视角推进我国农村土地银行的发展研究》,载《农业经济》2012 年第 5 期。

[14]常明明、李汉文:《中国农地产权:缺陷、逆向淘汰及改革路径选择》,载《学术交流》2007 年第 3 期。

[15]彭虹:《农地融资的制度构建初探》,载《东南学术》2010 年第 6 期。

[16]王冠玺:《从法律视角谈我国农村土地融资的相关问题与建议》,载《财政研究》2010 年第 8 期。

[17]王煜宇:《农村金融法制化:国际经验与启示》,载《农业经济问题》2011 年第 8 期。

[18]王保虎:《从德国两家政策性银行学到的理念》,载《农业发展与金融》2007 年第 2 期。

[19]徐祖林:《农地融资的法律经济学分析》,载《广西民族大学学报》

(哲学社会科学版)2011 年第 6 期。

[20]张学兵、张红伟:《基于农地金融视角下的农民融资困境研究》,载《学术论坛》2011 年第 9 期。

[21]肖诗顺、高锋:《农村金融机构农户贷款模式研究——基于农村土地产权的视角》,载《农业经济问题》2010 年第 4 期。

[22]罗剑朝:《积极稳妥推进农地金融制度创新的必要性、方案设计与配套条件》,载《开发研究》2010 年第 1 期。

[23]罗剑朝:《博弈与均衡:农地金融制度绩效分析——贵州省湄潭县农地金融制度个案研究与一般政策结论》,载《中国农村观察》2003 年第 3 期。

[24]张瑞刚:《我国农地金融制度构建的探索》,载《吉林农业》2010 年第 8 期。

[25]程志强:《对我国土地信用合作社实践的思考——以宁夏平罗为例》,载《管理世界》2008 年第 11 期。

[26]蒋勃芊、刘志文:《交易费用经济学视角下土地银行的产生及运行——以四川省彭州市土地银行模式为例》,载《西南大学学报》(社会科学版)2010 年第 4 期。

[27]张月蓉:《美国的土地信贷》,载《世界农业》1994 年第 4 期。

[28]张笑寒:《美国早期农地金融制度及其经验启示》,载《农村经济》2007 年第 4 期。

[29]李延敏、罗剑朝:《国外农地金融制度的比较及启示》,载《财经问题研究》2005 年第 2 期。

[30]人民银行泉州支行课题组:《农地金融:国际考察与制度构建》,载《福建金融》2009 年第 5 期。

[31]李瑞红:《我国农村的改革发展与金融支持》,载《贵州农村金融》2012 年第 2 期。

[32]王雨本:《信用机制是企业社会责任法律化的运行基础》,载《法学杂志》2011 年第 11 期。

[33]高汉:《论农村土地金融制度的建立与发展》,载《金融与经济》2005 年第 10 期。

[34]朱子贤、徐培文:《政府担保、资产价格泡沫与金融安全——基于道德风险模型的分析视角》,载《浙江金融》2011 年第 10 期。

[35]王蓉:《国际巨灾风险分散机制对我国的借鉴与启示》,载《金融经济》2012年第4期。

[36]张占锋:《农地制度变迁下的土地经营权信托财产属性》,载《北方法学》2016年第5期。

[37]蔡立东、姜楠:《承包权与经营权分置的法构造》,载《法学研究》2015年第3期。

[38]潘俊:《农村土地"三权分置":权利内容与风险防范》,载《中州学刊》2014年第11期。

[39]高圣平:《农地信托流转的法律构造》,载《法商研究》2014年第2期。

[40]刘勇:《农村土地承包经营权流转信托的政策建议》,载《中国法律评论》2015年第4期。

[41]赵磊:《信托受托人的角色定位及其制度实现》,载《中国法学》2013年第4期。

[42]金锦萍:《论公益信托制度与两大法系》,载《中外法学》2008年第6期。

[43]鄢斌:《中国农地信托中的权利失衡与制度重构》,载《中国土地科学》2016年第1期。

[44]宋志红:《土地承包经营权入股的法律性质辨析》,载《法学杂志》2010年第5期。

[45]王涌:《论信托法与物权法的关系——信托法在民法法系中的问题》,载《北京大学学报》(哲学社会科学版)2008年第6期。

[46]刘光祥:《土地承包经营权信托流转主要法律问题研究——以中信—农村土地承包经营权集合信托计划1301期为例》,载《时代法学》2014年第5期。

[47]朱大旗、李蕊:《论我国土地银行制度的构建》,载《法学杂志》2016年第7期。

[48]高海:《土地承包经营权入股的法律性质探析》,载《法学论坛》2011年第3期。

[49]高海:《农地入股合作社的组织属性与立法模式——从土地股份合作社的名实不符谈起》,载《南京农业大学学报》(社会科学版)2014年第

1 期。

[50]宋志红:《土地承包经营权入股的法律性质辨析》,载《法学杂志》2010 年第 5 期。

[51]雷秋玉:《论台湾不动产信托公示制度》,载《云南行政学院学报》2012 年第 4 期。

[52]赵万一、汪青松:《土地承包经营权的功能转型和权能实现》,载《法学研究》2014 年第 1 期。

二、外文参考文献

[1] Bogaerts T. Williamson I. P. , Fendel E. M. , "The Roles of Land Administration in the Accession of Central European Countries to the European Union", *Land Use Policy*, 2002, 19(1).

[2] Ernest Aryeetey, Christopher Udry, "Creating Property Rights: Land Banks in Ghana", *American Economic Review: Papers & Proceedings*, 2010, 100(5).

[3] Mark Dradenstott, Marvin Duncan, "Farm Credit Problems: The Policy Choices", *Economic Review*, 1985(3).

[4] Harry G. Johnson, "An Overview of Price Levels Employment, And The Balance of Payments", *The Journal of Busines*, 1963, 7(3).

[5] Turvey and Kong, "Informal Lending Amongst Friends and Relatives: Can Microcredit Compete in Rural China", *China Economic Review*, 2010, 21(4).

[6] Gunther, "Should CRA Stand for 'Community Redundancy Act'", *Regulations*, 2000, 23(3).

[7] Gershon Feder and Raymond Noronha, "Land Rights Systems and Agricultural Development in Sub-saharan Africa", *Research Observer*, 1987, 2(2).

[8] Mario B. Lamberte, "Transforming Land Bank into a Microfinance Development Institution, Philippine Institute for Development Studies", *Discussion Paper Series*, 2000, 8(34).

[9] Timothy Besley, "How Do Market Failures Justify Interventions in Rural

Credit Markets?",*The World Bank Research Observer*,1994,9(1).

[10] Basu Arnab K, "Segmentted Labour Markets and the Persistence of Tier-Labour Contracts",*American Agricultural Economics Association*,2002.

[11] Bromley,D. W. A,"Most Difficult Passage:the Economic Transition in Central and Eastern Europe and the Former Soviet Union",*EMERGO*,2000,7(3).

[12] R. C. Gifford,"Agricultural Engineering in Development Mechanization Strategy Formulation",*FAO Agricutural Services Bulletin*,1999,1(1).

[13] Gershon Feder and David Feeny,"Land Tenure and Property Rights: Theory and Implications for Development Policy",*World Bank Economic Review*,1991,5(1).

[14] Wesley NewcombHohfeld, "Some Fundamental Legal Concepts as Applied in Judicial Reasoning",*Yale Law Journal*,1913(23).

[15] Ivan Wright,*Farm Mortgage Financing*,NewYork,Mcgraw-Hill Book Company Inc.,1924.

[16] R. B. Tootell,Thos. A. Maxwell,The Federal Land Bank System:How It Operates. Washington,D. C.,Farm Credit Administration,1957.

[17] Ben Sunbury,*The Fall of the Farm Credit Empire*,Published Lowa State University Press,1990.

[18] Hege Gulli,*Microfinance and poverty:Questioning the Conventional Wisdom*,*Inter-Amenrican Development Bank*,Washington,D. C.,1998.

[19] McKinnon,Ronald,*Money and Capital in Economic Development*,Washington,D. C.,The Brookings Institution,1973.

[20] Frank Fabozzi,Modigliani,*Capital Market:Institutions and Instruments*. Prentice-Hall,1996.

[21] Hege Gulli,*Microfinance and poverty:Questioning the Conventional Wisdom*,Inter-Amenrican Development Bank,Washington,D. C.,1998.

[22] N. Luhmannn,*Social Systems*,CA,Stanford University Press,1995.

[23] N. Luhmann,*The Differentiation of Society*,New York,Columbia University Press,1982.

[24] Homer C. Price,M. Sc. *Rural Credit In Germany*,The Ohio State

University Columbus, 1913.

[25] Genevieve Nguyen, Betty Wampeler, Michel Benoit-Cattin, and Kimseyinga Savadogo, "Characteristics of Household Demand for Financial Services in Highly Uncertain Economies: A Review of Evidence from Burkina Fas", *The Triangle of Microfmance*, The International Food Policy Research Institute, 2002.

[26] Mosley, P., Harrigan, J., Toye, J., "Aid and Power, the World Bank and Policy-based Lending", *Volume* 1: *analysis and policy proposals*, Routledge Press, 1986.

[27] Braverman, A. and Guasch, J. L., *Institutional Analysis of Credit co-operatives*, Oxford University Press, 1991.

[28] Irwin J. Schiffres, J. D., Francis M. Dougherty, J. D., Mitchell J. Waldman, J. D., *American Jurisprudence*, 2*nd*, *Volume* 76, *Trusts*, Lawyers Cooperative Publishing, 1992.

[29] Fredeirck W. Maitland, *Selected Essay*. Cambridge, Cambridge University Press, 1936.

[30] F. W. Maitland, *State*, *Trust*, *and Corporation*. London, Cambridge University Press, 1970.

[31] Douglass C. North, *Institutions*, *Institutional Change and Economic Performance*, Cambridge, Cambridge University Press, 1990.

后　记

本书写作前后历时四载，是继拙作《中国土地银行法律制度构建研究》之后，我对我国农地融资制度改革和实践探索进行的又一次阶段性的梳理分析，并结合实证研究尝试对我国农地融资制度乃至土地制度改革提出一些粗浅建议。写作期间配合所主持的国家社科基金项目“我国农地融资法律政策冲突及立法选择”和司法部项目“我国农地融资法律问题研究”等纵向科研项目的开展，与课题组成员一起在北京、河北、河南、贵州、山东、黑龙江等近10个省市进行了广泛的调查研究，相关调研成果亦整理收录于本书之中。由于研究视角、研究能力等诸多限制，很多思考和提炼尚不周延，难免挂一漏万。尤其是对于中国化的农地融资制度构建中管制与市场之关系、公权与私权之平衡等层面的体系化考量等还有待延展深入，这也将成为笔者在未来学习研究中前行之方向。

本书的写作和出版凝结了众人的心血和汗水。由衷感谢我的博士研究生导师朱大旗教授和博士后合作导师李曙光教授的悉心指点；感谢中国人民大学法学院经济法教研室诸位老师以及中国政法大学民商经济法学院经济法研究所诸位同仁的鼎力支持；感谢研究团队成员的无私付出；感谢法律出版社法治与经济分社社长沈小英老师及其团队成员陈妮、刘晓萌等老师的精心审读编辑。

转型时期中国农村土地制度改革在路上，我愿将

"所有的承诺与追求点点渗入乡土中国的肌髓,凝结成田园与笔犁",在这一研究领域继续砥砺前行。

李蕊

2019年1月8日于蓟门桥

图书在版编目(CIP)数据

中国农地融资创新实践的法律回应 / 李蕊著. -- 北京：法律出版社，2019
(明德经济法学文库 / 朱大旗主编)
ISBN 978-7-5197-3243-1

Ⅰ.①中… Ⅱ.①李… Ⅲ.①农业用地-融资-金融法-研究-中国 Ⅳ.①D922.280.4

中国版本图书馆CIP数据核字(2019)第042278号

中国农地融资创新实践的法律回应
ZHONGGUO NONGDI RONGZI CHUANGXIN SHIJIAN DE FALÜ HUIYING

李 蕊 著

策划编辑 沈小英
责任编辑 刘晓萌
装帧设计 李 瞻

出版 法律出版社
总发行 中国法律图书有限公司
经销 新华书店
印刷 北京虎彩文化传播有限公司
责任校对 郭艳萍
责任印制 吕亚莉

编辑统筹 法治与经济出版分社
开本 710毫米×1000毫米 1/16
印张 16
字数 240千
版本 2019年4月第1版
印次 2019年4月第1次印刷

法律出版社/北京市丰台区莲花池西里7号(100073)
网址/www.lawpress.com.cn
投稿邮箱/info@lawpress.com.cn
举报维权邮箱/jbwq@lawpress.com.cn
销售热线/010-83938336
咨询电话/010-63939796

中国法律图书有限公司/北京市丰台区莲花池西里7号(100073)
全国各地中法图分、子公司销售电话：
统一销售客服/400-660-6393
第一法律书店/010-83938334/8335
西安分公司/029-85330678
重庆分公司/023-67453036
上海分公司/021-62071639/1636
深圳分公司/0755-83072995

书号:ISBN 978-7-5197-3243-1
定价:66.00元
(如有缺页或倒装,中国法律图书有限公司负责退换)